全国高等职业教育道路与桥梁专业“十二五”规划教材

公路工程施工组织与安全管理

主　编　徐猛勇　严超群　罗　俊
副主编　张湘令　郑慧玲
主　审　宁金成

黄 河 水 利 出 版 社
·郑　州·

内 容 提 要

本书为全国高等职业教育道路与桥梁专业“十二五”规划教材之一。本书共分 8 章，主要内容包括绪论、施工过程组织原理、网络计划技术、公路施工组织设计、机电工程施工组织设计、公路工程施工安全管理、公路工程施工安全技术、施工组织设计案例等。

本书可作为高等职业院校、高等专科院校、成人高校、民办高校及本科院校举办的二级职业技术学院道路与桥梁工程技术专业及相关专业的教学用书，也适用于五年制高职、中职相关专业，并可作为社会从业人员的业务参考书及培训用书。

图书在版编目（CIP）数据

公路工程施工组织与安全管理/徐猛勇，严超群，罗俊主编．—郑州：黄河水利出版社，2012. 8
全国高等职业教育道路与桥梁专业“十二五”规划教材
ISBN 978 - 7 - 5509 - 0254 - 1

Ⅰ．①公…　Ⅱ．①徐…②严…③罗…　Ⅲ．①道路施工 - 施工组织 - 高等职业教育 - 教材②道路施工 - 安全管理 - 高等职业教育 - 教材　Ⅳ．①U415

中国版本图书馆 CIP 数据核字（2012）第 093693 号

组稿编辑：贾会珍　电话：0371 - 66028027　E-mail：xiaojia619@126. com

出 版 社：黄河水利出版社
地址：河南省郑州市顺河路黄委会综合楼 14 层　　邮政编码：450003
发行单位：黄河水利出版社
发行部电话：0371-66026940、66020550、66028024、66022620（传真）
E-mail：hhslcbs@126. com
承印单位：郑州海华印务有限公司
开本：787 mm × 1 092 mm　1/16
印张：15. 5
字数：380 千字　　印数：1—4 000
版次：2012 年 8 月第 1 版　　印次：2012 年 8 月第 1 次印刷

定价：35. 00 元

前　言

《公路工程施工组织与安全管理》是全国高等职业教育道路与桥梁专业“十二五”规划教材。本书依据高等职业教育道路与桥梁专业的人才培养方案和课程建设的要求编写。

随着现代公路建设的快速发展,施工一线急需大量懂施工、会管理的工程技术人员,施工组织和施工安全管理是一线工程技术人员必备的专业技能。熟悉公路工程施工组织的基本内容和程序,掌握施工组织设计的原理与安全管理极为重要。本书力求突出职业教育的特点,以技能培养为重点。为使本书更具有工程实践性,我们特别邀请一线工程技术人员参与编写.力求通过教学和实训,使学生掌握施工进度计划的编制、施工平面布置以及公路工程安全管理方法,初步具备独立编制施工组织设计和安全管理的能力,为公路建设的施工管理等提供一定动手能力的专业技术人才。

公路工程施工组织与安全管理课程主要解决以下三方面的问题:

第一,公路工程建设发展迅速,新的施工方法、新工艺层出不穷,教学内容和实践教学设备难以与公路建设的发展完全同步。

第二,高职教育以技能型人才为培养目标,通过该课程学习,使学生对公路建设项目进行施工组织,安全管理技能达到预期的培养目标,既是重点,又是难点。

第三,根据生源现状,结合课程特点,培养学生理论与实践相结合、综合分析和解决实际问题的能力,使学生适应课程教学及考试等模式改革的环境,提高学生的综合素质。

本书编写人员及分工如下:湖南水利水电职业技术学院徐猛勇编写第一、二章;杨凌职业技术学院严超群编写第三、八章;内蒙古机电职业技术学院郑慧玲编写第四章;黄河水利科学研究院陈红卫编写第六章第三节和第七章第二、七、八节;河南省第二建设集团有限公司张湘令编写第五章,第六章第一、二、四、五节;长江工程职业技术学院罗俊编写第七章第一、三、四、五、六节。本书由徐猛勇、严超群、罗俊任主编,由张湘令、郑慧玲任副主编,由河南交通职业技术学院宁金成教授主审。

由于编者水平有限,书中难免存在错误和缺陷,恳请广大读者批评指正。

编　者

2012 年 5 月

目 录

第一章　绪　论

第一节　公路工程施工组织设计研究的对象

公路工程施工组织设计是研究公路基本建设过程中众多要素的合理组织与安排的学科。要进行基本建设就必须有一定的劳动力、劳动资料和劳动对象,这三者是公路基本建设不可缺少的三要素。

对公路行业来说,基本建设即是一个建设项目(从立项到竣工验收)的实施过程(其中最复杂的环节是施工过程)。也就是说,基本建设过程离不开人力、材料、机械、资金等。

建筑产品即劳动对象,公路建筑产品有路基、路面、桥梁、涵洞、隧道、排水设施、防护设施等。

具体来说,公路工程施工组织设计就是统筹考虑整个施工过程,即对人力、材料、机械、资金、施工方法、施工现场(空间)等主要要素,根据其所处的环境、自然条件、施工工期等进行合理的组织、安排,使之有条不紊,以实现有计划、有组织、均衡地施工,达到工期尽可能短、质量上精度高、经济上资金省、成本尽量低的目的。

第二节　公路工程施工组织设计的任务

为了确保工程质量、施工进度及资金合理使用等,在施工前必须完成以下具体任务:

(1)确定开工前必须完成的各项准备工作,如核对设计文件、补充调查资料、先遣人员进场等。

(2)计算工程数量(防止漏算、重算),确定劳动力、机械台班、各种材料、构件等的需要量和供应方案。

(3)确定施工方案(多种施工方案应经过比选),选择施工机具。

(4)安排施工顺序(由整体到局部)。

(5)编制施工进度计划,确定每月或每季度人力、材料、机械需要量。

(6)进行施工平面布置,即设备停放场、料场、仓库、拌和场、预制场、生活区、办公室等的布置。

(7)制订确保工程质量及安全生产的有效技术措施。

通过以上几点可以看出施工组织设计在整个施工过程中的重要性。施工组织设计合理与否,直接影响工程的工期、质量及成本。

第三节　公路工程施工组织设计在公路建设中的作用和地位

现代交通运输业是由铁路、公路、航空、水运及管道运输等组成的，各有其适用性和特点。

公路运输在整个交通运输中占有较大比重，在今后几十年中公路运输仍占主导地位，因为它具有机动、灵活、直达、迅速、适应性强、服务面广等优点。

发展公路运输业，首先必须进行公路工程建设。我们都知道，现代公路建设周期长、规模大、技术复杂、分工细、协作面广、机械化和自动化程度高。为保证公路建设在一定时间内顺利完成，使人力、材料、机械、资金发挥最大效力，就要求我们根据工程特点、自然条件、资源情况、周围环境等对工程进行科学、合理的安排，使之在一定的时间和空间内能有组织、有计划、有秩序地施工，以期达到工期短、质量好、成本低的目的。这也正是本课程所研究讨论的内容。

一、施工组织设计在公路工程基本建设中的作用

公路建设是一个复杂的过程，从规划、测设、施工到竣工养护，每一个过程都离不开施工组织设计。

在公路规划阶段，要设想提出一个施工组织计划，供上级主管部门立项时审批；在设计阶段，不论采用几阶段设计，每一阶段都必须做出相应的施工组织设计计划（即在初步设计阶段拟订施工方案，在技术设计阶段提出修正的施工方案，在施工图设计阶段编制施工组织计划，在施工阶段编制实施性的施工组织设计），供施工单位参考；随着我国社会主义市场经济体制的建立和发展，施工任务主要通过参加投标，即通过建筑市场中的平等竞争而取得，投标书中不可缺少的一部分内容就是施工组织设计；施工过程是所有环节中最复杂的一个过程，在这一阶段要编制实施性的施工组织设计，这也是最关键、最重要的一步。

在当今社会建筑市场中，对工期要求很苛刻，只能提前，不能延期；对工程质量提出更高的目标；对周围环境要注意环保、保护生态平衡、少占耕地。这一切都要求施工组织设计科学、合理，不能固守常规，要适应社会的发展。在我国公路建设迅速发展的大潮中，机械化施工已成为公路施工主要的施工方法。因为它具有降低工程成本、缩短施工工期、提高工程质量、节约劳动力等优势。由于公路施工周期长、流动性大、施工协作性高、受外界干扰及自然因素影响大，采用机械化施工，必须事先做好机械化施工组织设计。目前，在建筑行业中，任何一个施工单位不再拥有“铁饭碗”，而是自主经营、自负盈亏，所以施工组织设计的质量直接与施工单位的利润挂钩。

由此可见，施工组织设计贯穿整个公路基本建设，在施工阶段尤为重要。

二、施工组织设计在公路养护工程大中修与技术改造中的作用

公路是国家现代化建设的重要基础设施。根据我国国民经济和社会发展对交通运输的

要求,要想建立起适应中国国情的现代化综合运输体系,缓解我国交通运输的紧张局面,对公路建设者来说,最关键的有两个方面:一是要加快高等级公路建设,提高整个路网技术等级;二是要切实加强对已建成公路的养护管理,改善路网结构,保障公路畅通。其中,公路养护是保持路网完好,并不断使其得到改善,延长其使用寿命,为经济建设提供良好服务的根本条件。如果缺养、失养,路网使用状况必然很快恶化,道路通行就必然受阻。显而易见,一手抓建设,一手抓养护,建养并重、协调发展,是公路事业自身发展的客观要求。公路越发展,越需要养护,技术越进步,越是要实行现代化的养护。

目前,我国干线公路已达到1.7万km,在大规模、高潮式的公路建设之后,公路养护工程数量越来越大,如何适应公路事业和社会各界对养护工作提出的新要求已成为当务之急。根据交通部《公路养护工程市场准入暂行规定》、《公路养护与管理发展纲要(2001—2010年)》文件精神,为保证公路的运输质量与路用性能,一般干线公路养护大中修工程、桥梁检测与旧桥加固工程也已由内部招标转向市场化管理,公开竞争,择优选定施工单位,这种管理模式的转变,增强了养护单位领导和职工的竞争意识,给公路养护管理事业带来了新的生机和活力。

公路大中修工程在公路系统建设程序中与新建公路工程基本一致,其施工组织计划的精度与深度比施工图设计阶段的施工组织计划还要实用。由于管理方式的转变,对工程质量的高要求及对养护投资的控制,使得施工单位对施工组织设计的科学性、合理性、适用性更加重视,因为施工组织设计不仅影响大中修工程质量与施工进度,而且决定施工单位的经济效益与利润。

三、施工组织设计与施工年度投资计划及工程造价的关系

施工年度投资计划是施工组织设计确定的重要组成部分。它是根据施工组织设计确定的工程施工投资在时间上的安排。施工图预算中的工程造价增长预留费,是根据工程年度投资计划计算出来的,它与工程项目建安工程费的多少、预算文件编制年至施工年的年数、物价上涨指数有关。所以,为了施工图预算的准确性,施工组织设计中必须做出年度投资计划。

施工组织设计和施工图预算的关系是密不可分的,施工组织设计决定施工图预算的水平,而施工图预算又对施工组织设计起着完善、促进作用。要建成一项工程项目,可能会有多种施工方案,但每种方案所花费的财、物的预算是不同的。要选择一种既切实可行,又节约投资的施工方案,就要用施工图预算来考核其经济合理性,决定取舍。因此,施工组织设计决定着施工图预算的编制,而施工图预算又是施工组织设计是否切实可行、经济合理的具体反映。

第四节　公路工程施工组织设计课程与其他学科的关系

由于本课程是一门实用性很强的课程,所以要求学生不仅要有必需的基础知识和专业

知识，还要经过一定时间的施工实习，对施工过程、施工现场有初步的了解和认识。也就是说，本课程的学习应在专业课程学完之后。

与本课程有关的基础课有数学、逻辑学及统筹学等，专业课程有建筑材料、地质与土质路基施工技术、路面施工技术、桥涵施工技术、隧道施工技术等。

第五节　我国公路建设市场的发展

公路建设是国家基础设施的重要组成部分，也是国民经济发展的先导行业。我国自20世纪80年代实行改革开放方针以来，公路建设管理逐步由计划经济下的行政管理体制向市场管理模式转变，公路建设的招标承包制也应运而生。公路建设市场是我国统一的社会主义市场经济体制的组成部分，接受国家的统一管理，依据国家有关法律、政府部门制定的行政法规、制度所要求的行为准则，要求进入市场各方共同遵守。这些规则包括：①市场准入规定。市场主体各方进入市场必须具有相应的基本条件（资格、资质、相应的实力、经验和信誉等）。②市场竞争规则。保证各市场主体能够在平等、诚实信用的原则基础上进行竞争。③市场交易规则。公开、公正、公平交易。按照以上原则，建立起统一开放、竞争有序的市场秩序，排除地区保护和部门分割的现象。实践证明，只有切实遵照市场运行规则，在统一规定的条件下，进行公开、公平竞争，才能促进项目建设质量、效率不断提高，从而获得良好效益，使公路建设步入良性循环的轨道，真正实现与国际接轨。同时，也将促进我国公路行业不断提高自身素质和实力，跻身于世界优秀土建行业之林。经过十几年的实践，公路建设市场已初步形成并不断完善，随着政府对市场的宏观调控和管理力度的强化，市场运作日趋规范，这大大加快了公路建设的进程，明显提高了路网的质量，节省了投资。同时，随着改革开放的深入，国家推出一系列改善公路建设资金筹集的政策，大大扩展了公路建设集资的渠道，形成了“国家投资、地方筹资、社会融资、利用外资”和“贷款修路、收费还贷、滚动发展”的投资、融资体制，公路建设规模迅速扩大。然而，无论是从公路数量还是从运输效率适应国民经济发展需要看，我国与世界发达国家相比较，仍然有很大差距。为缩短这个差距，交通部发布了《公路、水运交通发展三阶段战略目标（基础设施部分）》，计划在今后40年内实现我国公路建设现代化目标，这不但对国外投资者具有强大的吸引力，对我国国内在改革开放条件下发展起来的投资者也是一个难得的机遇。

2012年全国交通运输工作会议披露，截至2011年年底，我国高速公路通车总里程达8.5万km。仅仅在2011年，我国新增公路通车里程7.14万km，其中高速公路1.10万km。美国高速公路通车总里程约为10万km，中国仍位居第二。预计2012年中国高速公路仍将快速发展，并将在2013年超过美国，成为世界上高速公路通车里程最长的国家。

“十二五”时期，继续推进国家高速公路网、国家区域发展战略确定的高速公路、特大城市圈、大中城市群、疏港高速公路，以及省际连接线高速公路建设，加快重要高速公路通道扩容改造建设。5年建成国家高速公路网3.5万km，到2015年国家高速公路网全部建成，通车里程达到8.3万km，基本覆盖50万人以上人口城市。地方高速公路网5年建设约3万km，其中新开工1.2万km。到2015年，国地两网高速公路共计通车里程约达14万km。这将为公路建设工程技术人员提供广阔的发展天地。

思考练习题

1. 公路工程施工组织设计的定义及研究对象是什么？
2. 公路基本建设三要素是什么？
3. 公路工程施工组织设计的任务是什么？
4. 本课程所研究的内容是什么？

第二章　施工过程组织原理

第一节　施工过程的组织原则

一、公路施工过程的概念

施工过程就是生产建筑产品的过程，是由一系列相联系的施工生产活动所组成的，是劳动者利用劳动工具作用于劳动对象的过程。为了更有效地组织施工生产，必须首先研究施工生产过程的内容。施工生产过程的内容是相互联系的劳动过程和自然过程的结合。公路施工过程有两方面的含义：①劳动过程，离不开人工、材料、机械等；②自然过程，如水泥混凝土硬化过程、乳化沥青分裂过程等。

按施工过程所需劳动性质及在基本建设中起的作用不同，施工过程划分如下。

（一）施工准备过程

施工准备过程指建筑产品在投入生产前所进行的全部生产技术准备工作，如可行性研究、勘察设计、施工准备等。

（二）基本施工过程

基本施工过程指为完成产品而进行的生产活动，即施工现场所发生的活动，如路基、路面、桥涵等的施工。

（三）辅助施工过程

辅助施工过程指为保证基本施工过程的正常进行所需的各种辅助生产活动，如机械设备维修、动力的生产、材料加工等。

（四）服务施工过程

服务施工过程指为基本施工过程和辅助施工过程服务的各种过程，如原材料、半成品、机具、燃料等的供应与运输等。

二、公路施工过程的要素

组织公路工程施工，必须研究施工过程的最小要素，以适应施工组织、计划、管理等工作。

现行的《公路工程基本建设项目设计概算预算编制办法》（JTG B06—2007），将公路工程划分为：路基，路面，桥梁涵洞，交叉工程，隧道，公路设施及预埋管理工程，绿化及环境保护工程，临时工程，管理、养护服务房屋等 9 个项目。每个项目又细分为若干个分部分项工程。如独立大桥工程划分为桥头引道、基础、下部构造、上部构造、沿线设施、调治及其他工程、临时工程等 7 个分部工程。

公路施工过程是依照上述分部分项工程按结构顺序施工。为了更好地管理施工过程，使施工组织设计做得更科学、合理、详细，将施工过程依次划分如下。

（一）动作与操作

动作是指工人在劳动时一次完成的最基本的活动，如筛分试验中的取筛子，向1号筛中放料等。

操作由若干个相互关联的动作组成，如消化生石灰这个操作是由拿工具—走向化灰池—向池中放水—将生石灰投入池中—搅拌等若干个相互关联的动作所组成的。完成一个动作所耗用的时间长短与占用空间大小等，是制定劳动定额最重要的基础资料。

（二）工序

工序由若干个操作组成。工序是指施工技术相同，在劳动组织上不可分割的施工过程，是一个工人或一组工人，在一个工作地上，对同一种劳动对象连续进行的施工生产活动。工作地是工人们进行生产活动的场所，也叫施工现场。例如：当劳动对象（石砌挡墙）不动，而由若干个工人顺序地对它进行施工生产活动，即挖基坑—砌基础—砌墙身，每一种生产活动就叫一道工序。再如："现浇水泥混凝土基础"这一工程项目可分解成以下几道工序：挖基坑—安装钢筋—支模板—制备混合料—浇筑混凝土—自然养生—拆除模板。从上述施工工艺流程可以看出，各工序由不同的工种或使用不同的机具依次地或平行地完成，工序在工人数量、施工地点、施工工具及材料等方面均不发生变化。如果上述因素中某个因素发生改变，就意味着从一道工序转入另一道工序。工序是《公路工程预算定额》的最小子目。

（三）操作过程

操作过程是由几个在技术上相互关联的工序所组成的，可以相对独立地完成某一分部分项工程。

在施工组织设计时，我们一般把工序作为最小的施工过程要素。

三、公路施工过程的基本原则

影响施工过程组织的因素有很多，如施工地点、施工性质、建筑产品结构、材料、机械设备条件、自然条件等，使得施工过程的组织灵活多样，没有完全相同的模式。但是不管施工过程的组织怎样变化，为了降低工程成本，缩短施工工期，保证工程质量，都应遵守以下基本原则。

（一）施工过程的连续性

施工过程的连续性是指建筑产品的施工过程各阶段、各工序的进行在时间上是紧密衔接的，不发生各种不合理的中断现象，即在施工过程中，劳动对象始终处于被加工、检验状态，或处于自然过程中（如水泥混凝土的硬化）。

保持和提高施工过程的连续性，可以降低成本。施工过程的连续性要求凡是能平行进行的不同工序活动（在不同的施工段上），必须组织平行作业，平行性是连续性的必然要求（流水作业法即可体现这一特性）。施工过程的连续性，与施工技术水平有关，同时也与施工组织工作的水平有关。

（二）施工过程的协调性

施工过程的协调性（也叫比例性）是指建筑产品的施工过程各阶段、各工序之间，在生产能力上要保持一定的比例关系，不发生脱节和比例失调的现象（如某专业队人数多，生产能力强，造成产品过剩；而另一专业队人数少，生产能力较差，产品供应跟不上，这就属于比例失调，施工过程中应当避免）。协调性在很大程度上取决于施工组织设计的正确性。在施工过程中，由于材料（如品种变化、货源改变等）、采用新工艺、自然因素的变化等的影响，都会使实际生产能力发生变化，造成产品比例失调。因此，施工组织工作必须根据变化了的情况，采取措施，及时调整各种比例关系，保证施工过程的协调性。协调性是保证施工生产顺利进行的前提，使施工生产过程中人力和设备得到充分利用，避免产品在各个施工阶段和工序之间的停顿、等待，从而缩短施工工期。施工生产过程的协调性在很大程度上取决于施工组织设计的正确性。

（三）施工过程的均衡性

施工过程的均衡性（也叫节奏性）是指施工过程的各个环节，都要按照施工计划的要求，在一定时间内，生产出相等或递增数量的产品，使各生产班组或设备的任务量保持相对稳定（即各施工段劳动量大致相等），不发生时松时紧现象（即使用同一种材料、机械或半成品的项目不要安排在同一时间施工）。均衡性能充分利用工时，有利于保证生产质量、降低成本，有利于劳动力和机械设备的调配。实现生产的均衡性，必须保持生产的比例性，加强计划管理，强化生产指挥系统，搞好施工技术和物资准备。

（四）施工过程的经济性

施工过程的经济性是指施工过程除满足技术要求外，必须讲求经济效益，要用最小的劳动消耗尽量取得较大的生产成果。上述连续性、协调性和均衡性最终都要通过经济效果集中反映出来。

通过以上几点可以看出：连续性、协调性和均衡性是相互制约的、有关联的，在施工组织过程中，连续性、协调性和均衡性使用得好，施工过程的经济性自然就能保证。

第二节　施工过程的时间组织

一、施工过程时间组织的类型

在施工过程中，把施工对象（工程项目）人为地划分成若干段（有些是自然形成的），这些段就叫施工段。

公路施工过程时间组织类型主要有以下三种。

（一）单施工段多工序型

单施工段多工序型是指施工任务不能划分或不需要划分为若干施工段，而只有一个施工段，在这单一的施工段中含有 n 道工序的施工过程。如一道独立的小涵洞，无法划分施工段，却有多道工序。

（二）多施工段多工序型

多施工段多工序型是指施工任务可以划分为多个施工段，每个施工段又含有 n 道工序的施工过程。如一条路线，每 1 ~ 2 km 可作为一个施工段，每个施工段有若干道相似的工序。

（三）混合型

混合型是指在一个施工任务中，既含有单施工段多工序型，又含有多施工段多工序型。如一条路线中，只有一座小桥，路线可划分为若干个施工段，一座小桥单独作为一个施工段。

二、施工过程中生产力的组织

进行施工生产离不开生产力和施工现场，为了确保工程质量和工程进度，生产力的科学、合理组织至关重要。生产力组织不合理将会导致施工生产不连续、不协调、不均衡，造成资金浪费，延误工期。

（一）按工艺要求组织生产力

按工艺要求组织生产力是专业化施工组织，是根据公路建筑产品的特点，划分施工段和工序，每一道工序按工艺要求组织一个专业队，如试验组、运输组、木工组、钢筋组、模板组、混凝土组、爆破组等。在这些专业组里，集中着同工种的工人和同工种所需的各种工具、机具和设备，对工程项目的各组成部分或其他有关工程项目，进行同类工艺的施工。这种组织的特点是：能充分发挥技术、机具和设备的潜力，便于专业化技术管理，可以组织流水作业，有利于采用新工艺、新材料，有利于保证工程质量和提高劳动生产率，但是各专业组之间需要协作配合。

（二）按施工对象组织生产力

按施工对象组织生产力是按照公路建筑产品的不同（型式不同、施工工艺差距大）及原有地形、地质、地貌的不同分别组织施工生产单位，如桥梁施工队、集中石方工程队、集中土方工程队、小桥涵施工队、防护工程施工队、路面施工队、软土地基处治施工队等。在这些专业化施工队里，集中了为生产某种产品所需的各种工具、机具、设备和工种。这种组织有利于采用先进的施工方法和技术革新，有利于保证工程质量，便于施工现场管理。

在实际工程中，原则上先考虑按施工对象组织生产力，然后根据各施工对象特点划分施工段和工序，根据各施工段工程量大小和工艺要求再一次组织生产力。

三、施工过程时间组织的表示方法

时间组织成果是指导施工生产的依据，是工区领导进行劳动力安排、机具和机械设备调度的参考，是材料品种选择、确定材料数量和运输时间的依据，是施工场地空间组织的参考资料。考虑到这些因素和满足简单实用、直观方便的要求，最终用一种含有大量相关数据、各种信息的图表方式表示出来，这就是通常所称的工程施工计划进度图。目前，公路工程施工过程时间组织所采用的工程施工计划进度图主要有如下几种：

（1）横道式工程施工进度图，也叫横道图或甘特图。

（2）垂直坐标式工程施工进度图，也叫斜线图或垂直图。

（3）网络图形式的工程施工进度图，公路工程常采用双代号网络图和单代号网络图。

上述几种表示公路工程施工过程时间组织的工程施工计划进度图，有关它们的编制方法、应用和特点等，将在第四章介绍。

四、施工过程时间组织的基本作业方法

公路工程是线形分布的工程，具有固定性、分散性等特点。在施工组织方面，就公路工程总体而言，其施工组织具有集中与线形分布的双重性，且多属于多工段、多工序型生产组织类型。因此，施工过程时间组织是通过作业班组，在施工对象间进行作业的运动方式来表现的。在公路施工过程中，公路工程施工过程时间组织有三种基本作业方法，即顺序作业

法、平行作业法、流水作业法。在进行公路工程施工组织设计时,这三种作业方法既可以单独运用,也可以综合运用;顺序作业法、平行作业法、流水作业法及其综合运用法既可以用横道图表示,也可以用网络图表示。两种图示方法可以互换(在第四章将简单介绍其转化方法)。

【例 2-1】 4 座小涵洞的施工任务。假定 4 座小涵洞的劳动量相等,施工条件、技术配备、工程数量等完全相同。

分析:4 座小涵洞自然形成了 4 个施工段,可把每一个施工段划分成三道工序,即基础、洞身、洞口,可以采用下面三种基本作业方法完成该施工任务。

(一)顺序作业法

当施工任务含有若干个施工段时(人为划分或自然形成),由同一班组工人完成一个施工段后,再去完成另一个施工段,依次按顺序进行,直至完成全部施工段的作业方法称为顺序作业法(见图 2-1)。

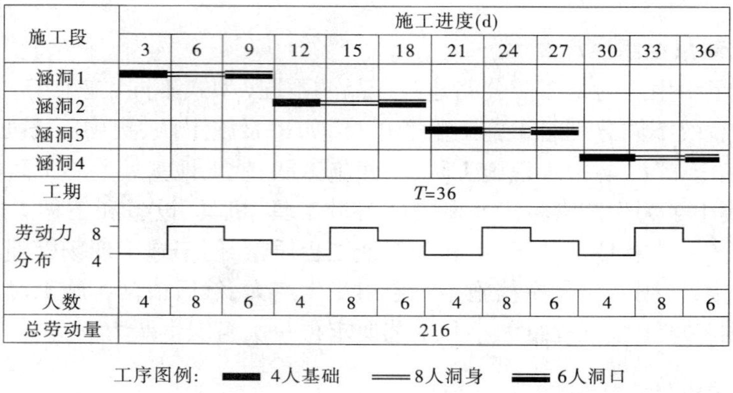

图 2-1 顺序作业法

由图 2-1 可以看出,顺序作业法完成 m 个施工任务所需的总施工时间 T 为完成一个任务所需时间 t 的 m 倍,即 $T=mt$(本例 $T=4\times9=36$(d))。

顺序作业法有以下特点:

(1)不能充分利用工作面去争取时间,所以工期最长。

(2)施工队不能实行专业化施工,不利于提高工程质量和劳动生产率;机械设备不能充分利用。

(3)劳动力需要量波动大。

(4)单位时间内需要投入施工现场的资源数量较少,有利于资源供应的组织工作。

(5)因为只有一个施工队在施工,所以施工现场的组织管理工作比较简单。

由此可见,顺序作业法适用于小型且工期要求不严的项目。

(二)平行作业法

当施工任务含有若干个施工段时,各个施工段同时开工,平行生产,同时完工的一种作业方法称为平行作业法。即施工任务含有多少个施工段,就相应地组织多少个施工队,如图 2-2所示。

由图 2-2 可以看出,用平行作业法组织生产,完成 m 个施工任务所需的总施工时间 T 等

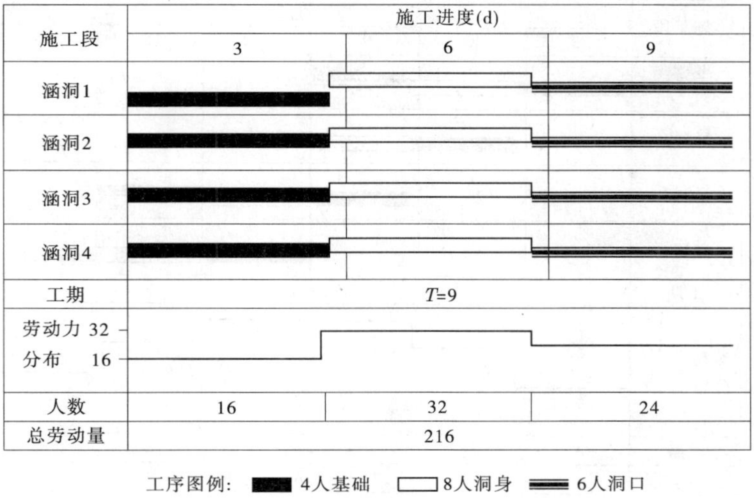

图 2-2　平行作业法

于完成一个任务所需的时间 t，即 $T = t$（本例 $T = 9$ d）。

平行作业法有以下特点：

（1）充分利用了工作面，缩短了工期，工期最短。

（2）施工队不能实行专业化施工，不利于提高工程质量和劳动生产率。

（3）协调性、均衡性差，劳动力需要量出现高峰。

（4）单位时间内需要投入施工现场的资源成倍增长，给材料供应、机械设备调度等带来困难。

（5）因为施工队多、人员集中，所以施工现场的组织管理工作复杂。

由此可见，只有在施工任务十分紧迫、工期紧张、工作面允许及资源充分，能保证供应的条件下，才能使用这种作业方法。

（三）流水作业法

当施工任务含有若干个施工段时，各个施工段相隔一定时间依次投入施工生产，相同的工序依次进行，不同的工序则平行进行的作业方法称为流水作业法（见图 2-3）。

由图 2-3 可以看出，流水作业法完成 m 个施工任务所需的总施工时间 T，比顺序作业法短，比平行作业法长。流水作业法中 $T = 18$ d。

通过比较可以看出，流水作业法消除了以上两种作业法的缺点，其特点是：

（1）由于流水作业法科学地利用工作面，所以总工期比较合理。

（2）施工队采用专业化施工，可使工人的操作技术水平由熟练而不断提高，为进行技术改造、革新创造了条件，更能保证工程质量，同时获得更高的劳动生产率。

（3）专业施工队实行连续作业，相邻专业施工队之间搭接紧凑，体现了施工的连续性。

（4）单位时间内需要投入施工现场的资源数量较为均衡，有利于资源供应的组织工作。

（5）施工有节奏，为文明施工和施工现场的科学管理创造了条件。

采用流水作业法组织施工，施工段的数量和工作面的大小必须满足一定的要求，流水作业法才能更好地发挥它的优越性。

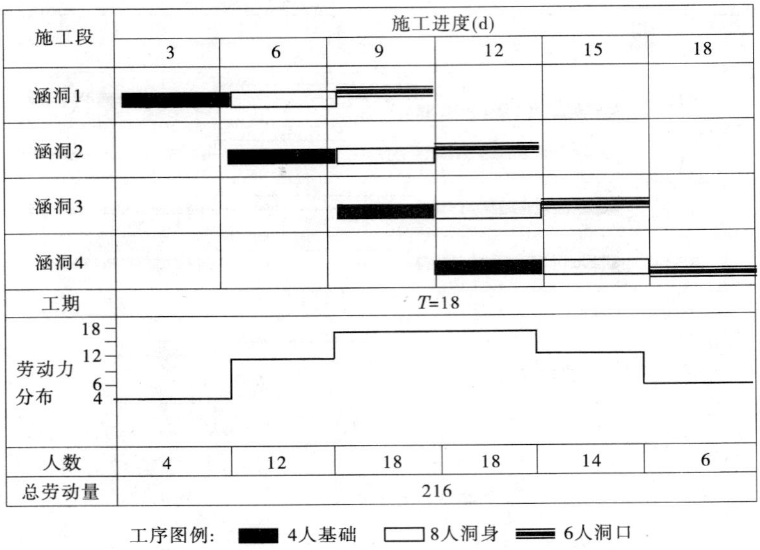

图 2-3　流水作业法

以上是假定在施工条件、技术水平、工程数量等完全相同的条件下，仅就三种施工组织方法的施工工期和劳动力需要量进行比较，而实际工程中的情况要复杂得多。

第三节　流水作业法的原理

一、流水作业法的组织

通过对顺序作业法、平行作业法、流水作业法的比较可知，流水作业法是一种比较科学的施工组织方法，它建立在合理分工、紧密协作和大批量生产的基础上。在公路工程施工过程中，将建筑产品施工的各道工序分配给不同的专业队依次去完成，每个专业队沿着一定的方向移动，在不同的时间相继对各个施工任务（施工段）进行相同的施工，由此形成专业队、施工机械和材料供应的移动路线，称为流水线。公路工程施工现场规模较大，可容纳各种不同专业的工人、施工机具，在不同的位置进行施工生产，即将施工对象划分为若干个施工段，以流水形式组织施工作业，使整个施工过程始终连续、均衡、有节奏。公路工程施工任务不论是分部分项工程，还是基本建设项目，都可以组织流水作业，即小到一道工序、大到一个基本建设项目，都可以按流水作业法组织施工。

组织流水作业的基本方法如下。

（一）划分施工段

划分施工段就是把劳动对象（工程项目）按自然形成或人为地划分成劳动量大致相等的若干段。如一个标段上有若干道小涵洞，可以把每一个小涵洞看做是一个施工段，这就自然形成了若干施工段。如果把一个标段的路线工程部分划分成 1 km 一段，就属于人为地把劳动对象划分成了若干施工段。

（二）划分工序

划分工序就是把劳动对象（工程项目）的施工过程划分成若干道工序或操作过程，每道工序或操作过程分别按工艺原则建立专业班组,即有几道工序,原则上就应该有几个专业施工队。

(三)确定施工顺序

确定施工顺序就是各个专业班组按照一定的施工顺序,依次、连续地由一个施工段转移到下一个施工段,不断地完成同类施工。如路线的施工顺序是:施工准备、施工放样、路基、路面等,各专业班组按照这样一个施工顺序,由一个施工段转移到下一个施工段,直至完成全部工程。

(四)估算流水时间

施工单位根据能达到的生产力水平和流水强度,确定流水节拍和流水步距。

(五)施工过程的时间组织

为了缩短工期,提高经济效益,减少施工工人和施工机械不必要的闲置时间,本施工段上各相邻工序之间或本工序在相邻施工段之间进行作业的时间,应尽可能地相互衔接起来,即施工段之间、工序之间尽可能连续。

【例 2-2】 有 5 道涵洞,对其基础施工采用流水作业法。

分析:①5 道涵洞,自然形成 5 个施工段;②将基础分成三道工序,即施工放样、挖基坑、砌基础;③分别组成三个专业施工队,即施工放样 3 人、挖基坑 4 人、砌基础 8 人;④施工顺序是:施工放样→挖基坑→砌基础。具体时间组织成果见图 2-4。

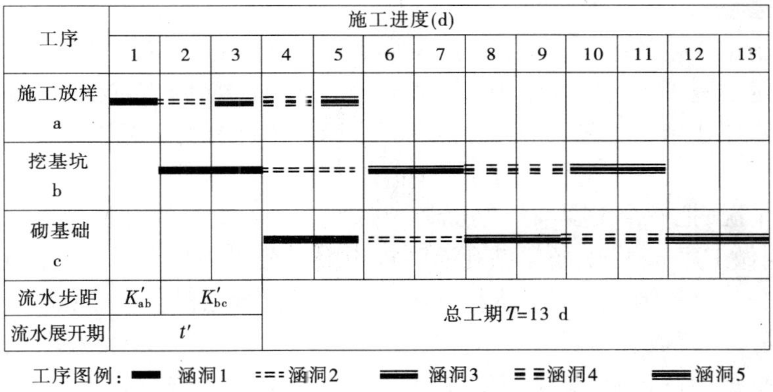

图 2-4 流水作业施工进度

由图 2-4 可见,当涵洞 1 的施工放样工序完成后,涵洞 1 的挖基坑作业可以进行;同时,涵洞 2 的施工放样和涵洞 1 的挖基坑作业平行地进行施工;依次进行下去,形成流水作业。

二、流水作业法的主要参数

用流水作业法组织施工时,施工过程的连续性、均衡性和协调性,取决于一系列参数的确定,以及它们之间的相互联系,反映这些关系的参数就称为流水参数。一般把流水作业法的参数分为空间参数、工艺参数和时间参数。

(一)空间参数

执行任何一项施工任务,都要占用一定范围的空间。在组织流水作业时,用工作面、施工段数这两个参数表达流水作业在空间布置上所处的状态,这些参数称为空间参数。

1. 工作面

某一专业工种的工人或某种型号的机械在进行施工操作时所必须具备的活动空间称为工作面。

工作面的大小决定了最多能安置多少工人和布置多少台机械操作。它反映空间组织的合理性。工作面的布置以最大发挥工人和机械的效力为目的,并遵守安全技术和施工技术规范的规定。

2. 施工段数 m

施工段的概念前面已经讲过,划分施工段的目的是:①多创造工作面,为下道工序尽早开工创造条件。②不同的工序(不同工种的专业施工队)在不同的工作面上平行作业。只有划分施工段,才能展开流水作业。

划分施工段应注意以下几点:

(1)人为划分施工段时,要使各施工段劳动量大致相等,相差以不超过15%为宜。

(2)施工段的划分,应考虑施工规模、资源供应等,通常以主导工序的组织为依据。

(3)施工段的划分,应考虑施工对象的结构整体完整性。如大型人工构造物以伸缩缝、沉降缝为界分段,一般的工程结构应在受力最小而又不影响结构外观的位置分段。

(4)施工段的划分,要考虑各作业班组有合适的工作面。工作面过小,不能充分发挥人力、机械的效力;过大,则影响工期。

(二)工艺参数

任何一项施工任务的施工,都由若干不同种类和特性的工序(施工过程)组成,每一道工序都有其特定的施工工艺。在组织流水作业时,用工序数(施工过程)和流水强度这两个参数来表达流水作业施工工艺开展顺序及特征。这些参数称为工艺参数。

1. 工序数 n

根据具体情况,把一个工程项目(分部工程)划分为若干道具有独自施工工艺特点的个别施工过程,叫做工序。例如:桥梁钻孔灌注桩工程可分为埋护筒、钻孔、灌混凝土等;预制混凝土构件可分为钢筋组、木工组、支模板组、试验组、混凝土拌和站、混凝土运输、混凝土浇灌、混凝土振捣。工序数常用 n 来表示。每一道工序由一个专业班组来承担施工。

工序数要根据构造物的复杂程度和施工方法来确定,划分工序时,应注意以下问题:

(1)工序划分的粗细程度,应以流水作业进度计划的性质为依据。对于实施性的流水作业进度计划,应划分得细一些,可划分到分项工程。对于控制性的进度计划,应划分得粗一些,可以是单位工程,甚至是单项工程。

(2)结合所选择的施工方案划分工序。如钢筋混凝土结构的现场浇筑与预制安装,沥青混凝土路面的机械摊铺施工与人工摊铺施工,两者划分施工工序的差异是很大的。

(3)划分工序应重点突出,抓住主要工序,不宜太细,使流水作业进度计划简明扼要。如路面工程可以划分为底基层、基层、面层。

(4)一个流水作业进度计划内的所有工序应按施工先后顺序排列,所采用的工序名称应与现行定额的项目名称一致。

2. 流水强度 V

流水强度又称流水能力或生产能力,每一工序(专业班组)在单位时间内所完成的工程量(如瓦工组在每工作班砌筑的圬工体积数值)叫流水强度。流水强度越大,专业队应配备的机械、需要的人工及材料等也就越多，工作面相应增大，施工期限将会缩短。流水强度按下列公式计算。

（1）机械施工时的工序流水强度按式（2-1）计算

$$V_i = \sum_{i=1}^{x} (R_i \times C_i) \tag{2-1}$$

式中 V_i——工序 i 的机械作业流水强度；

R_i——某种施工机械台数；

C_i——该种施工机械的台班产量定额（时间定额的倒数）；

x——投入同一工序的主要施工机械种类。

（2）人工操作时的工序流水强度按式（2-2）计算

$$V_i = R_i \times C_i \tag{2-2}$$

式中 V_i——工序 i 的人工作业流水强度；

R_i——每一专业班组人数；

C_i——平均每一个工人每班产量即产量定额（时间定额的倒数）。

（三）时间参数

每一工序（施工过程）的完成，都要消耗时间，在组织流水作业时，用流水节拍、流水步距、流水展开期、技术间歇时间、组织间歇时间这 5 个参数来表达流水作业在时间排列上所处的状态。这些参数称为时间参数。

1. 流水节拍 t_i

流水节拍 t_i 是指一道工序（作业班组）在一个施工段上的持续时间。如图 2-4 中，施工放样工序在各施工段上的流水节拍都等于 1 d，挖基坑工序在各施工段上的流水节拍都等于 2 d 等。

当施工段数目确定后，流水节拍的长短影响总工期。影响流水节拍长短的因素有施工方案、施工段的工程数量、专业施工队的人数、机械台数、每天的作业班次等。

从理论上讲，流水节拍越短越好。但是实际上，由于工作面的限制，流水节拍 t_i 有一个界限。流水节拍 t_i 有以下几种计算方法。

（1）定额法。在实际工程中，根据实有工人和机械数量按式（2-3）确定流水节拍 t_i

$$t_i = \frac{Q_i \times S}{R \times n} \tag{2-3}$$

式中 t_i——流水节拍；

Q_i——某施工段的工程数量；

S——某工序的时间定额；

R——施工人数或机械台数；

n——作业班制数，即 1 班、2 班、3 班。

（2）工期反算法。如果施工任务紧迫，必须在规定日期内完成施工任务，可采用倒排进度的方法求流水节拍。首先根据要求的总工期 T 倒排进度，确定某一工序（施工过程）的施工作业总持续时间 T_i。其次根据施工段数 m 反求流水节拍 t_i

$$t_i = \frac{T_i}{m} \tag{2-4}$$

然后检查反求的流水节拍 t_i 是否大于最小流水节拍 $t_{\min}$，如果不满足可通过调整施工段数和专业队人数及作业班次，再综合考虑其他因素重新确定。$t_{\min}$的计算公式为

$$t_{\min} = \frac{A_{\min} \times Q_i \times S}{A} \tag{2-5}$$

式中 $A_{\min}$——每个人或每台机械所需的最小工作面；

A——一个施工段实际具有的工作面数值；

Q_i——某施工段的工程数量；

S——某工序的时间定额。

2. 流水步距 K

流水步距指两相邻不同工序（专业班组）相继投入同一施工段开始工作的时间间隔，即开始时间之差，通常用 K 表示。在图 2-4 中，施工放样专业队从第 1 天开始作业，挖基坑专业队从第 2 天开始作业，则这两支专业队之间的流水步距 $K=1$。

流水步距 K 的大小，对总工期有很大影响。在施工段数目和流水节拍确定的条件下，流水步距越大，则总工期越长；反之，则总工期越短。确定流水步距时，在考虑正确的施工顺序、合理的技术间歇、适当的工作面和施工的均衡性的同时，一般还应遵循以下原则：

（1）采用最小的流水步距，即相邻两工序在开工时间上最大限度地、合理地连接，以缩短工期。

（2）流水步距要能满足相邻两工序在施工顺序上相互制约的关系。

（3）尽量保证各施工专业队都能连续作业。

（4）确定流水步距要保证工程质量，满足安全施工的要求。

3. 流水展开期

从第一个施工专业队开始作业起，到最后一个施工专业队开始作业止，其时间间隔叫流水展开期，常用 t'表示。显然，流水展开期之后，全部施工专业队都进入流水作业（当 $m>n$ 时），每天的各种资源需要量保持不变，各专业队每天完成相应的工作量，开始了连续、均衡而紧凑的流水作业阶段。由图 2-4 可见，流水展开期 t'的数值等于各流水步距 K 值之和。

4. 技术间歇时间

在组织流水作业时，不仅要考虑专业队之间的协调配合、施工质量、施工安全等，有时根据材料特点和工艺要求，还要考虑合理的工艺等待时间，然后下一专业队才能进入施工，这个等待时间叫做技术间歇时间，如混凝土的凝结硬化、油漆的干燥等。

5. 组织间歇时间

在流水作业中，由于施工技术或施工组织的原因，造成流水步距以外增加的间歇时间叫做组织间歇时间。如施工进行中的检查、校正，施工人员和机械的转移等需要的时间都是组织间歇时间。

三、流水作业法的分类及总工期

由于工程构造物的复杂程度不同，受地理环境影响不同，以及工程性质各异等因素的影响，造成了流水参数的差异，使流水施工作业分为有节拍流水作业和无节拍流水作业。其中，有节拍流水又分为全等节拍流水、成倍节拍流水和分别流水。

（一）有节拍流水作业

1. 全等节拍流水

1）定义

在组织流水作业时，如果所有工序（施工过程）在各个施工段上的流水节拍彼此相等，这种组织方式的流水作业称为全等节拍流水。

2）特点

（1）流水节拍彼此相等，流水步距彼此相等，而且两者的数值也相等，即 $t_i = K_i =$ 常数，这也是组织全等节拍流水作业的条件。

（2）按每一道工序各组织一个施工专业队，即施工专业队的数目等于工序数 n。

（3）每个施工专业队都能连续作业，施工段没有空闲，实现了连续、均衡而又紧凑地施工，是一种理想的组织方式。但是实际工程中，这种情况并不多见。

3）总工期计算

由图 2-5 可知，流水展开期 t' 为各施工专业队（即工序）之间的流水步距 K 值之和。因此，施工专业队（即工序）数为 n 时，流水步距必然只有 $n-1$ 个，则

$$t' = (n-1)K \tag{2-6}$$

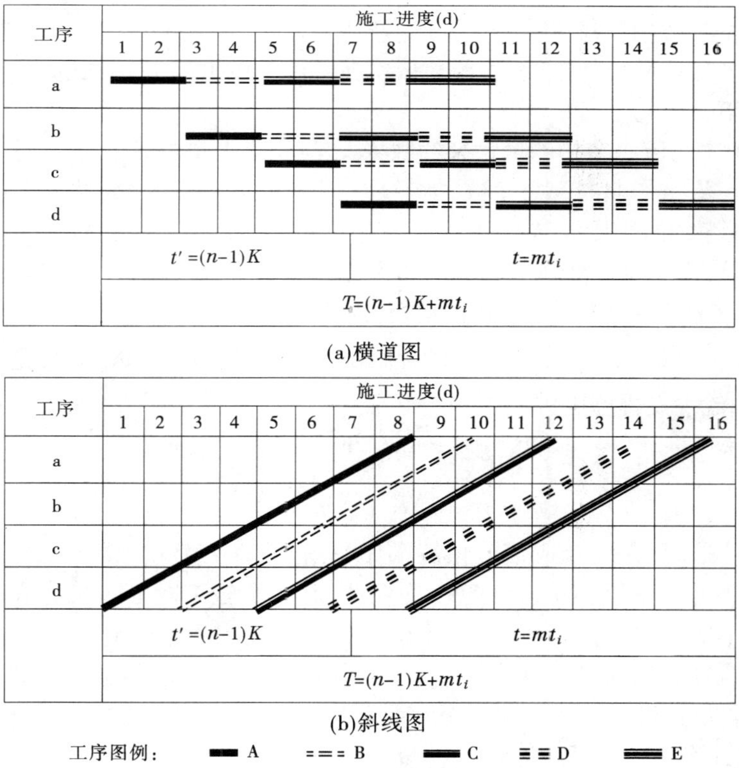

图 2-5　全等节拍流水施工进度

最后一个施工专业队（即工序）应在每个施工段上依次作业，它的全部作业时间 t 应为

$$t = mt_i \tag{2-7}$$

式中各符号意义同前。

流水作业的总工期 T 等于 t' 与 t 之和，即

$$T = t' + t \tag{2-8}$$

也即

$$T = (n-1)K + mt_i = (m+n-1)K \tag{2-9}$$

式中各符号意义同前。

2. 成倍节拍流水

1) 定义

相同工序的流水节拍在所有施工段上都相等，不同工序的流水节拍彼此不相等，但互为整数倍数关系(1 除外)，这种组织方式的流水作业称为成倍节拍流水。

2) 特点

(1) 同一工序在各个施工段上的流水节拍彼此相等，不同工序在同一施工段上的流水节拍彼此不相等，但互为整数倍数关系，这也是组织成倍节拍流水作业的条件。

(2) 施工专业队的数目大于工序数。

(3) 各施工专业队都能保持连续施工，施工段没有空闲，整个施工过程是连续、均衡的，各施工专业队按自己的节奏施工。

3) 成倍节拍流水施工组织

如果仍按全等节拍流水组织施工，则会造成专业队窝工或作业面间歇，从而导致总工期延长。为了使各专业队仍能连续、均衡地依次在各施工段上施工，应按成倍节拍流水组织施工。其步骤如下：

(1) 求各工序的流水节拍的最大公约数 K_k。与原流水步距 K 意义不同，K_k 是作为按成倍节拍流水组织流水作业的一个参数，是各道工序都共同遵守的"公共流水步距"。

(2) 求各工序的施工专业队数目 B_i。每道工序的流水节拍 t_i 是 K_k 的几倍，就相应安排几个施工专业队，即施工专业队数目 $B_i = t_i/K_k$。同一道工序的各个施工专业队就依次相隔 K_k 天投入流水作业施工，这样才能保证均衡、连续地施工。

(3) 将施工专业队数目的总和 $\sum B_i$ 看做是"总工序数 n"，将 K_k 看做是"流水步距"，然后，按全等节拍流水安排施工进度。

(4) 计算总工期 T。将 $n = \sum B_i$、$K = K_k$ 代入式(2-9)得

$$T = (m+n-1)K = (m + \sum B_i - 1)K_k \tag{2-10}$$

【例 2-3】 图 2-6 是一个成倍节拍流水作业图，共有 7 个施工段(A、B、C、D、E、F、G)，每个施工段有 3 道工序(a、b、c)，a 工序(专业队)在各个施工段上的流水节拍 $t_a = 2$；b 工序在各个施工段上的流水节拍 $t_b = 6$；c 工序在各个施工段上的流水节拍 $t_c = 4$。

各工序的流水节拍的最大公约数 $K_k = 2$。由 $B_i = t_i/K_k$ 计算得：a 工序需要 1 个专业队；b 工序需要 3 个专业队；c 工序需要 2 个专业队。

该例 $m = 7$，$\sum B_i = 6$，$K_k = 2$ 代入式(2-10)得

$$T = (7 + 6 - 1) \times 2 = 24(\mathrm{d})$$

3. 分别流水

1) 定义

分别流水是指各工序的流水节拍各自保持不变，即 t_i 为常数，不同工序的流水节拍不

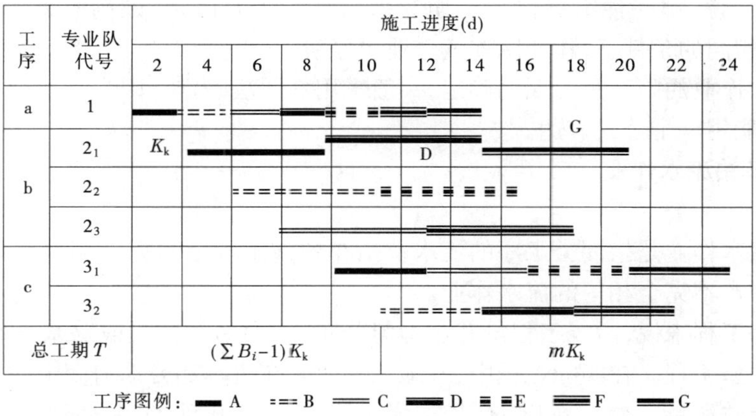

图 2-6　成倍节拍流水施工进度

完全相同，但不存在最大公约数（1 除外），流水步距 K 也是一个变数的流水作业。也就是说，同类工序的流水节拍在各施工段上相等，而不同类工序的流水节拍相互不完全相等。

组织分别流水作业时，首先应保持各施工段本身均衡而不间断地进行，然后将各工序彼此衔接协调。既要避免各工序之间发生矛盾，也要尽可能减少作业面的空闲时间，使整个施工安排保持最大程度的紧凑，以达到缩短工期的目的。

2）作图

由于流水步距是一个变数，其作图不能像全等节拍流水作业，也不能像成倍节拍流水作业那样。分别流水作业作图，可以采用两种方法：①紧凑法（只要具备开工要素就开工），见图 2-7(a)；②潘特考夫斯基法（各作业队连续作业），见图 2-7(b)。

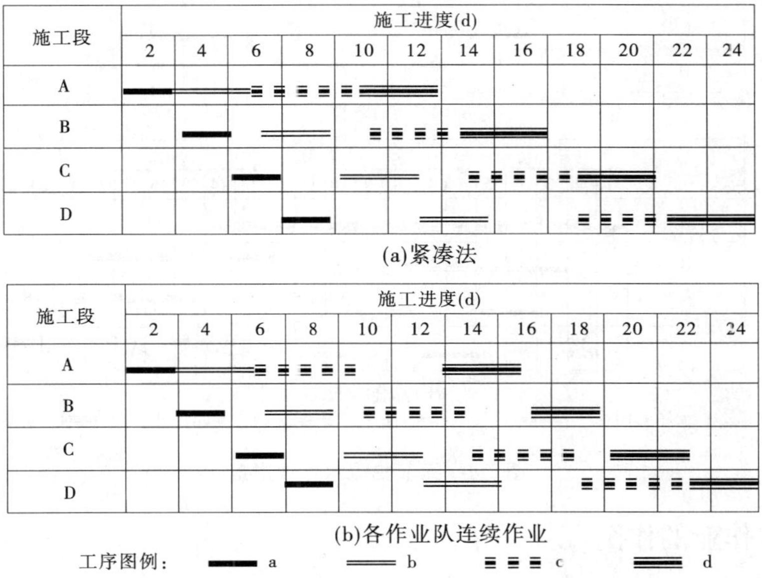

图 2-7　分别流水作业进度

由图 2-7 可见，总工期都等于 24 d，即 $T=24$ d，不同的组织方法，总工期相同（这是一个特例）。一般来说，哪一种组织方法工期短采用哪一种。但是，该例应采用后一种组织方法，因为工期相同的条件下，作业队连续作业更经济。

分别流水作业的施工总工期的确定，一般采用作图法确定。因为有两种作图方法，会有两种工期，不能用一个公式表达。

（二）无节拍流水作业

1. 定义

无节拍流水作业是指同类工序的流水节拍在各施工段上不完全相同，而不同类工序的流水节拍相互也不完全相等的流水作业。

对于公路工程来说，沿线工程量并非均匀分布，如大中型桥梁或路基土石方的高填、深挖等属于集中型工程。在实际工程中，各施工专业队在机具和劳动力固定的条件下，流水作业速度不可能总保持一致。所以，有节拍流水作业很少出现，大多是无节拍流水作业，即 $t_i \neq$ 常数，$K \neq$ 常数。

2. 作图

无节拍流水作业的作图与分别流水作业一样，也有两种方法：①紧凑法（只要具备开工要素就开工），见图 2-8（a）；②潘特考夫斯基法（各作业队连续作业），见图 2-8（b）。

确定无节拍流水作业的施工总工期时，一般采用作图法确定。但是，为了求得最短的总工期，首先必须对施工段的施工工序进行排序（在本章第四节讲），然后才能以作图法确定其最短总工期。

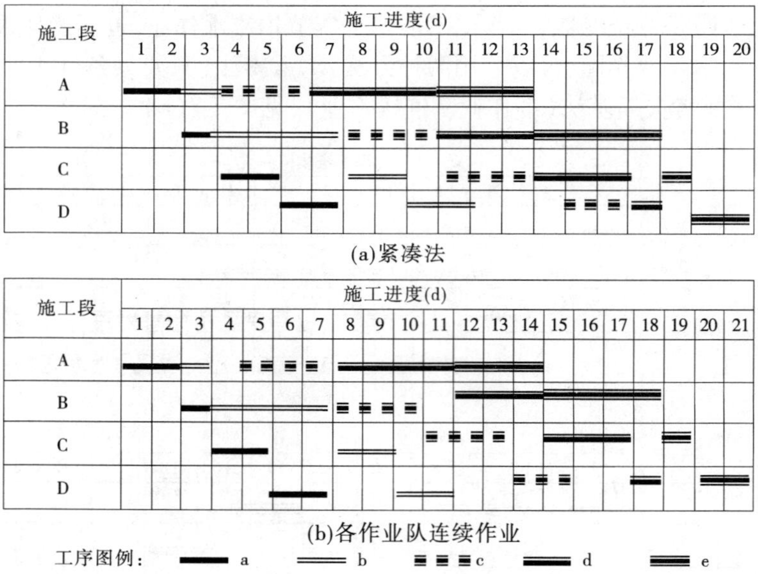

(a)紧凑法

(b)各作业队连续作业

图 2-8　无节拍流水作业进度

四、流水作业的作图

（一）流水作业图的形式

按流水作业图中的图形和线条形态及其所表达的内容可分为：

（1）横线工段式，如图 2-5（a）所示。

(2)横线工序式,如图 2-8 所示。

(3)斜线工段式,如图 2-5(b)所示。

(4)斜线工序式,如图 2-9 所示,由图 2-7(b)改画而成。

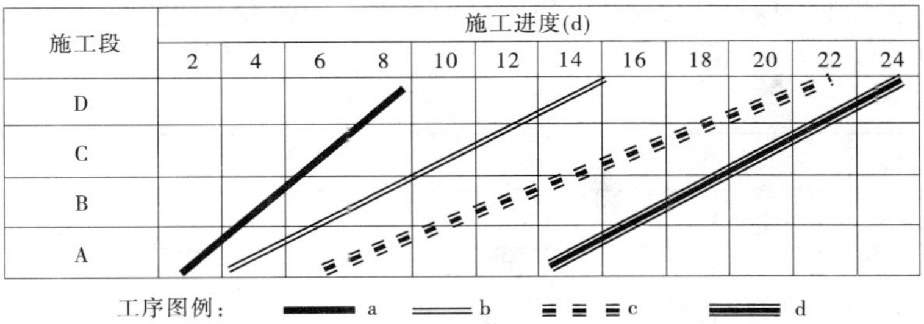

图 2-9　斜线工序式流水作业进度

(二)流水作业的作图

流水作业法的施工组织意图和内容可通过流水作业图的形式表达出来。有关作图的要点介绍如下。

1. 开工要素

任何一道工序开工时,必须具备工作面和生产力(工人、机械、材料等资源)两个开工要素,两者中缺少任何一个,工序都不具备开工条件,也就是说,工序无法投入生产。如图 2-8(a)中,b 工序在 C 施工段上,必须在第 8 天开工,因为在这之前,虽有工作面,但无生产力;又如图 2-7(a)中,d 工序在 B 施工段上,只能在第 14 天开工,在第 13 天虽有生产力,但无工作面。

2. 工序衔接原则

(1)相邻工序之间及工序本身,应尽可能衔接,以取得最短施工总工期。

(2)工序衔接必须满足工艺要求和自然过程(混凝土的硬化等)的需要。

(3)尽量使同工序在各施工段上能连续作业,并尽量使相邻不同工序在同一施工段上能连续作业。

(4)图中的首工序和末工序,均可按需要与可能采取连续作业或间歇作业。

3. 工序紧凑法流水作业组织

为了使流水作业图取得最短总工期,在作图时,各相邻工序之间尽量紧凑衔接,即尽量使所排工序向作业开始方向靠拢(一般向图的左端)。如图 2-8(a)所示为按工序紧凑法组织的流水作业;如图 2-8(b)所示为按专业队连续作业组织的流水作业。两种组织方法,工期相差 1 d,在实际生产中,若工期紧,应取图 2-8(a)所示的组织方式。

4. 专业队在各施工段间连续作业的组织

在流水作业组织中,可使各个专业队在各施工段间连续作业,以避免“停工待面”和“干干停停”;这样,尽管不能保证工期最短,但经济效益却是肯定的。

专业队的连续作业实现了,不等于总工期最短;但总工期最短,不等于不能实现连续作业,如图 2-7 所示。

为了在总工期尽可能短的条件下,各施工专业队能在各个施工段间进行连续作业,必须确定相邻各专业队(相邻工序)间最小流水步距 K_{min}。最小流水步距 K_{min} 可以用潘特考夫斯基法和纸条串法确定。

1）潘特考夫斯基法

潘特考夫斯基法也叫"累加数列错位相减取大差法"。下面以具体示例介绍其具体步骤。

（1）作表。按施工段和工艺顺序，将各工序（施工专业队）在各施工段上的流水节拍值列于表 2-1 中。

表 2-1 流水节拍 （单位：d）

工序	施工段			
	A	B	C	D
a	2	3	3	2
b	2	2	3	3
c	3	3	3	2

（2）求首施工段上各最小流水步距 K。

①求 K_{ab}^{A}。

将 a 工序的 t_a 依次累计叠加，可得数列：2 5 8 10；

将 b 工序的 t_b 依次累计叠加，可得数列：2 4 7 10；

将后一工序的数列向右错一位，再将两数列相减，即

a:	2	5	8	10	
b:	–)	2	4	7	10
	2	3	4	3	–10

则所得数列中的最大正数 4，即为 a、b 两工序的最小流水步距 $K_{ab}^{A}=4$。

②同理求 K_{bc}^{A}。

b:	2	4	7	10	
c:	–)	3	6	9	11
	2	1	1	1	–11

则所得数列中的最大正数为 2，即为 b、c 两工序的最小流水步距 $K_{bc}^{A}=2$。

如果还有更多的工序，施工段也比此例多，那么最小流水步距的求法完全相同。

（3）绘制流水作业图。根据求得的最小流水步距和流水节拍表，绘制流水作业图，如图 2-10所示。

（4）结论。由图 2-10 可得总工期 $T=17$ d，若采用紧凑法组织施工，可得总工期 $T=16$ d。在实际生产中，根据具体情况选取组织方法。

2）纸条串法

纸条串法只适用于横线工段式。以图 2-10 为例来说明纸条串法求 K_{min} 的步骤如下：

（1）作流水节拍表，同表 2-1。

（2）绘制流水作业进度图的图框，填好施工进度日历和工序名称（简称进度图）。

（3）将首工序即 a 工序，在各个施工段上的流水节拍直接连续地绘于进度图上，并标明施工段名称。

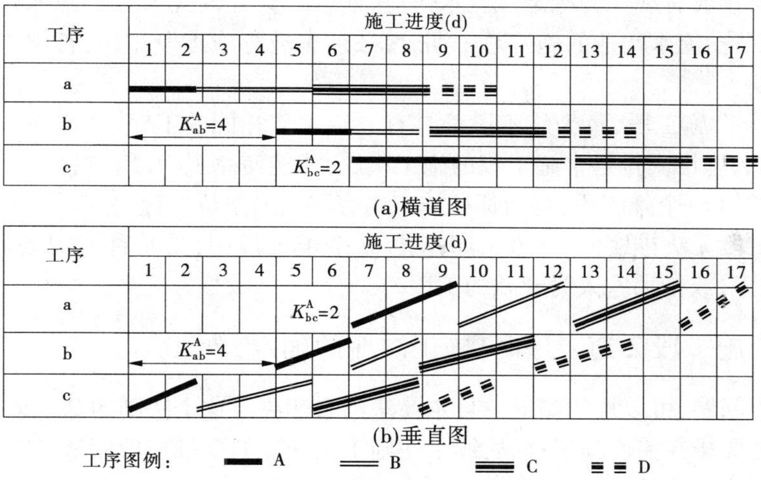

图 2-10　最小流水步距流水作业进度

(4)将 b 工序在各施工段上的流水节拍连续地绘在纸条上，并标明施工段名称。然后，将纸条在进度图的 b 工序行内由左向右调整，调整的原则是：相同符号的施工段不能重叠(重叠说明两个不同的施工专业队进入了同一个施工段，也就是说，上一道工序还没有完工，还不具备工作面，下一道工序就进入了现场)，但要做到衔接最紧凑。调整好后，将纸条固定。

(5)将 c 工序在各个施工段上的流水节拍连续地绘在纸条上，并重复上述方法，调整好后，将纸条固定。

若还有更多的工序，可以一直重复上述方法。实践证明，纸条串法简捷、直观、准确、不必计算。

课堂练习：

表 2-2 是给出的一个流水节拍表，请同学们分别用紧凑法和潘特考夫斯基法绘制横道图和相应的斜线图，并对工期进行比较，说明实际工程中用哪一种组织方式更科学合理。

表 2-2　流水节拍　　(单位：d)

工序	施工段			
	A	B	C	D
a	2	2	2	1
b	1	2	2	4
c	3	3	2	3
d	4	3	1	3
e	3	1	2	4

第四节　无节拍流水作业施工次序的确定

公路工程由于施工作业条件、工程结构特性和环境因素的影响，流水作业并不是按照人们的意愿能安排成有规律的稳定性流水作业,而常常会出现无节拍的流水作业。前文曾提到,在确定无节拍流水作业的施工总工期时,必须先进行施工段排序,否则将不能求得最短的施工总工期。

如果有 m 个施工段,每个施工段都具有 n 道工艺相同的工序(工艺不同的工序无法进行比较),那么,怎样安排各个施工段的施工次序,才能使总工期最短呢?

这里所指的 m 个施工段,是指那些施工内容相同的单位工程、分部分项工程(而不同施工内容的施工段无法排序)。n 道工序是指 m 个施工段中,受某种客观条件(如关键设备等)制约的工序,或指那些人为合并的工序。

一、m 个施工段 2 道工序时,施工次序的确定

对于这类问题,可以用约翰逊 - 贝尔曼法则来解决。这个法则的基本思想是:先行工序施工工期短的要排在前面施工;而后续工序施工工期短的要排在后面施工。也即,首先列出 m 个施工段的流水节拍表,然后在表中依次选取最小数,而且每列只选一次,若此"数"属于先行工序,则从前面排,反之则从后面排。

具体步骤通过示例详解如下:

(1)填列流水节拍表,如表 2-3 所示。

(2)绘制施工次序排列表的表格。见表 2-4(熟练后可不绘制此表,而在表 2-3 下边加一栏,直接排序)。

表 2-3　流水节拍　　(单位:d)

工序	施工段					
	A	B	C	D	E	F
a	4	4	6	8	3	2
b	7	4	5	1	6	3

表 2-4　施工次序排列

填表次序	施工次序					
	1	2	3	4	5	6
1						D
2	F					
3		E				
4					B	
5			A			
6				C		
列中最小数	2	3	4	5	4	1
施工段号	F	E	A	C	B	D

(3) 填表排序。即按约翰逊 – 贝尔曼法则填充表 2-4，从而可将各个施工段的施工次序排列出来。

本示例中，根据表 2-3，各施工段的施工次序排列如下：

第一个最小数是 1，属于后续工序，所以填列在表 2-4 中施工次序的最后一格，并将表 2-3 中 D 施工段这一列划去；

第二个最小数是 2，属于先行工序，所以填列在表 2-4 中施工次序的最前面一格，并将表 2-3 中 F 施工段这一列划去；

依次类推，将表 2-4 填列完毕，可确定各个施工段的最优施工次序为 F、E、A、C、B、D。

(4) 绘制施工进度图，确定施工总工期。本示例按流水作业法组织施工，其施工进度图如图 2-11 所示，其总工期为 28 d。

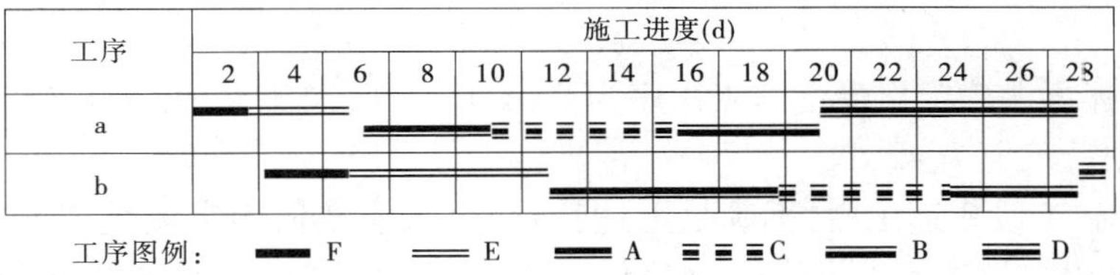

图 2-11　最优施工次序流水作业进度

若不按约翰逊 – 贝尔曼法则所确定的施工次序，一般不能取得最短施工总工期。如本示例，若按表 2-3 的施工次序，即按 A、B、C、D、E、F 的次序施工，则总工期至少需要 34 d，比 28 d 多 6 d。

二、*m* 个施工段 3 道工序时，施工次序的确定

对于这类问题，如果符合下列两种情况中的一种，就可采用约翰逊 – 贝尔曼法则，这两种情况是：

(1) 第 1 道工序中最小的施工期 a_{min}，大于或等于第 2 道工序中最大的施工期 b_{max}，即 $a_{min} \geqslant b_{max}$。

(2) 第 3 道工序中最小的施工期 c_{min}，大于或等于第 2 道工序中最大的施工期 b_{max}，即 $c_{min} \geqslant b_{max}$。

对于 *m* 个施工段 3 道工序时，施工次序的排序问题，只要符合上述两条中的一条，即可按下述步骤来求得最优施工次序：

第 1 步，将各个施工段中第 1 道工序 a 和第 2 道工序 b 的流水节拍（施工期）依次加在一起，即 a + b。

第 2 步，将各个施工段中第 2 道工序 b 和第 3 道工序 c 的流水节拍（施工期）依次加在一起，即 b + c。

第 3 步，将上两步中得到的流水节拍表（施工工期表）看做两道工序的流水节拍表（施工工期表），见表 2-5 中的 a + b 和 b + c。

第 4 步，按上述 *m* 个施工段 2 道工序时的排序方法，求出最优施工次序。

第 5 步，按所确定的施工次序绘制施工进度图，确定施工总工期。

现举例说明，见表 2-5。

表 2-5　流水节拍　　（单位:d）

工序	施工段				
	A	B	C	D	E
a	3	2	8	10	5
b	5	2	3	3	4
c	5	6	7	9	7
a + b	8	4	11	13	9
b + c	10	8	10	12	11
最优次序	B	A	E	D	C

本例按上述方法确定出最优施工次序为 B、A、E、D、C，总工期为 39 d；若按 A、B、C、D、E 的顺序施工，则总工期为 42 d。

如果 m 个施工段 3 道工序，不满足上述特定条件，应如何确定最优施工次序呢？对于这种情况，可采用穷举法找出最优施工次序。即还是按照上述原理，将工序重新组合成虚拟的 2 道工序（包括所有可能的情况），再按约翰逊 – 贝尔曼法则确定最优施工次序。

举例说明：见表 2-6。

表 2-6　流水节拍　　（单位:d）

工序	施工段			
	A	B	C	D
a	3	4	7	9
b	3	5	6	4
c	5	6	8	7

表 2-6 为 4 个施工段 3 道工序，但是不满足上述特定条件，我们可以把 a、b、c 三道工序重新组合成以下 2 道工序（包括了所有组合情况）：(a，b + c)、(a + c，b)、(a + b，c)、(a + b，b + c)、(a + c，b + c)、(a + b，a + c)。注意：先行工序和后续工序的位置不能颠倒，即(a + c，a + b)的组合是错误的。

三、m 个施工段工序多于 3 道时，施工次序的确定及直接编阵法计算工期

（一）施工次序的确定

当工序多于 3 道时，求解最优施工次序变得比较复杂，但是，我们仍可以将工序按一定方式进行组合，将其变成虚拟的 2 道工序，然后按约翰逊 – 贝尔曼法则确定较优的施工次序。

由于组合方式很多，每一次只能得到较优的施工次序，所以只有列出所有组合方式，从众多较优解中找到最优施工次序。但是，即使没有列出所有组合方式，也可以得到相对最优解。下面举一例说明本法的应用。

【例 2-4】　某施工任务有 4 个施工段，每个施工段有 4 道相同工序，流水节拍表（作业

时间表)如表 2-7 所示,求其最优施工次序及最短施工总工期。

表 2-7　流水节拍　　(单位:d)

工序	施工段			
	A	B	C	D
a	6	2	5	3
b	4	7	1	2
c	8	9	3	6
d	1	5	4	8

若不排序,按直接编阵法得施工总工期为 43 d。

解:(1)组合 1(见表 2-8)。

表 2-8　组合 1 流水节拍　　(单位:d)

工序	施工段			
	A	B	C	D
a - b	10	9	6	5
c - d	9	14	7	14
较优次序	D	C	B	A

较优次序为 D、C、B、A,按直接编阵法得施工总工期为 35 d。

(2)组合 2(见表 2-9)。

表 2-9　组合 2 流水节拍　　(单位:d)

工序	施工段			
	A	B	C	D
a - c	14	11	8	9
b - d	5	12	5	10
较优次序	D	B	C	A

较优次序为 D、B、C、A,按直接编阵法得施工总工期为 33 d。

(3)组合 3(见表 2-10)。

表 2-10　组合 3 流水节拍　　(单位:d)

工序	施工段			
	A	B	C	D
a - d	7	7	9	11
b + c	12	16	4	8
较优次序	B	A	D	C

较优次序为 B、A、D、C，按直接编阵法得施工总工期为 44 d。

(4)组合 4(见表 2-11)。

表 2-11　组合 4 流水节拍　　(单位:d)

工序	施工段			
	A	B	C	D
a	6	2	5	3
b + c + d	13	21	8	16
较优次序	B	D	C	A

较优次序为 B、D、C、A，按直接编阵法得施工总工期为 37 d。

(5)组合 5(见表 2-12)。

表 2-12　组合 5 流水节拍　　(单位:d)

工序	施工段			
	A	B	C	D
a + b + c	18	18	9	11
d	1	5	4	8
较优次序	D	B	C	A

较优次序为 B、D、C、A，按直接编阵法得施工总工期为 33 d。结果同组合 2。

从以上五种组合中找出最优顺序为 D、B、C、A，总工期为 33 d，比按 A、B、C、D 顺序，施工总工期减少了 10 d。还有其他组合方式，有兴趣的同学可以继续做下去。

(二)直接编阵法计算工期

在实际工程中，对于小型施工项目的排序问题，就如上例一样，我们可以通过直接编阵法计算工期，而不必每一次都画出进度图来确定施工工期。

直接编阵法计算工期的原理是：只要具备了开工要素就开工，属于紧凑法施工组织安排。具体计算见下例。

【例 2-5】　某施工任务有 A、B、C、D 四个施工段，每个施工段有 a、b、c、d 四道工序，各道工序在各个施工段上的作业工期(即流水节拍)见表 2-13。

直接编阵法计算工期的步骤是：

(1)计算第一行新元素。

对于第一行各新元素，可以直接累加得到。因为，对于 a 工序来说，所有施工段上的工作面都是闲置的，只要有生产力就可以开工，所以可以直接用旧元素值加左边新元素值得到该新元素值。也就是说，到第 26 天，a 工序(作业队)就完成了所有施工段上的施工任务。

(2)计算第一列新元素。

对于第一列(即首施工段 A)各新元素，也是直接用旧元素值加上面新元素值得到该新元素值。因为所有工序(专业队)都是闲置的，即生产力能满足要求，只要有工作面就可以开工，所以每累加一个数，也就是一道工序已完成了在首施工段 A 上的操作。

(3)计算其他新元素值。

对于其他新元素值，用旧元素值加上面或左边二者新元素中的较大值（之所以加较大值是为了具备开工要素，上面的数值说明有无工作面，左边的数值说明有无生产力）得该新元素值，从第二行起按顺序进行，直至完成。具体计算结果见表2-13。本例施工总工期为42 d。

表2-13 流水节拍 （单位：d）

工序	施工段			
	A	B	C	D
a	6	4 (10)	7 (17)	9 (26)
b	3 (9)	5 (15)	6 (23)	4 (30)
c	5 (14)	6 (21)	8 (31)	7 (38)
d	4 (18)	7 (28)	8 (39)	3 (42)

注：括号中的数值为新元素数据，括号外的数值为原始数据。

第五节 作业法的综合运用

前文讲述了顺序作业法、平行作业法、流水作业法，在实际工程中，这三种作业法不仅可以单独使用，而且可以根据具体条件将三种基本作业方法综合运用。在实际工程中，常用的有平行流水作业法、平行顺序作业法、立体交叉平行流水作业法。

一、平行流水作业法

在工程量相同的情况下，平行作业法工期最短，但人力、材料、机械等的需要量不平衡，我们可以根据实际情况，组织平行流水作业法，既能缩短工期，又能克服平行作业法的缺点，发挥平行流水作业法的优势。在图2-12中，孔1和孔2、孔3和孔4、孔5和孔6、孔7和孔8等为平行作业，孔1和孔3、孔2和孔4、孔5和孔7、孔6和孔8等为流水作业。以钻孔为主导工序进行安排，从孔1至孔8之间的作业组织属于平行流水作业，从孔9至孔16之间的作业组织也属于平行流水作业。

二、平行顺序作业法

平行顺序作业法适合于人力、材料、资金都十分充足，工期又相当紧张的工程。虽然没有克服平行作业法造成的人力、材料、机械等的过分集中使用和顺序作业法的不连续等缺点，但在某些特定的情况下可以考虑应用。

三、立体交叉平行流水作业法

这种方法综合运用了平行作业法、顺序作业法、流水作业法的特点。在空间上，利用一切可以利用的工作面，根据实际拥有的机械、材料、人力以最大发挥其效力。以主导工序和主导机械为依据，进行时间组织安排。它有效地缩短了施工工期，使整个施工过程处于节奏当中，它非常适合于工序繁多、工程量大而又集中的大型构造物的施工。如立交桥、特大桥的钻孔灌注桩工程，桥墩、桥台施工等。

思考练习题

1. 公路施工过程的概念及分类是什么？

2. 公路施工过程的组成及基本原则是什么？

3. 影响施工过程组织的因素是什么？

4. 公路施工过程时间组织的类型是什么？

5. 施工过程时间组织三种基本作业方法是什么？各自的特点是什么？

6. 流水作业法的基本方法及主要参数是什么？流水作业法的分类及各自的计算特点是什么？

7. 流水节拍的定义及计算方法是什么？

8. 流水步距的定义及遵循的原则是什么？

9. 潘特考夫斯基法和纸条串法如何确定最小流水步距？

10. 约翰逊－贝尔曼法则的原则和具体步骤是什么？

11. 如表 2-14 所示，采用流水作业施工，计算计划总工期，并画出流水作业的横道图及垂直图。

表 2-14

施工过程	不同施工段的作业时间				
	①	②	③	④	⑤
A	5	3	4	5	5
B	4	5	4	3	3
C	4	3	4	4	3
D	6	5	6	5	3

12. 如表 2-15 所示，采用流水作业施工，试考虑最短工期方案，计算计划总工期，并画出流水作业的横道图及垂直图。

表 2-15

施工过程	不同施工段的作业时间				
	①	②	③	④	⑤
A	8	6	3	5	6
B	3	4	1	2	3
C	3	4	1	3	2
D	3	5	4	4	6

13. 某工程各施工段的施工次序为 B、A、C，工序次序为 a、b、c、d、e，其流水节拍 t_i 如

表2-16所示，若采用工序连续作业，试用潘特考夫斯基法求首工段的最小流水步距K_{min}^{B}，并作图。

表2-16 (单位:d)

施工段	工序				
	a	b	c	d	e
B	2	1	3	1	2
A	3	2	1	2	3
C	2	3	4	3	1

14. 根据表2-17，请用约翰逊－贝尔曼法则求最优施工工序。

表2-17 (单位:d)

工序	施工段				
	A	B	C	D	E
a	6	6	8	7	9
b	4	3	4	6	6
c	2	4	1	2	3

15. 已知表2-18所示工程的工段施工次序为D、B、C、A，采用工序连续施工流水作业法，试用作图法求首工段各工序的流水步距，并确定该工程的最短工期。

表2-18

工序	施工段			
	D	B	C	A
a	4	3	5	7
b	3	6	1	2
c	5	9	2	8
d	7	4	5	1

第三章　网络计划技术

第一节　概　述

网络计划技术是 20 世纪 50 年代末国外陆续出现的计划管理的新方法。由于这些新方法建立在工作关系网络模型的基础上，把计划的编制、调整、优化和控制有机地结合起来，所以被称为网络计划技术。

一、网络计划的产生和发展

20 世纪初，H. L. 甘特创造了横道图法，随后横道图被广泛应用于表示工程项目进度计划。随着现代化生产的不断发展，项目的规模越来越大，影响因素越来越多，项目的组织管理工作也越来越复杂。为了适应对复杂系统进行管理的需要，20 世纪 50 年代，在美国相继研究并使用了两种进度计划管理方法，即关键线路法（Critial Path Method，简称 CPM）和计划评审方法（Program Evaluation and Review Technique，简称 PERT），分别应用于美国海军特种计划局的北极星导弹核潜艇研制和阿波罗载人登月计划中，并取得了极大的成功。国外多年实践证明，应用网络计划技术组织与管理生产一般能缩短时间 20% 左右，降低成本 10% 左右。当前，世界各国都非常重视现代管理科学，网络计划技术已被许多国家认为是当前最行之有效的、先进的、科学的管理方法。

我国从 20 世纪 60 年代中期，在华罗庚教授的倡导下，开始在国民经济各部门试点应用网络计划技术。例如，在我国泸州长江大桥 3 号墩的施工过程中，由于使用网络计划技术进行施工计划和管理而提前一个月完成，节省投资 60 余万元。2000 年，国家建设部颁布了中华人民共和国行业标准《工程网络计划技术规程》（JGJ/T 121—99），2009 年国家质量监督检验检疫总局颁布了国家标准《网络计划技术》（GB/T 13400. 1 ~ 13400. 3—2009），使网络计划技术在实际运用中有了一个统一的标准，保证了计划的严谨性和实用性。

二、网络计划的特点

网络计划技术既是一种科学的计划方法，又是一种有效的生产管理方法。与横道图计划管理方法相比，网络计划技术具有如下特点：

（1）能充分反映出各项工作之间的相互制约、相互依赖关系。

（2）可以区分关键工作和非关键工作，并能反映出各项工作的机动时间。

（3）可以经济合理地运用和调配人力、材料、机械等各种资源。

（4）能进行计划的优化比较，以供选择最佳方案。

（5）可以利用计算机进行计算工作。

由此可见，采用网络计划技术，能够加强工程项目管理，经济合理地利用资源，使得工程项目建设取得成功。目前，网络计划技术在公路工程中得到普遍采用，尤其是大型工程项目、重点工程项目。在公路施工招标投标中，网络计划图是施工组织设计文件不可缺少的一部分；在公路工程项目施工阶段，网络计划图又是实施性施工组织设计文件很重要的一部分，并以此来控制施工进度，调配、合理运用资源。

三、网络计划技术的方法及分类

网络计划技术有很多方法，主要有 CPM 法（即关键线路法）、PERT 法（计划评审方法）和 CNT 法（搭接网络）等。

网络计划技术在我国已广泛应用于国民经济各个领域的计划管理中，通过编制计划，执行计划，寻求偏差及偏差产生的原因，最后解决产生的偏差。同时，随着计算机的普及，网络计划技术在组织管理中的优越性将日益显著。

网络计划的常用分类如下所述。

（一）按表示方法分类

1. 单代号网络计划

单代号网络计划即用单代号表示法绘制的网络图。在单代号网络图中，每个节点表示一项工作，箭线仅用来表示各项工作之间相互制约、相互依赖的关系。因为单代号网络图不能用节点时间参数来表示，不能绘制时间坐标网络计划及其资源需求动态曲线，进行资源的优化、调整，故单代号网络计划在工程实践中的应用不及双代号网络广泛。本章重点介绍双代号网络计划。

2. 双代号网络计划

双代号网络计划即用双代号表示法绘制的网络图。在双代号网络图中，每个节点表示工作与工作的衔接关系，代表一个事件，表示前一项工作的结束、后一项工作的开始，箭线表示各项工作的工作名称、工作时间及工作之间的逻辑关系，详见本章第二节。

（二）按有无时间坐标分类

1. 时标网络计划

时标网络计划是指以时间坐标为尺度绘制的网络计划，即每项工作箭杆线的长短与该工作持续时间长短成比例。

2. 非时标网络计划

非时标网络计划是指不按时间坐标绘制的网络计划，即每项工作箭杆线的长短与该工作持续时间长短无关。

（三）按层次分类

1. 总体网络计划

总体网络计划是以整个建设项目的单项工程或单位工程为对象编制的网络计划。

2. 局部网络计划

局部网络计划是以建设项目或单项工程的分部或分项工程为单位编制的网络计划。

第二节　双代号网络计划

双代号网络计划是目前我国建筑业应用较为广泛的一种网络计划表达形式，它是由若干表示工作的箭线和节点所构成的网状图形，其中每一项工作都用一根箭线和两个节点来表示，每一个节点都编以号码，箭线前后两个节点的号码即代表该箭线所表示的工作。

一、双代号网络计划图的构成

双代号网络计划图由 3 个要素组成：箭杆线、节点和方（流）向。

（一）箭杆线

箭杆线表示一项工作。它代表了某个专业队或某道工序在某个施工段上的操作过程。

根据施工组织设计在不同阶段形成的不同文件，箭杆线所表示的工作取决于网络的层次（即详细程度），可能是单位工程，也可能是分部分项工程，或者是一道工序。

箭杆线分为实箭杆线和虚箭杆线。

（1）实箭杆线简称实箭线，它表示的工作既消耗时间又消耗资源或只消耗其中的一种。例如，土石方开挖这项工作消耗了人力、机械和时间，又如混凝土的凝结硬化需消耗时间。实箭线用“——→”表示。

（2）虚箭杆线简称虚箭线，它表示的工作既不消耗时间又不消耗资源，即实际不存在这项工作，它只是用来表达工作之间的逻辑关系。虚箭线用“------→”表示。

箭杆线一般不按比例绘制，其长度原则上是任意的，箭线可以为直线、折线或斜线，但方向应从左往右。

（二）节点

节点表示工作与工作之间的衔接关系，它具有相对性，代表前一项工作的结束、后一项工作的开始。常用圆圈加以编号表示，即ⓘ。每项工作都可以用箭尾节点和箭头节点的两个编号作为该工作的代号。

（三）方（流）向

方（流）向代表线路从头至尾连成一线，说明了各项工作的工艺关系，表示完成某些操作过程所需消耗的各种资源。

二、绘制双代号网络计划的规则

（一）识图

1. 工作的表示方法

一项工作用一条箭线和两个节点表示，如图 3-1 所示。

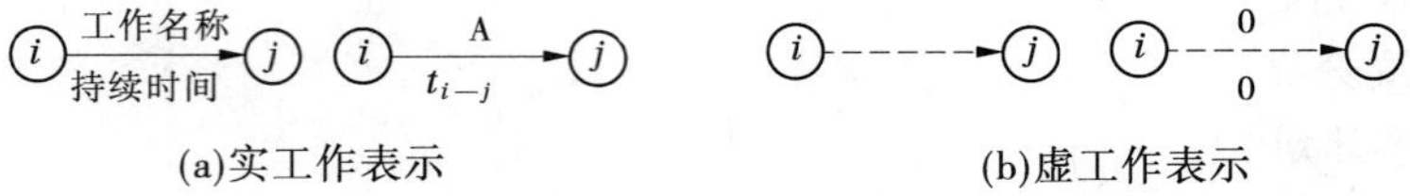

图 3-1　工作表示

2. 箭线

1）内向箭线

对于节点ⓘ，凡是箭线方向指向ⓘ节点的箭线，都叫内向箭线。如图 3-2 中，②节点的内向箭线是①→②。

2）外向箭线

对于节点ⓘ，凡是箭线方向指出去的箭线都叫外向箭线。如图 3-2 中，③节点的外向箭线是③→④和③→⑤。

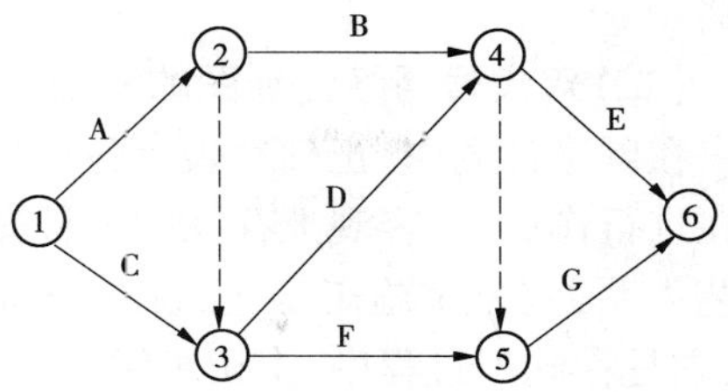

图 3-2　箭线示意

3. 工作关系

1) 紧前工作

对于工作ⓘ→ⓙ,凡是节点ⓘ上所有的内向箭线,都叫紧前工作。如图 3-2 中,E 工作的紧前工作是 B、D 工作。

2) 紧后工作

对于工作ⓘ→ⓙ,凡是节点ⓙ上所有的外向箭线,都叫紧后工作。如图 3-2 中,A 工作的紧后工作是 B、D、F 工作。

3) 先行工作

对于工作ⓘ→ⓙ,凡是在ⓙ节点之前完工的工作,都是先行工作。如图 3-2 中,G 工作的先行工作是 A、B、C、D、F 工作。

4) 后续工作

对于工作ⓘ→ⓙ,凡是在ⓙ节点之后开工的工作,都是后续工作。如图 3-2 中,B 工作的后续工作是 E、G 工作。

5) 平行工作

对于工作ⓘ→ⓙ而言,与其同时进行的工作,都是ⓘ→ⓙ工作的平行工作,那么从同一节点开始的工作,肯定是平行工作。如图 3-2 中,A 和 C 工作、D 和 F 工作是平行工作。

6) 虚工作

如图 3-2 中,②→③和④→⑤工作都是虚工作,前面已经讲了虚工作既不消耗资源又不消耗时间,只起到表达工作之间逻辑关系的作用。虚箭线的作用主要是帮助正确表达各工作间的关系,避免逻辑错误。虚工作在网络计划图中主要有以下 3 个方面的作用。

(1)联系作用。虚箭线能正确表达工作的逻辑连接关系;如图 3-2 所示,②→③工作起到连接 A 与 D 和 A 与 F 之间紧前与紧后关系的作用。

(2)断开作用。虚箭线有“断路”的作用,能把没有关联的工作的逻辑关系断开,如图 3-2所示,C 工作与 B 工作实际工作中不存在紧前紧后关系,需用虚箭线②→③断开。

(3)区分作用。两项或两项以上的工作同时开始和同时完成时,必须引进虚工作,以免造成混乱。

4. 节点

1) 开始节点

在一个网络图中,只有外向箭线的节点是开始节点,如图 3-2 中①节点。

2) 结束节点

在一个网络图中,只有内向箭线的节点是结束节点,如图 3-2 中⑥节点。

3) 中间节点

网络图中,既有内向箭线又有外向箭线的节点是中间节点,如图 3-2 中②、③、④、⑤节点。

5. 线路

从开始节点开始,沿箭线的方向前进,到结束节点结束,叫一条线路。如图 3-2 中,①→②→③→④→⑤→⑥,①→②→④→⑥和①→③→⑤→⑥等。所以,一个网络图中不止一条线路。

(二)双代号网络计划图的模型

在网络计划中,正确地表示各工作间的逻辑关系是一个核心问题。逻辑关系就是各工作在进行作业时,客观上存在的一种先后顺序关系。这种逻辑关系可归纳为两大类:一类是工艺关系,它是由施工工艺或工作程序决定的工作之间的先后顺序关系;另一类是组织关系,它是在施工过程中,由于组织安排需要和资源(人力、机械、材料和构件等)调配需要而规定的先后顺序关系。

为了绘图方便,通常将工作之间的逻辑关系用逻辑关系表来表达,常见的逻辑关系模型有以下几类。

1. 依次开始

依次开始逻辑关系见表3-1,示意见图3-3。

表3-1　依次开始逻辑关系

工作	A	B	C	工作	A	B	C
紧前工作	—	A	B	紧后工作	B	C	—

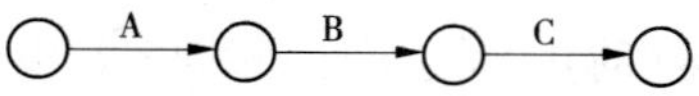

图3-3　依次开始示意

2. 同时开始

同时开始逻辑关系见表3-2,示意见图3-4。

表3-2　同时开始逻辑关系

工作	B	C	工作	A
紧前工作	A	A	紧后工作	B、C

3. 同时结束

同时结束逻辑关系见表3-3,示意见图3-5。

表3-3　同时结束逻辑关系

工作	A	工作	B	C
紧前工作	B、C	紧后工作	A	A

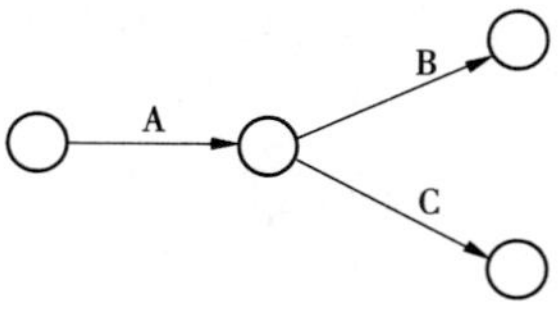

图3-4　同时开始示意

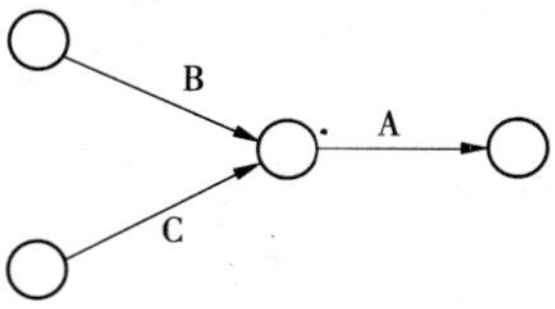

图3-5　同时结束示意

4. 约束关系

(1) 全约束。逻辑关系见表3-4,示意见图3-6。

表3-4　全约束逻辑关系

工作	C	D	工作	A	B
紧前工作	A、B	A、B	紧后工作	C、D	C、D

(2) 半约束。逻辑关系见表3-5,示意见图3-7。

表3-5　半约束逻辑关系

工作	C	D	工作	A	B
紧前工作	A	A、B	紧后工作	C、D	D

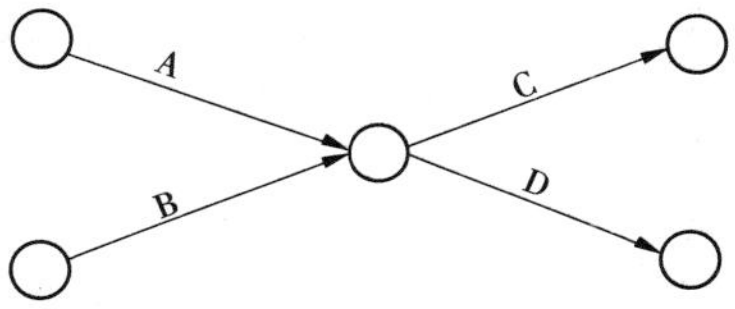

图3-6　全约束示意

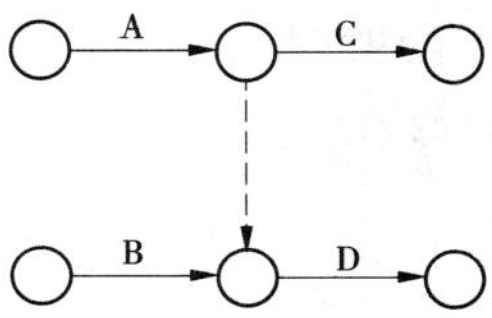

图3-7　半约束示意

(3) 三分之一约束。逻辑关系见表3-6,示意见图3-8。

表3-6　三分之一约束逻辑关系

工作	C	D	E	工作	A	B
紧前工作	A	A、B	B	紧后工作	C、D	D、E

5. 两项工作同时开始且同时结束

两项工作同时开始且同时结束示意见图3-9。

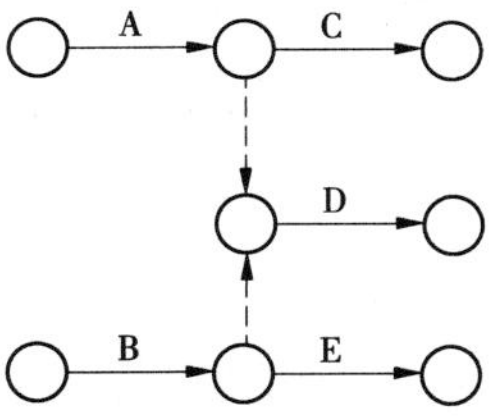

图3-8　三分之一约束示意

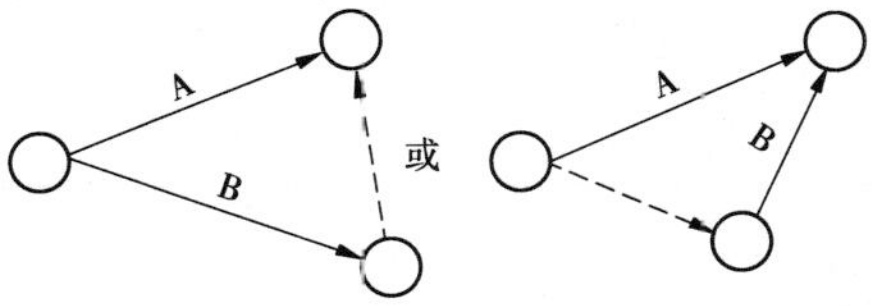

图3-9　两项工作同时开始且同时结束

(三) 绘制双代号网络计划图的基本规则

(1) 一个网络计划图中不允许单代号、双代号混用。

(2) 一个网络计划图中只允许有一个开始节点和一个结束节点。

(3) 一对节点之间只能有一条箭线,不能出现无头箭杆,如有多条,则表示同一项工作。

(4) 网络计划图中不允许有循环线路,如图3-10所示是错误的网络计划图。

(5)节点编号应由小到大(从大到小不算错),也可以跳跃。

(6)网络计划图中不允许有相同编号的节点或相同代码的工作。

(7)网络计划图的布局应合理,尽可能横平竖直,少画斜线,要尽量避免箭线的交叉,当箭线交叉不可避免时,可采用"暗桥"或"断线"方法来处理,如图 3-11、图 3-12 所示。

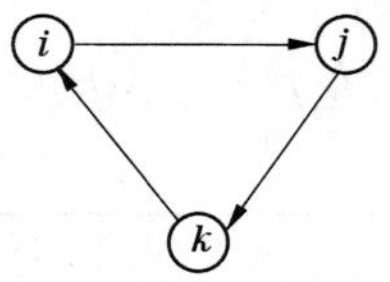

图 3-10　错误的网络计划图

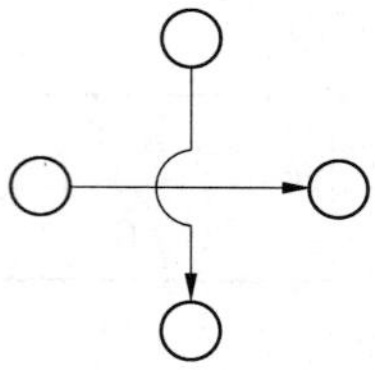
图 3-11　"暗桥"方法处理箭线交叉

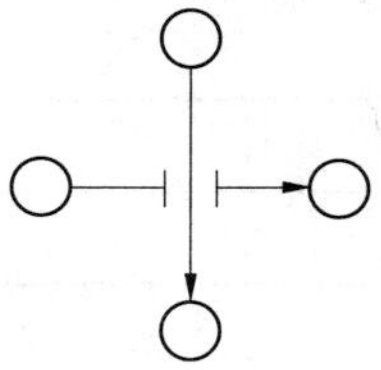
图 3-12　"断线"方法处理箭线交叉

(8)当双代号的网络计划图的某些节点有多条外向箭线或多条内向箭线时,为使图形简洁,可以采用母线法编制。

三、双代号网络计划图的绘制

双代号网络计划图的绘制是在对网络图作了全面的部署、安排以后进行的,即在工作或工序的划分、工作工期及工作逻辑关系确定以后进行的。

(一)绘制步骤

(1)根据工艺顺序和组织安排,确定各工作之间的逻辑关系。

(2)按照绘图规则从左向右绘制出网络图草图。

(3)检查草图是否正确,并去掉多余虚工作。

(4)整理成图,并按规则编号。

(二)绘制示例

1. 工作关系为紧前工作

【例 3-1】　根据表 3-7 所示的工作关系,绘制双代号网络计划图。

表 3-7　例 3-1 表

工作代号	A	B	C	D	E	F	G	H
紧前工作	—	A	B	B	B	C、D	C、E	F、G

绘图步骤:

(1)分析工作关系。

①找出开始工作,因为 A 工作没有紧前工作,所以 A 工作为开始工作。

②找出开始工作 A 的紧后工作,因为 B 工作以 A 工作为紧前工作,所以 A 工作的紧后工作是 B 工作。

③找出 B 工作的紧后工作,因为 C、D、E 三项工作都以 B 工作为紧前工作,所以 B 工作的紧后工作是 C、D、E 工作,并且 C、D、E 三项工作是平行工作。

④C 工作的紧后工作是 F、G 工作，D 工作的紧后工作是 F 工作，E 工作的紧后工作是 G 工作。

⑤F、G 工作的紧后工作都是 H 工作，即 F、G 工作同时结束。

⑥H 工作没有紧后工作，即 H 工作为结束工作。

(2)分析工作完成后，开始绘制初步网络图形。

(3)整理成图。检查工作关系，去掉多余虚箭线，调整位置，尽量去掉交叉，检查是否符合绘图规则，最后给各节点编号，见图 3-13。

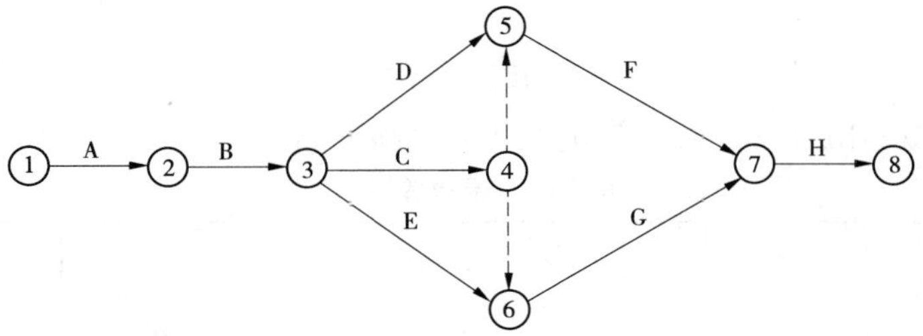

图 3-13　初步网络图形示例 1

【例 3-2】　根据表 3-8 所示的工作关系，画出双代号网络计划图。

表 3-8　例 3-2 表

工作代号	A	B	C	D	E	F	G	H	I	J
紧前工作	—	A	A	A	D	D、C	B、F	F	E、F	G、H、I

绘图步骤：

(1)分析工作关系。

①找出开始工作。因为 A 工作没有紧前工作，所以 A 工作为开始工作。

②找出开始工作 A 的紧后工作。因为 B、C、D 工作都以 A 工作为紧前工作，所以 A 工作的紧后工作是 B、C、D 工作，并且 B、C、D 三项工作是平行工作。

③依次找出 A 工作的紧后工作(B、C、D 工作)的紧后工作。由表 3-8 得 B 工作的紧后工作是 G 工作，C 工作的紧后工作是 F 工作，D 工作的紧后工作有 E、F 工作，依次寻找，直至找到没有紧后工作的 J 工作，即 J 工作是结束工作。

(2)分析工作完成后，开始绘制初步网络图形。

(3)整理成图。检查工作关系，去掉多余虚箭线，调整位置，尽量去掉交叉，检查是否符合绘图规则，最后给各节点编号，见图 3-14。

课堂练习：

(1)绘出如表 3-9 所示工作关系的双代号网络计划图。

表 3-9　课堂练习(一)

工作代号	A	B	C	D	E	F	G	H	I	J
紧前工作	—	A	A	B、C	A	A	F	D、E、G	D、E	H、I

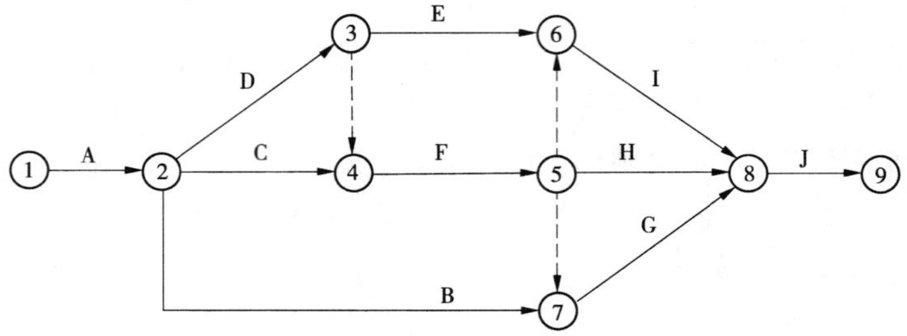

图 3-14　初步网络图形示例 2

(2)绘出如表 3-10 所示工作关系的双代号网络计划图。

表 3-10　课堂练习(二)

工作代号	A	B	C	D	E	F	G	H
紧前工作	—	—	A	A	B、C	B、C	D、E	D、E、F

2. 工作关系为紧后工作

【**例 3-3**】　根据表 3-11 所示的工作关系,画出双代号网络计划图。

表 3-11　例 3-3 表

工作代号	A	B	C	D	E	F
紧后工作	D、E、F	D、E	E、F	—	—	—

绘图步骤:

(1)分析工作关系。

①找出开始工作。在紧后工作中未出现的工作为开始工作,所以 A、B、C 三项工作都是开始工作,且是平行工作。

②找出开始工作的紧后工作。

③追寻到结束工作。没有紧后工作的工作是结束工作,所以 D、E、F 三项工作是结束工作。

(2)分析工作完成后,开始绘制初步网络图形。

(3)整理成图。检查工作关系,去掉多余虚箭线,调整位置,尽量去掉交叉,检查是否符合绘图规则,最后给各节点编号,见图 3-15。

【**例 3-4**】　根据表 3-12 所示的工作关系,画出双代号网络计划图。

表 3-12　例 3-4 表

工作代号	A	B	C	D	E	F	G	H	I	J
紧后工作	E	D、F	G	H、I	G、H	—	J	J	—	—

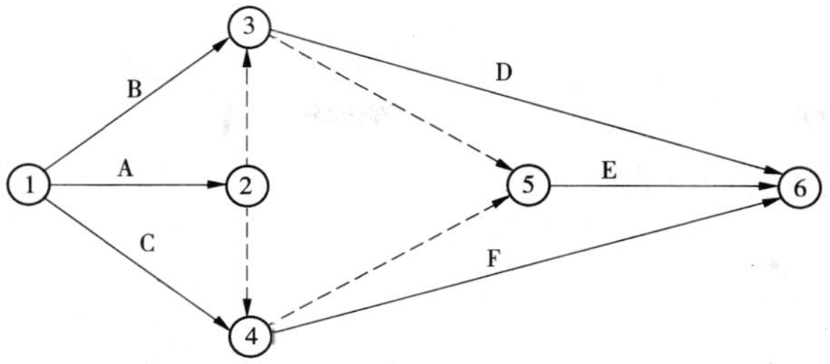

图 3-15　初步网络图形示例 3

绘图步骤：

(1)分析工作关系。

①找出开始工作。在紧后工作中未出现的工作为开始工作，所以 A、B、C 三项工作都是开始工作，且是平行工作。

②找出开始工作的紧后工作。

③追寻到结束工作。没有紧后工作的工作是结束工作，所以 F、I、J 三项工作是结束工作。

(2)分析工作完成后，开始绘制初步网络图形。

(3)整理成图。检查工作关系，去掉多余虚箭线，调整位置，尽量去掉交叉，检查是否符合绘图规则，最后给各节点编号，见图 3-16。

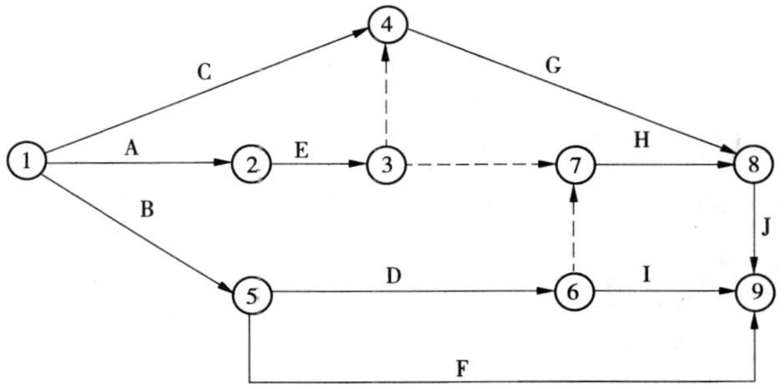

图 3-16　初步网络图形示例 4

课堂练习：

(3)绘出如表 3-13 所示工作关系的双代号网络计划图。

表 3-13　课堂练习(三)

工作代号	A	B	C	D	E	F	G	H	I	J
紧前工作	—	A	A	B、C	A	A	F	D、E、G	D、E	H、I

(4)绘出如表 3-14 所示工作关系的双代号网络计划图。

表 3-14　课堂练习(四)

工作代号	A	B	C	D	E	F	G	H
紧前工作	—	—	A	A	B、C	B、C	D、E	D、E、F

第三节　时间参数的计算及关键线路的确定

双代号网络计划图时间参数的计算目的有三个：一是计算工期，做到进度计划心中有数；二是确定网络计划的关键工作及关键线路；三是为网络计划的执行、优化和调整提供明确的时间参数。网络计划的时间参数主要有两类：一类是控制性时间参数，包括节点时间参数 ET、LT，工作时间参数 ES、EF、LS、LF；另一类是协调性时间参数，指工作时差 TF、FF、IF、DF。

在计算各种时间参数时，为了与数字坐标轴的规定一致，规定工作的开始时间或结束时间都是指时间终了时刻。如坐标上某工作的开始（或完成）时间为第 8 天，是指第 8 个工作日的下班时，即第 9 个工作日的上班时。在计算中，规定网络计划的起始工作从第 0 天开始，实际上指的是第 1 个工作日的上班开始。

一、节点时间参数的计算及关键线路的确定

（一）节点最早可能开始时间 ET_i

（1）定义：节点最早可能开始时间即节点可以开工的最早时间，表示该节点的紧前工作已全部完成。

（2）计算方法：从开始节点开始，沿着箭线方向，依次计算每一个节点，直至结束节点。计算公式为

$$ET_j = \max[ET_i + D_{i-j}] \quad （只看内向箭线） \tag{3-1}$$

其中，取大值是针对该节点有多于一条内向箭线而言的。

口诀：从左向右，（只看内向箭线）累加取大。

（3）规定：开始节点最早可能开始时间为零，即 $ET_1 = 0$。

图例见图 3-17。

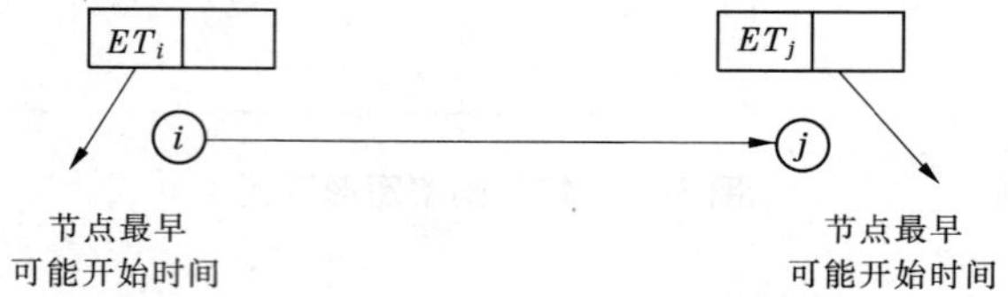

图 3-17　节点最早可能开始时间 ET

【例 3-5】　以图 3-18 为例，计算节点最早可能开始时间 ET。

整个计算步骤用公式表达如下：

$$ET_1 = 0$$
$$ET_2 = ET_1 + D_{1-2} = 0 + 2 = 2$$
$$ET_3 = ET_1 + D_{1-3} = 0 + 5 = 5$$
$$ET_4 = \max[ET_2 + D_{2-4}, ET_3 + D_{3-4}] = \max[(2 + 4), (5 + 0)] = 6$$
$$ET_5 = \max[ET_3 + D_{3-5}, ET_4 + D_{4-5}] = \max[(5 + 3), (6 + 5)] = 11$$
$$ET_6 = ET_5 + D_{5-6} = 11 + 4 = 15$$

总结：由以上计算可得，计划总工期为 15 d。

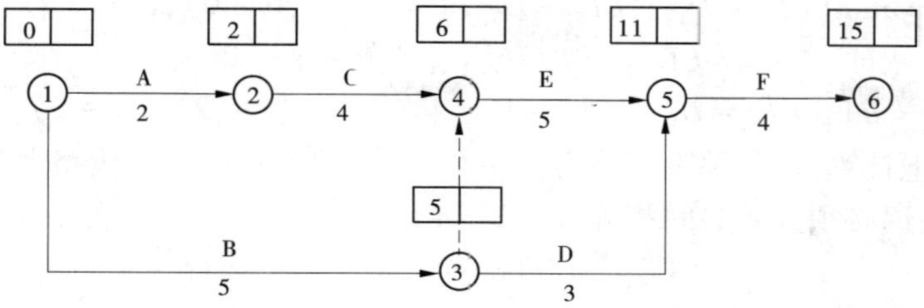

图 3-18　节点最早可能开始时间 ET 的计算

(二)节点最迟必须开始时间 LT_i

(1)定义:节点的最迟必须开始时间表示节点开工不能迟于这个时间,若迟于这个时间,将会影响计划的总工期。

(2)计算方法:从结束节点开始,逆着箭线方向,依次计算每一个节点,直至开始节点。计算公式为

$$LT_i = \min[LT_j - D_{i-j}] \quad (\text{只看外向箭线}) \tag{3-2}$$

其中,取小值只针对该节点有多于一条外向箭线而言。

口诀:从右向左,(只看外向箭线)递减取小。

(3)规定:结束节点最迟必须开始时间为结束节点的最早可能开始时间,即计划的总工期,即 $LT_{终} = ET_{终} = T_{计}$。

图例见图 3-19。

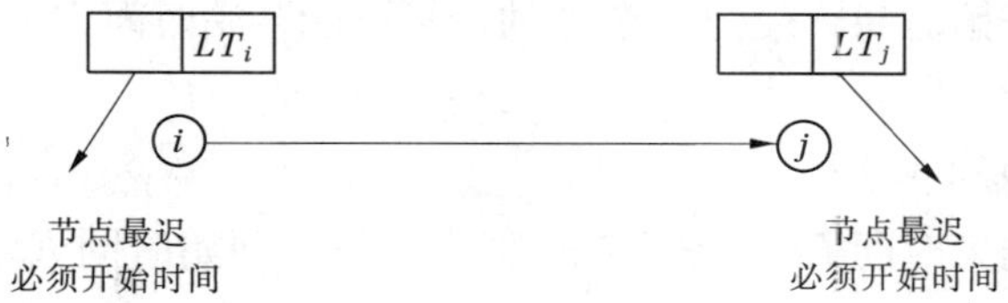

图 3-19　节点最迟必须开始时间 LT

【例 3-6】　以图 3-20 为例计算节点最迟必须开始时间 LT。

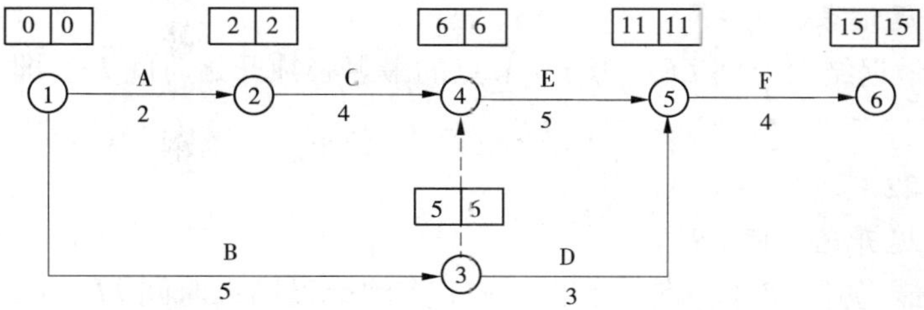

图 3-20　例 3-6 图

整个计算步骤用公式表达如下:

$$LT_6 = ET_6 = T_{计} = 15$$
$$LT_5 = LT_6 - D_{5-6} = 15 - 4 = 11$$
$$LT_4 = LT_5 - D_{4-5} = 11 - 5 = 6$$

$$LT_3 = \min[LT_4 - D_{3-4}, LT_5 - D_{3-5}] = \min[(6-0),(11-3)] = 6$$

$$LT_2 = LT_4 - D_{2-4} = 6 - 4 = 2$$

$$LT_1 = \min[LT_2 - D_{1-2}, LT_3 - D_{1-3}] = \min[(2-2),(6-5)] = 0$$

总结:由以上计算可得,关键线路为①→②→④→⑤→⑥,关键线路上节点最早可能开始时间和节点最迟必须开始时间相等,即 $ET = LT$。

课堂练习:

用图算法计算图 3-21 节点时间参数。

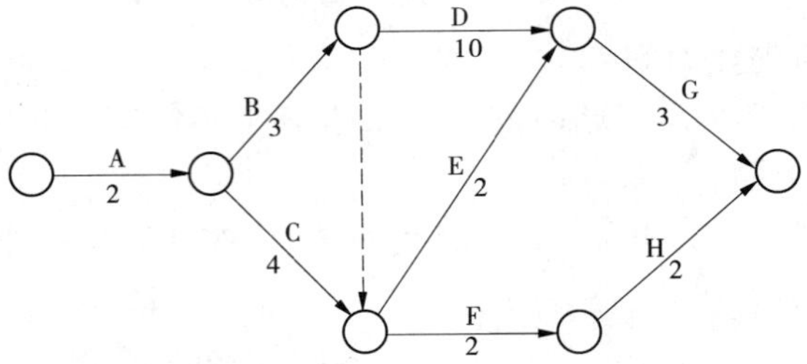

图 3-21　课堂练习

二、工作时间参数的计算及关键线路的确定

(一)工作的最早开始时间、最早结束时间

1. 工作的最早开始时间 ES_{i-j}

i—j 工作的最早开始时间 ES_{i-j}与 i 节点的最早可能开始时间 ET_i 相等,即

$$ES_{i-j} = ET_i \tag{3-3}$$

2. 工作的最早结束时间 EF_{i-j}

i—j 工作的最早结束时间 EF_{i-j}等于 i—j 工作的最早开始时间 ES_{i-j}加 i—j 工作的工期 D_{i-j},即

$$EF_{i-j} = ES_{i-j} + D_{i-j} \tag{3-4}$$

(二)工作的最迟结束、最迟开始时间

1. 工作的最迟结束时间 LF_{i-j}

i—j 工作的最迟结束时间 LF_{i-j}等于 j 节点的最迟必须开始时间 LT_j,即

$$LF_{i-j} = LT_j \tag{3-5}$$

图例见图 3-22。

2. 工作的最迟开始时间 LS_{i-j}

i—j 工作的最迟开始时间 LS_{i-j}等于 i—j 工作的最迟结束时间 LF_{i-j}减去 i—j 工作的工期 D_{i-j},即

$$LS_{i-j} = LF_{i-j} - D_{i-j} \tag{3-6}$$

【例 3-7】　以图 3-23 为例计算工作时间参数。

步骤:

(1)计算节点时间参数,同例 3-5、例 3-6,略。

(2)确定工作最早开始时间、最早结束时间,即

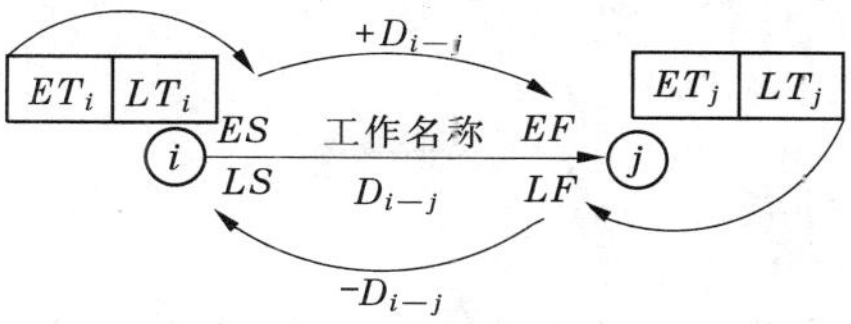

图 3-22　工作的最迟开始时间、最迟结束时间计算

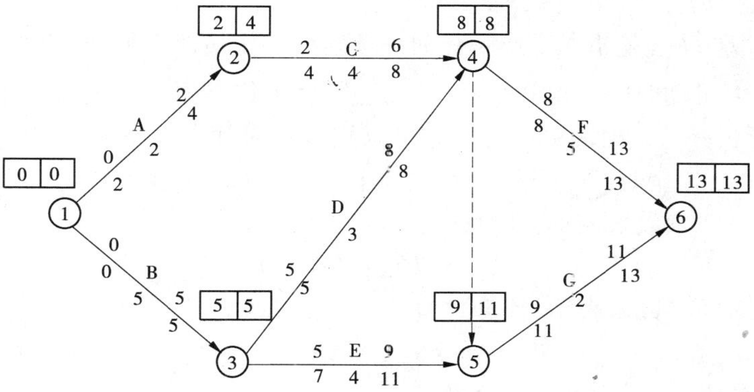

图 3-23　例 3-7 图

$$ES_{1-2} = ET_1 = 0 \quad EF_{1-2} = ES_{1-2} + D_{1-2} = 0 + 2 = 2$$
$$ES_{1-3} = ET_1 = 0 \quad EF_{1-3} = ES_{1-3} + D_{1-3} = 0 + 5 = 5$$
$$ES_{2-4} = ET_2 = 2 \quad EF_{2-4} = ES_{2-4} + D_{2-4} = 2 + 4 = 6$$
$$ES_{3-4} = ET_3 = 5 \quad EF_{3-4} = ES_{3-4} + D_{3-4} = 5 + 3 = 8$$
$$ES_{3-5} = ET_3 = 5 \quad EF_{3-5} = ES_{3-5} + D_{3-5} = 5 + 4 = 9$$
$$ES_{4-6} = ET_4 = 8 \quad EF_{4-6} = ES_{4-6} + D_{4-6} = 8 + 5 = 13$$
$$ES_{5-6} = ET_5 = 9 \quad EF_{5-6} = ES_{5-6} + D_{5-6} = 9 + 2 = 11$$

(3)确定工作最迟开始时间、最迟结束时间，即

$$LF_{5-6} = LT_6 = 13 \quad LS_{5-6} = LF_{5-6} - D_{5-6} = 13 - 2 = 11$$
$$LF_{4-6} = LT_6 = 13 \quad LS_{4-6} = LF_{4-6} - D_{4-6} = 13 - 5 = 8$$
$$LF_{3-5} = LT_5 = 11 \quad LS_{3-5} = LF_{3-5} - D_{3-5} = 11 - 4 = 7$$
$$LF_{3-4} = LT_4 = 8 \quad LS_{3-4} = LF_{3-4} - D_{3-4} = 8 - 3 = 5$$
$$LF_{2-4} = LT_4 = 8 \quad LS_{2-4} = LF_{2-4} - D_{2-4} = 8 - 4 = 4$$
$$LF_{1-3} = LT_3 = 5 \quad LS_{1-3} = LF_{1-3} - D_{1-3} = 5 - 5 = 0$$
$$LF_{1-2} = LT_2 = 4 \quad LS_{1-2} = LF_{1-2} - D_{1-2} = 4 - 2 = 2$$

总结：

(1)若工作的最早开始(结束)时间等于工作最迟开始(结束)时间，即 $ES_{i-j} = LS_{i-j}$(或 $EF_{i-j} = LF_{i-j}$)，则说明该工作没有富余时间，就是所谓的时差，此工作为关键工作；否则，此工作有富余时间可利用，此工作为非关键工作。

(2)该网络图形的关键线路为①→③→④→⑥。除关键线路上各节点 $ET_i = LT_i$ 外，关键线路上 $ES_{i-j} = LS_{i-j}$(或 $EF_{i-j} = LF_{i-j}$)。

(3)由此可见，关键线路上的工作都是关键工作，非关键线路上至少有一项非关键工作。

三、工作（工序）时差计算

工作时差是工作在一定条件下机动时间的范围，但不一定全部利用。通常分为总时差、自由时差、相干时差和独立时差。

（一）总时差 TF_{i-j}

工作的总时差 TF_{i-j} 是指在不影响任何一项紧后工作最迟必须开工时间的条件下，工作 $i-j$ 所拥有的最大机动时间。也就是说，在保证紧后工作最迟开工的条件下，$i-j$ 工作推迟其最早开始或延长其持续时间的幅度。它可以用节点时间参数来表示，也可以用工作时间参数来表示。

（1）用节点时间参数来表示，计算式为

$$TF_{i-j} = LT_j - ET_i - D_{i-j} \tag{3-7}$$

（2）用工作时间参数来表示，计算式为

$$TF_{i-j} = LS_{j-k} - ES_{i-j} - D_{i-j} \tag{3-8}$$

注：$j-k$ 工作是 $i-j$ 工作的紧后工作。

由式（3-7）和式（3-8）可以看出，总时差有 3 种情况：

（1）$TF_{i-j} > 0$，说明该工作存在机动时间。

（2）$TF_{i-j} = 0$，说明该工作没有机动时间。

（3）$TF_{i-j} < 0$，说明计划工期大于要求工期，应采取措施缩短计划工期，保证在要求工期内完成工程项目。

（二）自由时差 FF_{i-j}

工作的自由时差 FF_{i-j} 是指在不影响紧后工作最早可能开始时间的条件下，工作 $i-j$ 所拥有的机动时间。也就是说，在保证紧后工作最早开工的条件下，$i-j$ 工作推迟其最早开始或延长其持续时间的幅度。它可以用节点时间参数来表示，也可以用工作时间参数来表示。

（1）用节点时间参数来表示，计算式为

$$FF_{i-j} = ET_j - ET_i - D_{i-j} \tag{3-9}$$

（2）用工作时间参数来表示，计算式为

$$FF_{i-j} = ES_{j-k} - ES_{i-j} - D_{i-j} \tag{3-10}$$

注：$j-k$ 工作是 $i-j$ 工作的紧后工作。

（三）相干时差 IF_{i-j}

工作的相干时差 IF_{i-j} 是指一个工作的结束节点上的一对节点时间参数之差。

$$IF_{i-j} = TF_{i-j} - FF_{i-j} \tag{3-11}$$

（四）独立时差 DF_{i-j}

工作的独立时差 DF_{i-j} 是指在紧前工作最迟结束、紧后工作最早开工的条件下，工作 $i-j$ 所拥有的机动时间。它可以用节点时间参数来表示，也可以用工作时间参数来表示。

（1）用节点时间参数来表示，计算式为

$$DF_{i-j} = ET_j - LT_i - D_{i-j} \tag{3-12}$$

(2)用工作时间参数来表示,计算式为

$$DF_{i-j} = ES_{j-k} - LF_{h-i} - D_{i-j} \tag{3-13}$$

注:$h—i$ 工作是 $i—j$ 工作的紧前工作。

总结:

(1)如果总时差等于0,其他时差都等于0。

(2)总时差不属于本项工作,为一条线路共用。

(3)自由时差、独立时差都属于本项工作,不能传递。使用自由时差时对紧后工作没有影响,使用独立时差时对紧前工作、紧后工作都没有影响。

(4)总时差最小的工作为关键工作,由关键工作组成的线路为关键线路。当规定了工期时,总时差可能小于0;否则,总时差大于等于0。

图例见图3-24。

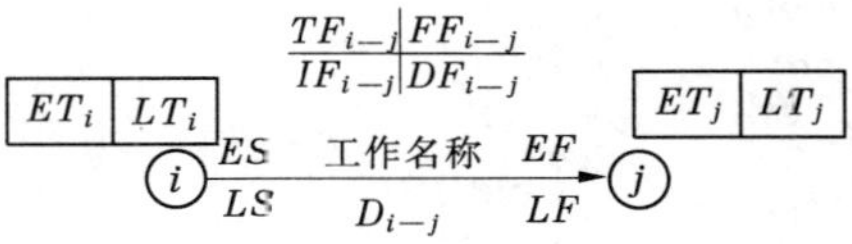

图 3-24　工作时差计算

【例3-8】　用节点时间参数计算如图3-25所示各工作的工作时差,并确定关键线路。

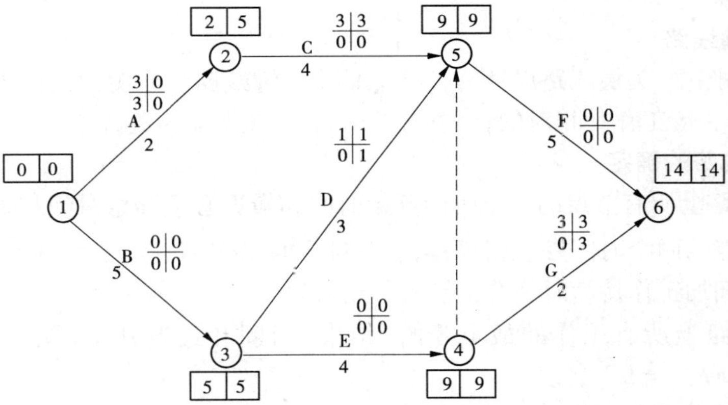

图 3-25　例 3-8 图

计算步骤:

(1)计算总时差 TF_{i-j}。

$TF_{1-2} = 5 - 0 - 2 = 3$　$TF_{1-3} = 5 - 0 - 5 = 0$

$TF_{2-5} = 9 - 2 - 4 = 3$　$TF_{3-4} = 9 - 5 - 4 = 0$

$TF_{3-5} = 9 - 5 - 3 = 1$　$TF_{4-6} = 14 - 9 - 2 = 3$

$TF_{5-6} = 14 - 9 - 5 = 0$

(2)计算自由时差 FF_{i-j}。

$FF_{1-2} = 2 - 0 - 2 = 0$　$FF_{1-3} = 5 - 0 - 5 = 0$

$FF_{2-5} = 9 - 2 - 4 = 3$　$FF_{3-4} = 9 - 5 - 4 = 0$

$FF_{3-5} = 9 - 5 - 3 = 1$　$FF_{4-6} = 14 - 9 - 2 = 3$

$FF_{5-6} = 14 - 9 - 5 = 0$

(3)计算相干时差 IF_{i-j}。

$$IF_{1-2} = 3 - 0 = 3 \quad IF_{1-3} = 0 - 0 = 0$$
$$IF_{2-5} = 3 - 3 = 0 \quad IF_{3-4} = 0 - 0 = 0$$
$$IF_{3-5} = 1 - 1 = 0 \quad IF_{4-6} = 3 - 3 = 0$$
$$IF_{5-6} = 0 - 0 = 0$$

(4)计算独立时差 DF_{i-j}。

$$DF_{1-2} = 2 - 0 - 2 = 0 \quad DF_{1-3} = 5 - 0 - 5 = 0$$
$$DF_{2-5} = 9 - 5 - 4 = 0 \quad DF_{3-4} = 9 - 5 - 4 = 0$$
$$DF_{3-5} = 9 - 5 - 3 = 1 \quad DF_{4-6} = 14 - 9 - 2 = 3$$
$$DF_{5-6} = 14 - 9 - 5 = 0$$

关键线路为①→③→④→⑤→⑥。

四、工期及关键线路

(一)关键线路

由关键工作组成的线路是关键线路。在一个网络图中,持续时间最长的线路是关键线路。关键线路上各工作持续时间之和为总工期。关键线路不止一条,如有多条,则持续时间相等,等于总工期。

(二)非关键线路

在一个网络图中,关键线路以外的线路都是非关键线路。非关键线路上至少有一项非关键工作。但非关键工作是相对的,当总时差用完时,就转化为关键工作。

(三)关键线路的确定

(1)关键线路上所有节点的最早可能开始时间和最迟必须开始时间相等,即 $ET_i = LT_i$。反过来,如果节点的两个时间参数相等,该节点对应的工作不一定是关键工作,还需加上条件:箭尾节点时间加工作持续时间等于箭头节点时间。

(2)关键线路上所有工作的最早开始(结束)时间和最迟开始(结束)时间相等,即 $ES_{i-j} = LS_{i-j}$(或 $EF_{i-j} = LF_{i-j}$)。

(3)关键线路上所有工作的总时差最小。

第四节　时间坐标网络计划

一、时间坐标网络计划的概念

时间坐标网络计划,简称时标网络计划,是网络计划的一种表达方式。在一般网络计划中,工作的工期在箭线下方标出,但是,因为没有时间坐标,各项工作的开始时间、结束时间以及持续时间的长短不能直接看出,不能像横道图那样直观地反映这个计划的进程。为了克服以上不足,在一般网络计划的上方或下方增加一时间坐标,箭线的长短即表示该工作持续时间的长短。这样使得整个进度计划的进程更加直观,并且时标网络计划还是计划调整、优化的有利工具。

二、时间坐标网络计划的绘制

时间坐标网络计划可以按节点最早可能开始时间和节点最迟必须开始时间两种途径绘制。

(一)按节点最早可能开始时间绘制时间坐标网络计划

以图 3-26 所示的一般网络计划为例,按节点最早可能开始时间绘制时间坐标网络计划。

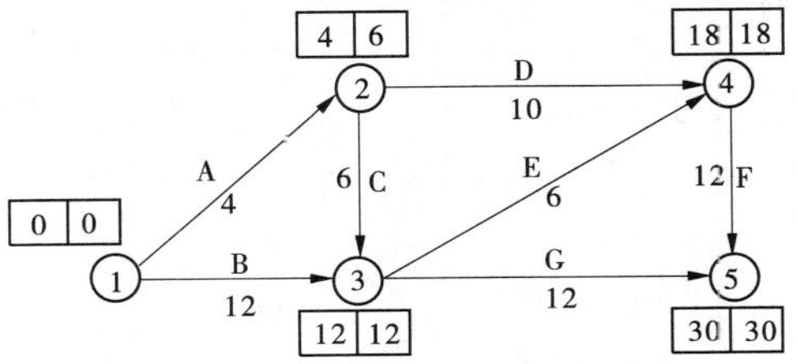

图 3-26 时间坐标网络计划

绘制步骤:

(1)计算各节点的时间参数,并确定关键线路。

(2)作出时间坐标,如图 3-27 所示。

(3)把关键线路绘制在图中适当的位置,如①→③→④→⑤。

(4)按节点最早可能开始时间标画出非关键线路。

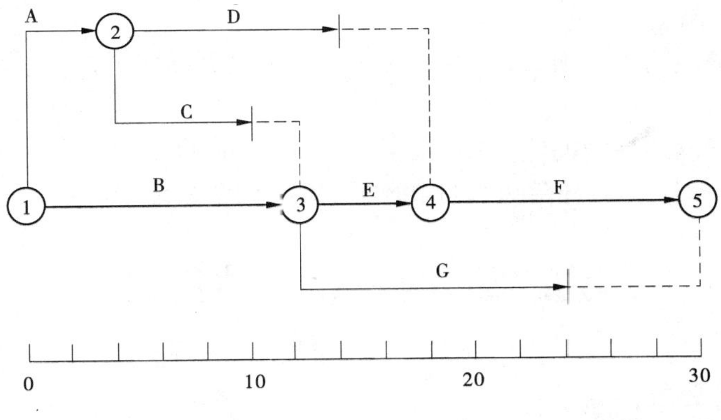

图 3-27 按节点最早可能开始时间绘制时间坐标网络计划

注意:

(1)绘制时,按节点最早可能开始时间先放置节点。

(2)实际进行的工作用实箭线表示,箭线的长短表示工作持续时间;虚工作用虚箭线表示;工作的局部时差用虚箭线表示,并且实箭线和虚箭线分界处加一截止短线。

(二)按节点最迟必须开始时间绘制时间坐标网络计划

仍以图 3-26 所示的一般网络计划为例,按节点最迟必须开始时间绘制时间坐标网络计划。

绘制步骤:

(1)计算各节点的时间参数,并确定关键线路。

(2)作出时间坐标,如图 3-28 所示。

(3)把关键线路绘制在图中适当的位置,如①→③→④→⑤。

(4)按节点最迟必须开始时间标画出非关键线路。

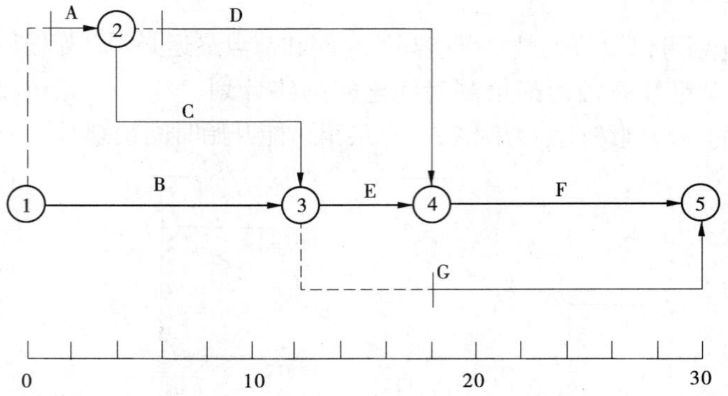

图 3-28　按节点最迟必须开始时间绘制时间坐标网络计划

从按节点最早可能开始时间和节点最迟必须开始时间绘制的时间坐标网络图可以看出,前者的特点是"紧前松后",而后者是"紧后松前",图中的虚箭线无任何意义。实际中,更常使用节点最早可能开始时间绘制时间坐标网络计划。

三、时间坐标网络计划的应用

(1)利用时间坐标网络可方便编制工程项目小、工艺过程简单的施工进度计划。在编制过程中,可以边编制、边计算、边调整。

(2)对于大型复杂的工程项目,可以先绘制局部时间坐标网络计划,然后综合起来绘制总体网络计划。

(3)在时间坐标网络计划的绘制中,根据具体项目,时间的刻画每一单位是表示 1 d、1 月还是 1 季度具体确定,但应扣除休息日和雨季,留有调整余地。

第五节　网络计划的优化

一、优化的意义及内容

网络计划的优化是指,在满足既定约束的条件下,按照一定目标通过不断改进网络计划的可行方案,寻求满意结果,从而编制可供实施的网络计划的过程。

网络计划的优化目标,包括工期、资源和费用。通过网络计划优化实现这些目标,有重大的实际意义,甚至会使项目施工取得重大的经济效果。不过,优化只是相对地获得近似的结果,不可能做到绝对优化。

本节只重点介绍工期优化、工期 - 资源优化和工期 - 成本优化的基本原理及优化过程。

二、优化的分类

(一)工期优化

1. 工期优化的条件

当网络计划的计算工期大于合同工期时,应通过压缩关键线路上关键工作的持续时间来满足工期的要求。

2. 工期优化的程序

(1)找出网络计划的关键工作及关键线路。

(2)按要求工期的要求计算应压缩的时间。

(3)确定各关键工作能压缩多少时间。

在具体过程中应考虑以下三个问题:第一是哪些工作可以压缩,即压缩对象选择的问题;第二是压缩时采取的措施,即如何压缩的问题;第三是具体压缩多长时间的问题。

(4)调整关键工作的持续时间,并重新计算网络计划的工期,每次压缩后要注意关键线路是否有变化(转移或增加条数)。

(5)如果已经达到工期要求,则优化完成,否则重复以上程序,直至满足要求。

3. 压缩对象的选择

压缩对象应选择那些压缩持续时间后对工程项目质量影响不大的关键工作,有充足备用资源的关键工作,缩短工作持续时间增加费用最少的工作。

4. 压缩关键工作持续时间的措施

为使关键工作取得可压缩时间,必须采取一定的措施,这些措施主要是增加资源数量、增加工作班次、组织流水作业、采取技术措施、改变施工方法等。

若以上方法均不能满足要求,则只能改变工期要求或施工方案。

下面以图 3-29 所示网络计划为例,说明工期优化的方法和步骤,假定上级指令性工期为 100 d,图中括号内数据为工作最短持续时间。

(1)计算并找出网络计划的关键线路及关键工作。用工作正常持续时间计算节点的最早时间和最迟时间,如图 3-30 所示。

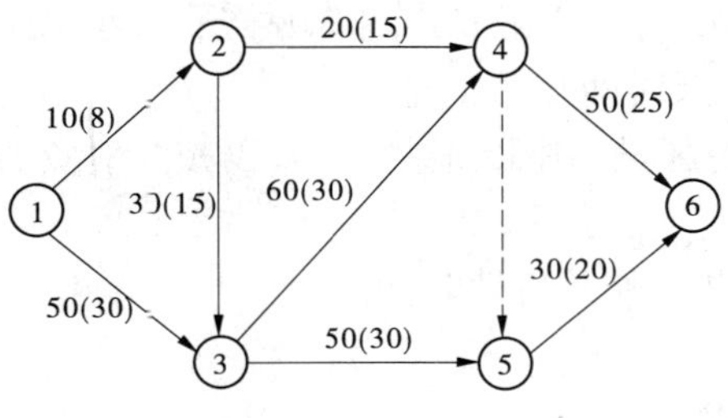

图 3-29 某网络计划

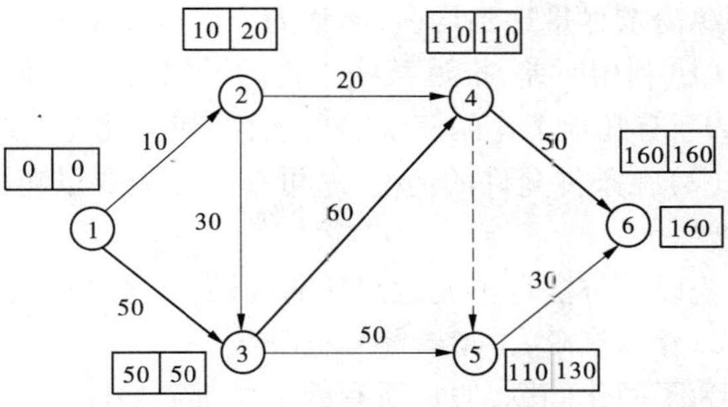

第 3-30 计算工期

其中,关键线路用粗实线表示,为①→③→④→⑥,关键工作为①→③、③→④、④→⑥。

(2)计算需缩短的工期。根据图 3-30 所计算的工期得出需要缩短的时间为 60 d。

(3)确定各关键工作能缩短的持续时间。根据图 3-29 中数据,关键工作①→③可缩短 20 d,③→④可缩短 30 d,④→⑥可缩短 25 d,共计可缩短 75 d。

(4)选择关键工作(应选择缩短持续时间对质量和安全影响不大,有充足备用资源和缩短持续时间所需增加的费用最少的工作),调整其持续时间,并重新计算网络计划的计算工期。在本例中考虑缩短工作④→⑥增加劳动力较多,故仅缩短 10 d,重新计算网络计划工期,如图 3-31 所示。其中,关键线路为①→②→③→⑤→⑥,关键工作为①→②、②→③、

③→⑤、⑤→⑥。

(5)若计算工期仍超过要求工期,则重复以上步骤,直到满足工期要求或已不能再压缩。图 3-31 所示计划工期与上级下达的指令性工期相比尚须压缩 20 d。综合考虑后,选择工作②→③、③→⑤各压缩 10 d,重新计算网络计划,如图 3-32 所示。

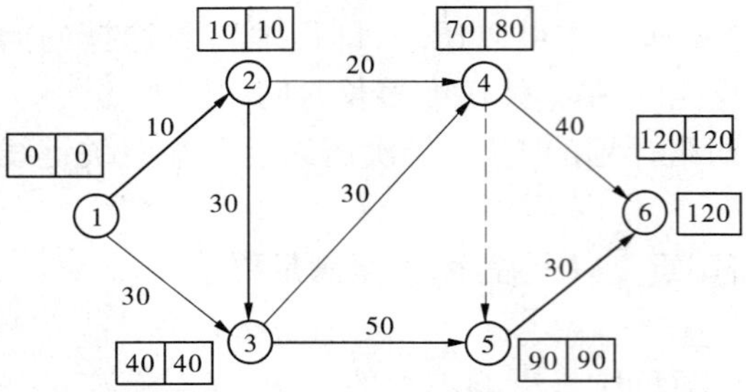

图 3-31 第一次压缩

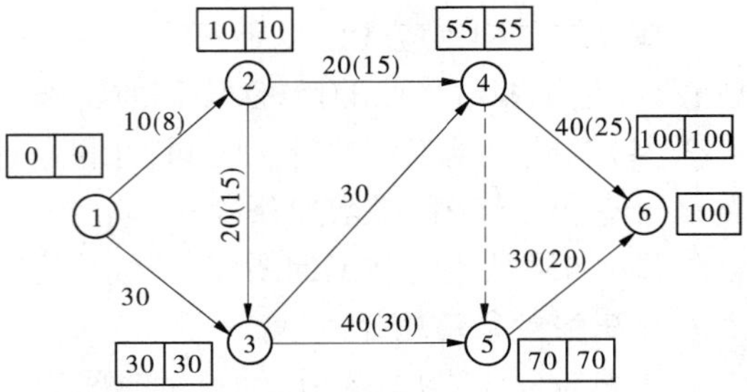

图 3-32 第二次压缩

(6)当所有关键工作的持续时间都已达到其能缩短的极限而工期仍不能满足要求时,应对原计划的技术、组织方案进行调整或对要求重新审定。图 3-32 便是满足规定工期要求的网络计划。

(二)工期 – 资源优化

1. 工期规定,资源均衡

这种优化的前提是工期不变,使得资源需要量尽量做到变化最小,接近于资源需要量的平均值,这既有利于施工组织与管理,又可以取得好的经济效果。

在工期限定的条件下,当资源需求出现"高峰"时,我们通过对非关键工作进行调整以使资源需求尽量达到均衡,调整的方法有以下两种:

(1)利用时差,推迟某些工作的开始时间。推迟规则为:①优先推迟资源需要量小的工作;②当有几项工作的资源需要量相同时,优先推迟富余时间多的工作。

(2)在条件允许的情况下,可在资源需要量超限的区段内中断某些工作,以减少对资源的需要量。

若以上方法均不能达到预期效果,可考虑改变某些工作的持续时间。

2. 资源有限,工期最短

为了简化问题,假定所有的工作都需要同一种资源。

优化程序:

第 1 步,按节点最早可能开始时间绘制时间坐标网络图及资源需求动态曲线。

第 2 步,从开始日期起,逐日检查每日资源需要量是否超过资源限量。如果所有时间段内均满足资源限量要求,则初步网络计划可行,否则要进行调整。

第 3 步,对资源有冲突区段的工作进行分析,看有哪些工作不能同时进行,需要将一项工作移到另一项工作之后进行,以降低资源需要量。

第 4 步,每调整一次都要重新绘制时间坐标网络图,绘制资源需求动态曲线,再逐日检查,发现有资源冲突时再进行调整,如此循环,直至资源需求满足资源供应限量,便得到可行方案。

如果不调整资源需求计划,就应增加资源供应,会造成直接费用增加;而经过调整后工期延长，还会使间接费增加。所以，在调整的过程中要进行全方位的比较，如果因工期延长而增加的间接费大于因增加资源供给而增加的直接费，那就不应当调整，否则通过调整找到最佳方案。

【例3-9】 图3-33为某公路施工项目网络计划图。箭线下的数字是工作持续时间，箭线上的数字是工作资源强度。假定施工期间每天可供资源为10，试寻找新的工期安排。

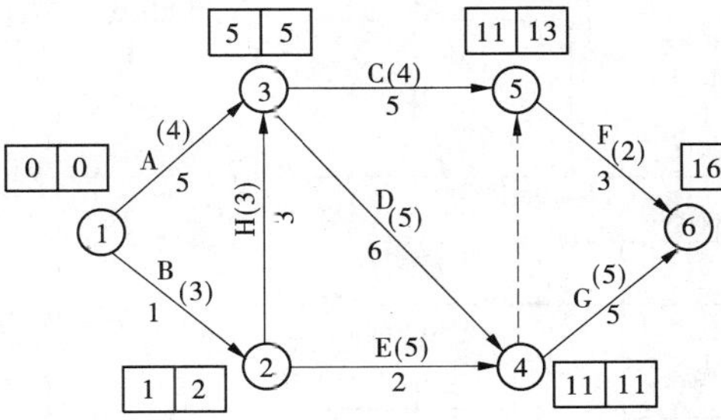

图3-33 某公路施工项目网络计划

优化步骤如下：

第1步，绘制如图3-33所示的时标网络计划（见图3-34上方），然后逐日计算，绘制资源需求曲线（见图3-34下方）。

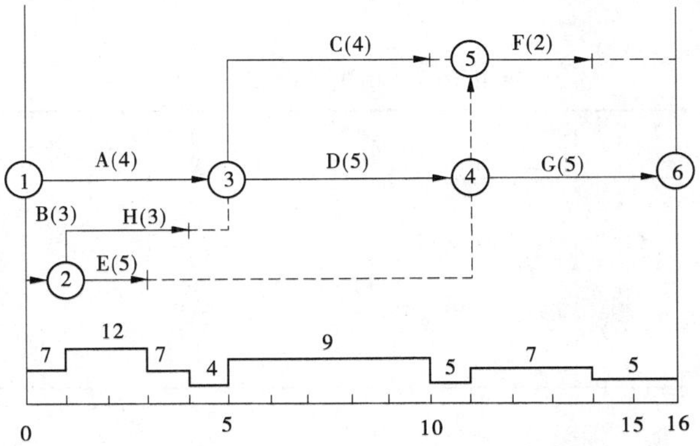

图3-34 绘制时标网络及资源需要量曲线

第2步，逐日检查资源是否满足要求。第2、3天资源需求超过了限量，即12 > 10，故要调整。这一区段共有3项工作：①→③、②→③、②→④。这3项工作的最早完成时间与最迟开始时间见表3-15。

表3-15 3项工作时间(1)

工作代号	T_{i-j}^{EF}	T_{i-j}^{LS}
①→③	5	0
②→③	4	2
②→④	3	9

由表 3-15 中时间参数判断，T_{i-j}^{LS}的最大值和 T_{i-j}^{EF}的最小值属于同一项工作②→④，所以分别找 T_{i-j}^{LS}的次大值和 T_{i-j}^{EF}的次小值所对应的工作，是②→③工作。因为 $T_{2-4}^{EF}-T_{2-3}^{LS}=3-2=1$大于 $T_{2-3}^{EF}-T_{2-4}^{LS}=4-9=-5$（小于 0 说明工期不延长），所以将②→④工作移动到②→③工作之后进行。移动后的资源需要量曲线见图 3-35。

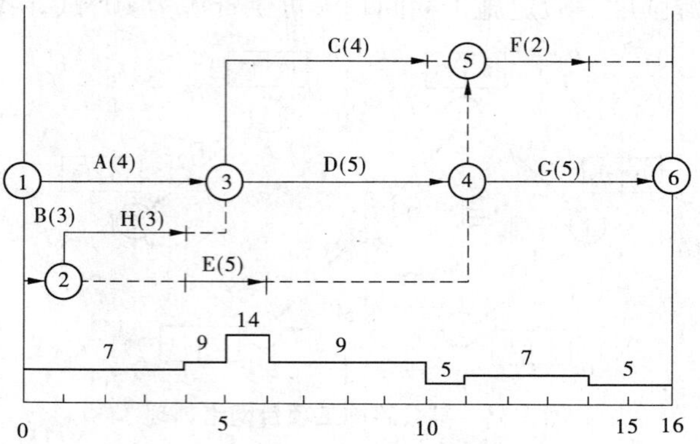

图 3-35　一次移动后的时标网络及资源需求曲线

再逐日检查资源是否满足要求。第 6 天资源需要量超过了限量，即 14 > 10，故要调整。第 6 天共有 3 项工作：③→⑤、③→④、②→④。这 3 项工作的最早完成时间与最迟开始时间见表 3-16。

表 3-16　3 项工作时间(2)

工作代号	T_{i-j}^{EF}	T_{i-j}^{LS}
③→⑤	10	6
③→④	11	5
②→④	6	9

由表 3-16 中时间参数判断，T_{i-j}^{LS}的最大值和 T_{i-j}^{EF}的最小值属于同一项工作②→④，所以分别找 T_{i-j}^{LS}的次大值和 T_{i-j}^{EF}的次小值所对应的工作，是③→⑤工作。因为 $T_{2-4}^{EF}-T_{3-5}^{LS}=6-6=0$小于 $T_{3-5}^{EF}-T_{2-4}^{LS}=10-9=1$，所以将③→⑤工作移动到②→④工作之后进行。移动后的资源需要量曲线见图 3-36。

至此，资源需要量已满足供应的要求，并且在优化过程中工期未延长。

（三）工期－成本优化

1. 工程成本与工期的关系

工程成本由直接费和间接费组成。直接费由人工费、材料费和机械费组成。施工方案不同，直接费也就不同；但施工方案一定，工期不同，直接费也不同。间接费一般随工期的增加而增加。考虑工程成本时，还应考虑到拖期要接受惩罚，提前完工会得到奖励，提前投入使用会带来经济效益。工期－成本关系如图 3-37 所示。

工期－成本优化的目的是：求出与最低工程总成本 C_0 相对应的工程总工期 T_0，或规定

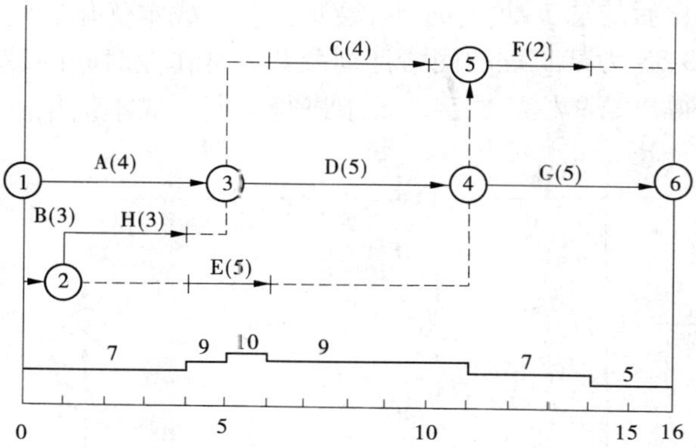

图 3-36　移动结束后的时标网络及资源需求曲线

工期条件下的工程最低成本。网络计划工期的长短取决于关键线路的持续时间。关键线路由关键工作组成。为达到工期－成本优化这一目的，必须研究分析网络计划中工作工期和费用（主要是直接费）之间的关系。

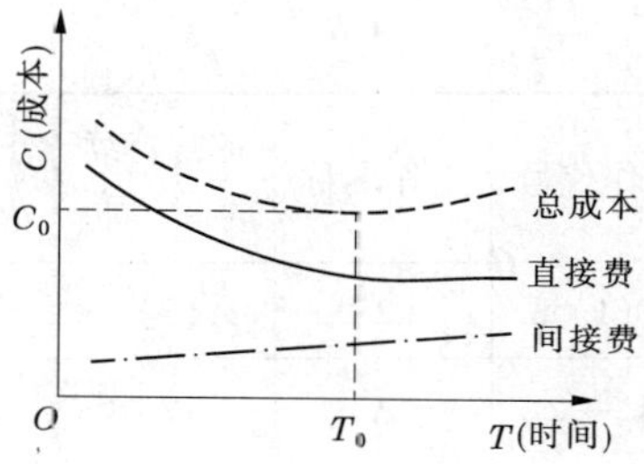

图 3-37　工期－成本关系曲线

2. 工期－成本优化的程序

第 1 步，绘制正常时间下的网络计划。

第 2 步，求出网络计划中各项工作采取可行方案后可加快的时间。

第 3 步，求出正常工作时间和加快时间下的工作直接费，并用下式求出费用变化率

$$a_{i-j} = (C_B - C_A)/(t_A - t_B) \tag{3-14}$$

式中　C_B——加快作业时间下的费用；

C_A——正常作业时间下的费用；

t_B——加快的工作作业时间；

t_A——正常的工作作业时间；

a_{i-j}——i—j 工作的费用变化率。

第 4 步，寻求可以加快的工作。这些工作应满足以下 3 个条件：它是一项关键工作，它是可以压缩的工作，它的费用变化率在可压缩的关键工作中是最小的。

第 5 步，确定本次压缩可以加快多少时间、增加多少费用。这些通过以下标准进行决策：

（1）如果网络计划中有几条关键线路，则几条关键线路都要压缩，并且压缩相同数值，而压缩的时间是几条关键线路中可压缩量的最小值。

（2）每次压缩以非关键线路转化为关键线路为度。

第 6 步，以所选可加快的工作及时间为限制，逐个加快工作，每加快一次都要重新计算参数，用以判断下次加快的幅度，直至出现下列情况之一：

（1）一条关键线路上所有工作的可压缩时间已全部用完。

（2）因工作加快而增加的直接费开始超过因提前完工而节约的间接费。

第 7 步,求出优化后的总工期、总成本,绘制工期 - 成本优化后的网络计划。

【例 3-10】 图 3-38 为某工程的网络计划及其正常作业时间的算例。表 3-17 中是它的原始资料,经计算可得出第 9 栏的数字。要求进行工期 - 成本优化。

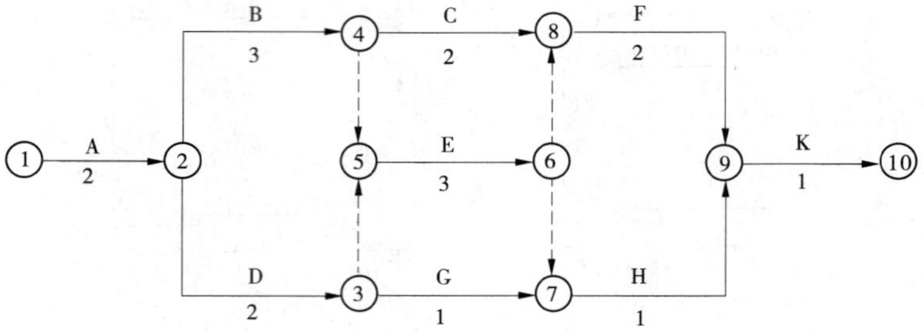

图 3-38 某工程网络计划

表 3-17 赶工费率

工作代号	工作名称	正常持续时间(周)	正常时间费用(元)	最短作业时间(周)	最短时间费用(元)	时间差额(周)	费用差额(元)	赶工费率(元/周)
(1)	(2)	(3)	(4)	(5)	(6)	(7)	(8)	(9)
①→②	A	2	2 000	1	2 180	1	180	180
②→④	B	3	2 800	1	3 040	2	240	120
④→⑧	C	2	1 800	1	1 980	1	180	180
②→③	D	2	2 100	1	2 250	1	150	150
⑤→⑥	E	3	3 000	1	3 200	2	200	100
⑧→⑨	F	2	2 600	1	2 750	1	150	150
③→⑦	G	1	1 400	1	1 400	0	0	—
⑦→⑨	H	1	2 300	1	2 300	0	0	—
⑨→⑩	K	1	1 900	1	1 900	0	0	—
总计			19 900		21 000			

第 1 步,据表 3-17 中所给原始资料,求得费用变化率(赶工费率),即

$$(9) = [(6) - (4)]/[(3) - (5)]$$

第 2 步,寻找可以加快的工作。

(1)计算各节点时间参数,如图 3-39 所示,求得 A、B、E、F、K 工作是关键工作。

(2)K 工作是不可压缩的。

(3)E 工作赶工费率最小,所以先压缩 E 工作。

第 3 步,判断 E 工作可以压缩多少。虽然 E 工作有可压缩时间 2 周,但压缩 1 周后,C

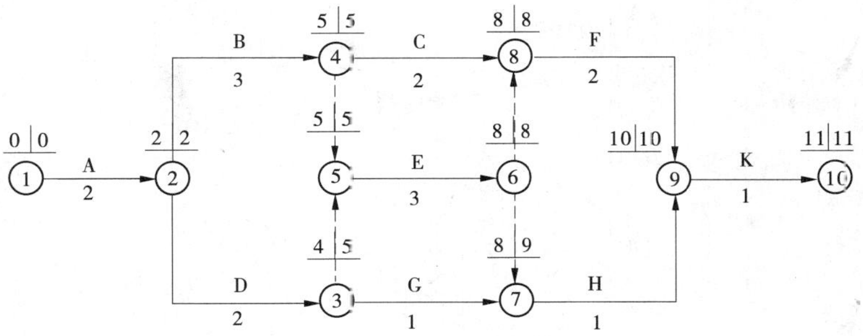

图 3-39　计算节点时间参数的网络计划

工作转化为关键工作，关键线路增加。若要再压缩，E、C 工作应同时压缩，这时赶工费率就不是最小的了，所以 E 工作压缩 1 周。依次判断各项关键工作，过程列于表 3-18 中。

表 3-18　判断各项关键工作压缩量

调整次数	压缩工作名称	压缩时间（周）	赶工费率（元/周）	费用增加额（元）	工程直接费（元）	工程总工期（周）
0					19 900	11
1	E	1	100	100	20 000	10
2	B	1	120	120	20 120	9
3	F	1	150	150	20 270	8
4	A	1	180	180	20 450	7
5	B、D	1	270	270	20 720	6
6	C、E	1	280	280	21 000	5
					21 000	

至比，各条线路均变成关键线路，各项工作的压缩时间已用完，故压缩停止。

第 4 步，假定每周工程间接费为 160 元，则网络计划的总成本见表 3-19。

表 3-19　网络计划费用及成本

工期（周）	5	6	7	8	9	10	11
直接费（元）	21 000	20 720	20 450	20 270	20 120	20 000	19 900
间接费（元）	800	960	1 120	1 280	1 440	1 600	1 760
总成本（元）	21 800	21 680	21 570	21 550	21 560	21 600	21 660

由表 3-19 可见，工期为 8 周时的总成本最低。

将优化过程所得的各项费用绘制成工期－成本曲线，见图 3-40。

第 5 步，绘制工期－成本优化后的网络计划（见图 3-41），付诸实施。

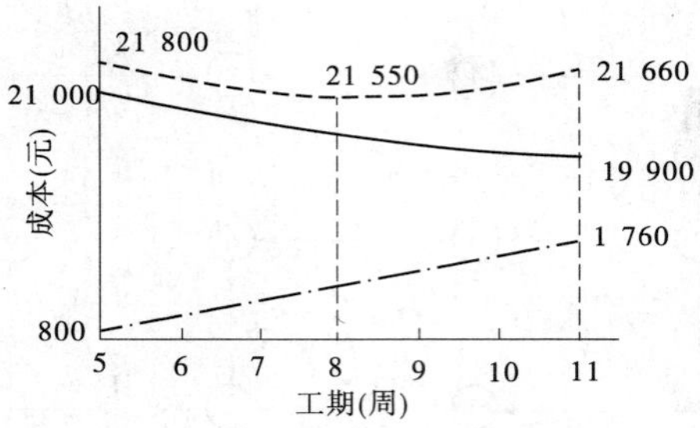

图 3-40　优化后的工期 - 成本曲线

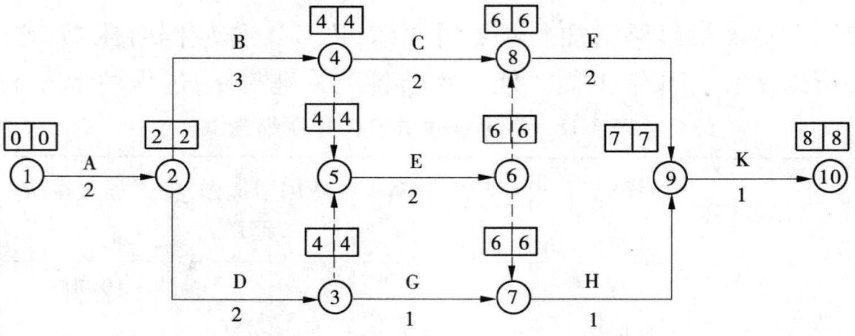

图 3-41　优化后的网络计划

第六节　单代号网络计划简介

一、单代号网络计划图的构成

单代号网络计划图也由节点、箭线、方向三要素组成,但含义不同。

(一)节点

单代号网络计划图中的节点可以用圆圈或方框表示,如图 3-42所示,一个节点表示一项具体的工作。节点所表示的工作名称(或工作代号)、工作持续时间和节点编号一般都标注在圆圈内。

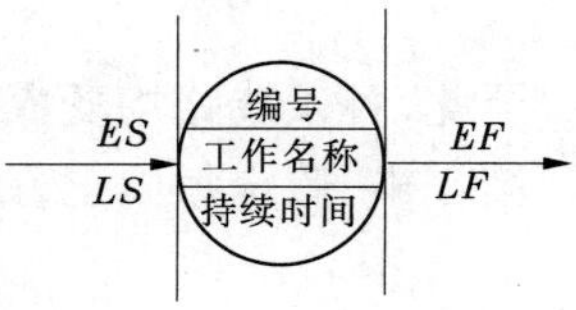

图 3-42　时间参数的标注

计算所得的时间参数一般标注在节点的两侧,如图 3-42所示。

(二)箭线

在单代号网络计划图中,箭线表示工作之间的相互关系,它既不消耗时间,也不消耗资源,但在单代号网络计划图中不用虚箭线。

(三)方向

箭线的箭头方向表示工作的前进方向。

二、单代号网络计划图的绘制

虽然单代号网络计划图与双代号网络计划图的绘图符号所表示的意义不同,但所表达的计划内容是一致的。单代号网络计划图的绘制过程与双代号网络计划图的绘制过程一样,也是先进行项目结构分解,然后确定具体工作之间的关系,以及各项工作的持续时间。

(一)工作关系的模型(与双代号相比较)

1. 两项工作同时开始、同时结束

两项工作同时开始、同时结束见图 3-43。

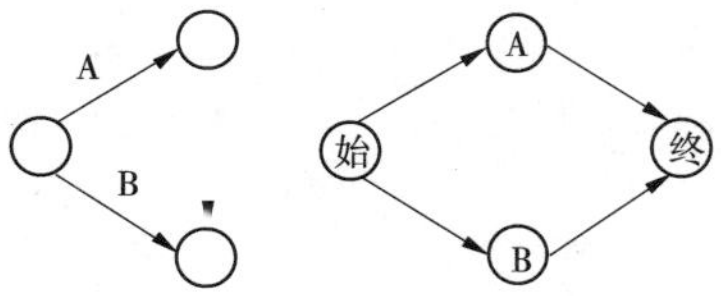

图 3-43　两项工作同时开始、同时结束

2. 约束关系

1)全约束

全约束见图 3-44。

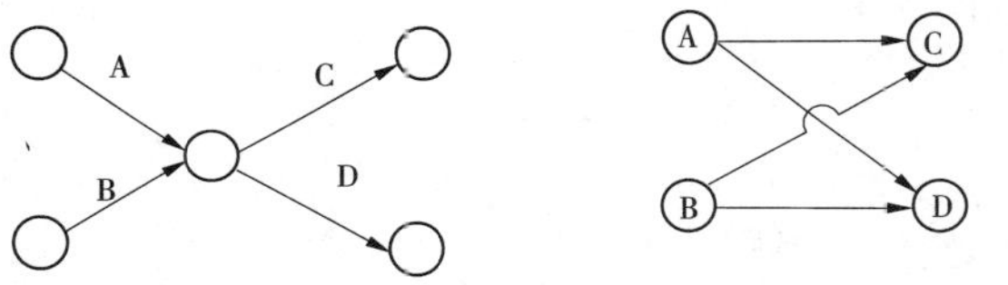

(a)双代号网络计划　　(b)单代号网络计划

图 3-44　全约束

2)半约束

半约束见图 3-45。

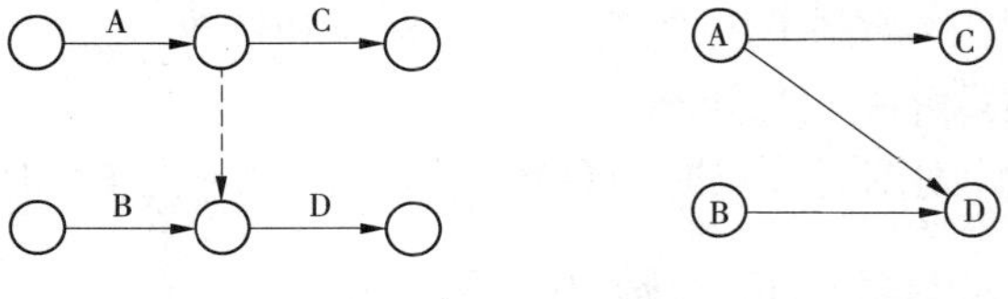

(a)双代号网络计划　　(b)单代号网络计划

图 3-45　半约束

3)三分之一约束

三分之一约束见图 3-46。

(二)绘制单代号网络计划图的基本规则

(1)单代号网络计划图应遵循双代号网络计划图的所有规则。

(2)在单代号网络计划图中若有几项工作同时开始,应引入一个"始"节点;如有几项工作同时结束,应引入一个"终"节点。引入的"始"节点和"终"节点都是虚拟的节点,它们既不消耗时间,也不消耗资源。

(三)单代号网络计划图的具体绘制

绘制如表 3-20 所示工作关系的单代号网络计划图。

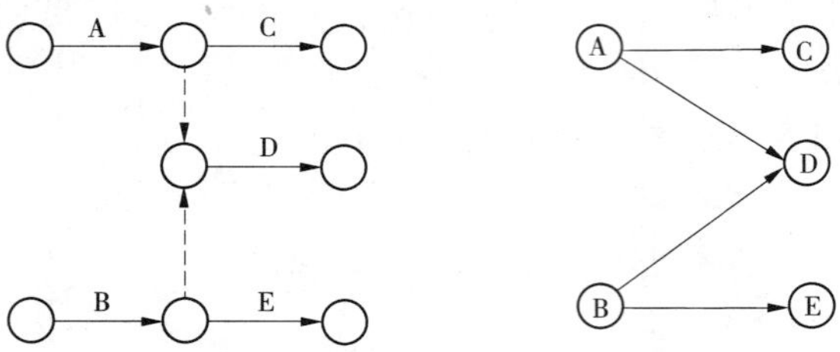

(a)双代号网络计划　　(b)单代号网络计划

图 3-46　三分之一约束

表 3-20　工作关系

工作代号	A	B	C	D	E	F	G	H	I
紧后工作	D	E	F	G	H	I	—	—	—

单代号网络计划图如图 3-47 所示。

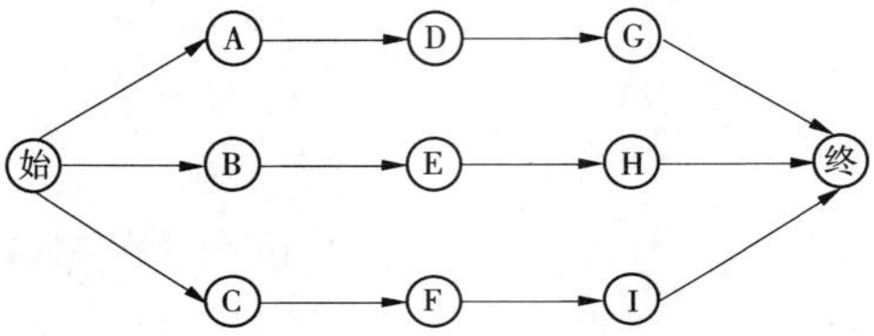

图 3-47　单代号网络计划

总结：

(1)单代号网络计划图的绘制比较简单,其各项工作之间的相互关系容易表达。

(2)单代号网络计划图的绘制不用虚箭线,便于检查和修改。

(3)需要常用“暗桥法”解决交叉问题。

(4)因为单代号网络计划图无节点时间参数,所以不能改画成时间坐标网络计划图。

三、单代号网络计划图的时间参数的计算

(一)工作的最早时间参数

1. 工作的最早可能开始时间 ES_i

(1)定义:工作的最早可能开始时间表示该工作的所有紧前工作都已完工,本工作可以开工。

(2)计算方法:从开始节点开始,沿箭线的方向依次计算每一个节点时,只看内向箭线,取所有紧前工作中最早结束时间最大者,作为该工作最早可能开始时间 ES,直至结束节点。

(3)规定:开始节点最早可能开始时间为零,即 $ES_1 = 0$。

2. 工作的最早可能结束时间 EF_i

工作的最早可能结束时间 EF_i 为

$$EF_i = ES_i + D_i \quad (i = 1,2,3,\cdots,n) \tag{3-15}$$

式中　L_i——第 i 项工作的持续时间。

(二)工作的最迟时间参数

1. 工作的最迟必须结束时间 $LF_{终}$

(1)规定:结束节点最迟必须结束时间等于结束节点的最早可能结束时间,即 $LF_{终} = EF_{终}$,则 $LS_{终} = LF_{终} - D_{终}$。

(2)计算方法:从结束节点开始,逆箭线方向依次计算每一个节点,只看外向箭线,取所有紧后工作中最迟必须开始时间最小者,作为该工作的最迟必须结束时间,直至开始节点。

2. 工作的最迟必须开始时间 LS_i

(1)定义:工作的最迟必须开始时间表示该工作开工不能迟于这个时间,若迟于这个时间,将会影响计划的总工期。

(2)计算:工作的最迟必须开始时间 LS_i 按式(3-16)计算。

$$LS_i = LF_i - D_i \quad (i = 1,2,3,\cdots,n) \tag{3-16}$$

(三)工作的各种时差计算

1. 总时差 TF_i

在单代号网络计划图中,工作的总时差的概念与双代号网络计划图完全相同。其计算公式为

$$TF_i = LF_i - ES_i - D_i = LF_i - EF_i = LS_i - ES_i \tag{3-17}$$

2. 局部时差 FF_i

由于单代号网络计划图中无节点时间参数,工作 i 的所有紧后工作中,最早可能开始时间不一定相同,因而在计算工作的局部时差时公式有所不同,即

$$FF_i = \min[ES_j] - ES_i - D_i = \min[ES_j] - EF_i \quad (i < j) \tag{3-18}$$

3. 相干时差 IF_i

相干时差按式(3-19)计算

$$IF_i = TF_i - FF_i \tag{3-19}$$

4. 独立时差 DF_i

独立时差按式(3-20)计算

$$DF_i = FF_i - \max[IF_i] \tag{3-20}$$

注:当 $DF_i < 0$ 时,取 $DF_i = 0$。

思考练习题

1. 简述网络计划技术的优点和分类。
2. 双代号网络计划图由哪几部分组成?
3. 什么是虚工作?它在双代号网络计划图中起什么作用?
4. 简述双代号网络计划图绘制的规则。
5. 双代号网络计划有哪些时间参数?怎样计算?
6. 怎样判断关键工作和关键线路?
7. 简述时间坐标网络计划的特点和绘制步骤。
8. 单代号网络计划和双代号网络计划在表达上有什么不同?

9. 网络计划的优化目标有哪几种？怎样优化？

10. 已知各工序之间逻辑关系如表3-21所示，试绘制双代号网络计划图和单代号网络计划图。

表3-21 各工序之间逻辑关系

工序	A	B	C	D	E	F
紧后工作	D	D、E	D、E、F	K	H、K、I	I

11. 某网络计划的有关资料如表3-22所示，试绘制双代号网络计划图，并计算各项工作的时间参数，判定关键线路。

表3-22 某网络计划的资料

工作	A	B	C	D	E	F	G	H	I	J
持续时间(d)	2	3	5	2	3	3	2	3	6	2
紧前工作	—	A	A	B	B	D	F	E、F	C、E、F	G、H

12. 如图3-48所示为某工程双代号网络计划，把它改绘成时间坐标网络计划图。

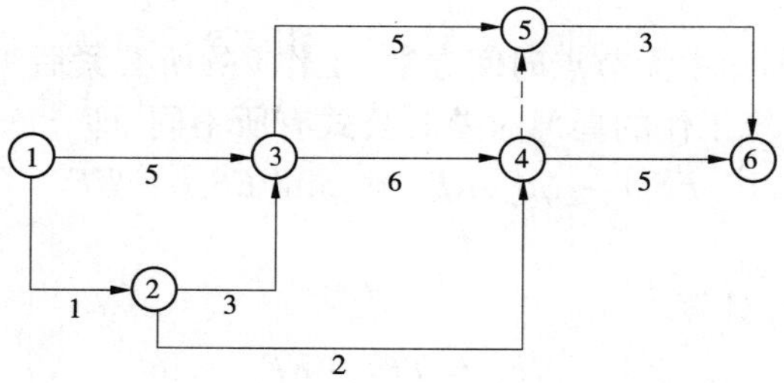

图3-48 某工程双代号网络计划

第四章　公路施工组织设计

第一节　概　述

一、施工组织设计的概念

公路施工组织设计，是公路工程基本建设项目在设计、招标投标、施工、公路大中修、旧桥加固阶段必须提交的技术文件，它是准备、组织、指导施工和编制施工作业计划的基本依据。因此，公路施工组织设计是公路工程基本建设管理的主要手段之一。

施工组织设计是指从工程的全局出发，按照客观的施工规律和当时、当地的具体条件（自然、环境、地质等），统筹考虑施工活动中的人力、资金、材料、机械和施工方法这5个主要因素后，对整个工程的施工进度和资源消耗等作出的科学而合理的安排。施工组织设计的目的是使工程建设在一定的时间和空间内实现有组织、有计划、有秩序地施工，以达到工期尽量短、质量上精度高、资金省、施工安全的效果。

施工组织设计可以是对整个基本建设项目起控制作用的总体战略部署，也可以是对某一单位工程的具体施工作业起指导作用的战术安排。

二、编制施工组织设计的基本原则

（一）认真贯彻我国基本建设的方针政策

公路工程建设工期长，规模大，耗用的人力、物力等各种资源多，需要巨大投资，因此必须纳入国家的计划安排，经上级主管部门批准，公路建设才有保障。

组织施工应严格按照基本建设程序和施工程序的要求，按照合同签订的或上级下达的施工期限，根据工程情况，对人力、材料、机械等资源合理组织，确保重点工程，分期、分批进行安排，保质、保量完成施工任务。

（二）合理安排施工顺序

公路施工是野外作业，受外界影响很大，不仅要考虑时间顺序，还要考虑空间顺序。首先考虑影响全局的工程项目，其次按照公路工程施工的客观规律安排施工顺序，如施工准备、基础工程、主体结构工程、路面工程、附属结构物工程等。

将整个施工项目划分为几个阶段或分项工程，在保证质量的前提下，尽量实现连续、紧凑、均衡的施工过程，以减少资源的不均衡利用，尽可能缩短工期，降低工程成本。

（三）应用科学的计划方法

根据工程的特点和工期要求，尽可能采用流水作业施工方法，当工程项目较大时，可采用平行流水作业、立体交叉平行流水作业，并积极应用网络计划技术，管理控制工程计划，在保证关键线路畅通的情况下，组织连续、均衡的施工。

(四)采用先进的施工技术和设备

采用先进的科学技术是提高劳动生产率、加快施工速度、提高工程质量、降低工程成本的重要途径。同时,积极运用和推广新技术、新工艺、新材料、新设备,是现代文明施工的标志。

在条件允许的情况下,尽可能采用先进的施工技术,不断提高施工机械化、预制装配化水平,减轻劳动强度,提高劳动效率,无形中缩短了工期,降低了成本。

(五)合理安排冬、雨季施工项目

对于受季节影响的工程项目,应优先考虑安排,如混凝土工程、路面工程不宜在冬季施工,桥梁基础工程、下部工程不宜在汛期施工。

合理安排冬、雨季施工项目,就是把那些不因冬、雨季施工而带来技术复杂的工程项目列入冬、雨季施工。当然,冬、雨季施工要采取一些必要的措施,从而增加工程的其他直接费用,但能全面均衡人工、材料的需要量,提高施工的均衡性和连续性。

(六)确保工程质量与安全

公路是永久性的建筑物,工程质量的好坏直接影响使用效果,甚至影响到沿线国民经济的发展。为了保证工程质量,要认真贯彻施工技术规范,严格按设计要求组织施工。

在进行施工组织设计时,要有确保工程质量和安全施工的措施,尤其是一些复杂的大型工程项目,如大跨径现浇连续箱梁施工、后张预应力施工的质量、安全保证等。在组织施工时,要经常进行质量、安全教育,严格按操作规程进行施工。杜绝一切违章操作,是保证工程质量和施工安全的必要措施。

(七)统筹布置施工现场,降低工程成本

合理布置施工平面图,节约施工用地,充分利用原有地形、地物,尽量减少临时设施、临时便道、临时便桥的设置,方便施工,避免材料二次搬运,充分利用当地人工、材料等。

公路工程建设所耗费的巨额资金和各种资源数量,是通过公路工程概预算得到的,是一个最高限额。施工时一般不允许突破这一限额,施工企业要想获得经济效益,必须实行经济核算,在保证工程质量的前提下,尽量通过各种途径降低工程成本。对于大型工程项目,以上几条做得合理,可降低工程成本。

三、施工组织设计的作用

(1)施工组织设计是施工单位领导、职能部门指导施工准备工作、全面布置施工活动、指挥生产开展工作、进行项目管理、控制施工进度的依据。

(2)施工组织设计是工地领导进行劳动力和机械调配的依据。

(3)施工组织设计是工地全体员工进行施工生产活动的行动纲领。

(4)施工组织设计是编制施工预算的主要依据。

总之,施工组织设计对于能否优质、高效、按时、低耗地完成公路工程施工任务起着决定性的作用。

四、公路施工组织设计的编制依据和编制程序

(一)公路施工组织设计的编制依据

编制公路施工组织设计需要各种资料,根据公路工程建设的不同阶段,以及施工组织设

计的具体用途不同,对资料的内容及深度要求不尽相同,一般需要如下资料:

(1)计划文件和合同文件。计划文件和合同文件是指国家批准的基本建设计划文件,施工期限要求,建设单位对工程设计、施工的要求,施工单位上级主管部门下达的施工任务及与工程沿线单位签订的协议、合同、纪要等。

(2)自然条件调查资料。

(3)各种定额及技术规范。

(4)施工时可能调用的资源。

(5)类型相似或相近项目的经验资料。

(6)其他资料。

(二)公路施工组织设计的编制程序

(1)分析设计资料,了解工程概况,进行调查研究。

(2)提出施工整体部署,选择施工方案,确定施工方法。

(3)编制工程进度图。

(4)计算人工、材料、机具、设备需要量,编制人工、主要材料和主要机具计划。

(5)编制临时工程计划。

(6)工地运输组织。

(7)布置施工平面图。

(8)计算技术经济指标。

(9)编写施工组织设计说明书。

(三)编制公路施工组织设计的注意事项

(1)根据工程的特点,集中力量解决好施工中的主要矛盾。

(2)认真细致地安排好各工程项目的施工次序。

(3)施工展开的进行方向应注意技术物质和生活资料的补给,为工地运输创造条件。

(4)留有余地,便于调整。

第二节　施工组织设计资料的调查

一、调查的目的和方法

公路施工涉及面广,专业多,材料及机具种类繁多,投资大,需要协调的问题复杂。如果原始资料不全或出现错误,对施工组织设计的编制和施工作业的正常进行都会造成不利影响,常常导致延误工期、质量低劣、设计变更、工程事故等严重后果。因此,施工前应有计划、有步骤地认真做好原始资料的调查、收集和分析工作。

为编制设计阶段的施工组织设计文件,设计单位在野外勘察阶段由调查组进行原始资料的调查、收集。为编制施工阶段的施工组织设计文件而进行的原始资料调查,是由施工单位在施工准备阶段进行的,是对设计阶段调查结果的复核和补充。设计阶段与施工阶段的调查方法和内容基本相同,都要深入现场,通过实地勘察、座谈访问、查阅历史资料,并采取必要的测试手段获得所需数据和资料。

调查工作的基本要求是:座谈有纪要,协商有协议,调查有证明,政策规定应索取原件或影印件。特别是要注意，所有资料均要真实可靠、手续齐全、措辞严谨、依法生效。

二、自然条件调查

（一）地形、地貌

重点调查公路沿线、大桥桥位、隧道、附属加工厂、工程困难地段的地形、地貌。调查资料用于选择施工用地、布置施工平面图、规划临时设施、掌握障碍物及其数量等。

（二）地质

通过试验、观察和地质勘探等手段确定公路沿线地质情况，用以选择路基土石方施工方法，确定特殊路基处理措施，复核地基基础设计及其施工方案，选定自采加工材料料场，制订障碍物的拆除计划等。

（三）水文地质

（1）地下水。判定水质及其侵蚀性质和施工注意事项，研究降低地下水位的措施，选择基础施工方案，复核地下排水设计。

（2）地面水。调查汛期和枯水期地面水的最高水位，用于制订水下工程施工方案、确定施工季节、复核地面排水设计。

（四）气象

（1）气温。调查冬季最低气温、冬季期月数及夏季最高气温，用于确定冬季施工项目及夏季防暑降温措施，估计混凝土、水泥砂浆的强度增长情况，选择水泥混凝土工程、路面工程及砌筑工程的施工季节。

（2）降雨。调查雨季期月数和降雨量，用于确定雨季施工措施、工地排水及防洪方案，确定全年施工作业的有效工作天数及桥涵下部构造的施工季节。

（3）风力及风向。调查当地最大风力、风向及大风季节。用于布置临时设施，确定高空作业及吊装的方案与安全措施。

（五）其他自然条件

其他自然条件，如地震、泥石流、滑坡等，必要时也应进行调查，并注意它们对基础和路基的影响，以便采取专门的施工保障措施。

三、施工资源调查

（一）筑路材料

（1）外购材料：发货地点、规格、品种、可供应数量、运输方式及运输费用等。

（2）地方材料：分布情况、质量、单价、运输方式及运输费用等。

（3）自采加工材料：料场选择、料场位置、可开采数量、运距等。

（二）运输情况调查

公路沿线及邻近地区的铁路、公路、河流的位置，车站、码头存储货物的能力及到工地的距离，装卸费和运杂费标准，公路及桥梁的最大承载能力，航道的运输能力，当地汽车修理厂的情况及水平，民间运输能力。

（三）供水、供电、通信情况调查

调查当地水源位置、供水数量、水压、水质、水费，当地电源位置、供电的容量、电压、电费、每月停电次数。对于通信，调查当地邮电机构设置情况。如果以上水、电、通信当地都有能力解决,应签订相应的协议书,以利于有关部门提前做好准备。

(四)劳动力及生活设施

(1)公路沿线可利用的劳动力人数、技术水平,还应了解沿线民风、民俗。

(2)公路沿线有无可利用的房屋,面积有多大。

(3)公路沿线的文化教育、生活、医疗、消防、治安情况及支援能力。

(4)环境条件。周围有无有害气体、液体,有无地方性疾病。

(五)地方施工能力调查

如当地钢筋混凝土预制构件厂、木材加工厂、采石厂等建筑施工附属企业的生产能力,能否满足公路施工的需求量。

四、施工单位能力调查

在公路设计阶段,施工单位尚不明确,应向建设单位调查落实施工单位。对施工单位,主要调查其施工能力,如施工技术人员数量、施工人数、机械设备的装备水平、施工单位的资质等级及近几年的施工业绩等。对实行招标投标的工程,在设计阶段不能明确施工单位,编制施工组织设计时,应从工程设计的角度出发,提出优化的、最合理的意见作为依据。在施工阶段,施工单位已确定,施工单位能够调动的施工力量及技术装备水平都是编制施工组织设计的依据。

五、施工干扰调查

调查行车、行人干扰,用于确定施工方法和考虑安全措施。

第三节　施工组织设计的阶段与文件组成

在公路工程设计和施工的各个阶段,都必须编制相应的施工组织设计文件。在初步设计阶段编制“施工方案”,在技术设计阶段编制“修正的施工方案”,在施工图设计阶段编制“施工组织计划”,在招标投标阶段编制“指导性施工组织设计”,在施工阶段编制“实施性施工组织设计”,在公路大中修及旧桥加固阶段编制“施工组织计划”,它们统称为施工组织设计文件。

一、施工方案

两阶段初步设计和三阶段初步设计中的施工组织设计文件称为施工方案。施工方案由以下文件组成。

(一)施工方案说明

(1)贯彻国家有关方针政策的说明。

(2)工程概况。

(3)施工组织、施工力量的设想和施工期限的安排。

(4)主要工程、控制工期的工程和特殊工程的施工方案及采取的措施。

(5)主要材料的供应,施工机具、设备的配备及临时工程的安排。

(6)下一阶段应解决的问题及注意事项。

(二)工程概略进度图

根据项目可批复的施工期限、施工条件及施工方案按年度和季度进行施工进度概略安排。图中应列出工程项目名称、单位、数量,按年度和季度列出各工程项目的起止时间、浮动时间、衔接时间等。

(三)临时工程一览表

列出临时工程名称(如独立便桥、预制场、拌和物、钢梁、电力线路),列出各项临时工程的地点或桩号、工程项目及数量等。

(四)公路临时用地表

列出公路临时用地的位置或桩号、工程名称、土地的隶属(县、乡、村、个人)关系、长度、宽度、土地类别及数量等。

(五)施工便道主要数量表

列出便道的长度、宽度、防护工程及圬工数量、便桥数量等。

上述施工方案说明列入初步设计文件的第一篇即总说明书中,其余四项构成第十一篇即施工方案文件。

二、修正施工方案

采用三阶段设计的公路工程,在技术设计阶段编制的施工组织设计文件称为修正施工方案。修正施工方案根据初步设计的审查意见和施工方案说明中提出的应进一步解决的问题及注意事项进行编制,修正施工方案编制深度和提交的文件内容介于施工方案和施工组织计划之间。

三、施工组织计划

公路工程不论采用几阶段设计,在施工图设计阶段都要编制施工组织计划。施工组织计划由以下内容的文件组成。

(一)说明

(1)贯彻国家方针政策和采用先进技术情况。

(2)初步设计(或技术设计)批复意见的执行情况。

(3)施工组织、施工期限、主要工程的施工方法、工期、进度及采取的措施。

(4)劳动力计划及主要施工机具的使用安排。

(5)主要材料供应、运输方案及临时工程的安排。

(6)对缺水、风沙、高原、严寒等地区以及冬、雨季施工所采取的措施。

(7)对高速公路和一级公路的交通工程、沿线设施施工协调和分期实施等有关问题的说明。

(8)施工准备工作的意见,如拆迁、用地,修建便道、便桥、临时房屋,架设临时电力线路、通信设施等。

(二)工程进度图

工程进度图中应列出工程项目名称、单位、数量、劳动量等,按年、月分别绘出各工程项目起止日期,并标出计划用人工数,绘出劳动力安排示意图等。

(三)主要材料计划表

主要材料计划表中列出材料的名称、规格、单位、数量、来源、运输方式,年、季计划用量等。

(四)主要施工机具、设备计划表

主要施工机具、设备计划表中列出机具、设备的名称、规格、数量(台班数、台数)、使用期限、年及季计划用量等。

(五)临时工程数量表

临时工程数量包括便桥、便道、房屋、预制场、电力设施、通信设施等。临时工程数量表列出各项临时工程的地点或桩号、工程名称、工程说明、工程数量等。

(六)公路临时用地表

公路临时用地表列出临时用地的位置或桩号、工程名称、土地的隶属(县、乡、村、个人)关系、长度、宽度、土地类别及数量等。

四、指导性施工组织设计

公路工程招标投标包括公路勘测设计招标投标、公路工程施工监理招标投标、公路工程施工招标投标。其招标投标过程是一致的,如公路工程施工招标投标过程如下。

公路工程施工招标包括:

(1)招标准备。其内容有:工程施工招标应具备的条件,招标机构,确定招标方式和合同形式,制订招标计划,施工标段划分和确定工期。

(2)资格预审。其内容有:施工招标资格预审程序,编制施工招标资格预审文件,资格预审通告,资格评审。

(3)招标文件编制。其内容有:招标文件组成,招标文件编制准备工作,投标须知,合同通用条款和专用条款,技术规范,工程量清单,投标文件格式及其他。

(4)组织招标。其内容有:邀请投标,现场考察和标前会议,标底编制,开标和评标,签订合同协议。

公路施工企业为了提高中标率,一般建立投标管理制度,组织专门的投标机构。公路工程施工投标包括:①参加资格预审;②投标准备;③编制投标文件;④投标文件的签署、包装和递交;⑤投标后的工作。

指导性施工组织设计,是施工单位用于工程投标所编制的施工组织设计,它是投标文件组成中的必备文件。乙方中标后,它是承包合同的重要组成文件。

对于指导性施工组织设计的内容、文件组成,目前国家尚无统一规定,通常与设计阶段的“施工组织计划”内容相似,但为满足招标文件,要求更加具体、详细,并增加了如下内容:施工单位、施工项目组织管理框架、人员组成分工及法人代表,质量自检体系、人员和试验设备配备清单,施工机械、关键设备进场使用清单,工程平面、高程和方位控制体系及程序安排方案,施工安全和环境保护措施,施工设计和施工辅助设计有关资料等。

五、公路大中修及旧桥加固阶段施工组织设计

对于公路大中修及旧桥加固阶段施工组织设计的内容、文件组成,目前国家尚无统一规定,通常与施工图设计阶段的施工组织计划内容相似,但是与新建公路工程施工组织设计不

同，因为工程内容不同，其侧重点不同，施工规模比新建工程要小。对于高速公路，由于是全封闭运营、不中断交通，在进行施工组织时，施工平面图布置及施工运输还要考虑进出口问题。对于其他等级公路，要考虑交通干扰和交通安全问题，施工平面图布置及施工运输要考虑充分利用现有地形、地物和可利用道路。对于旧桥加固，要考虑交通干扰和交通安全问题，当需要改善桥面铺装时，在不中断交通的情况下，半幅施工，另外通车半幅要控制车速，防止车辆振动造成混凝土开裂。

六、实施性施工组织设计

在公路工程的施工准备阶段，由施工单位编制的施工组织设计称为实施性施工组织设计。施工单位根据施工图设计图纸和野外调查资料及本单位施工条件（施工力量、技术水平等）进行编制。因此，这一阶段编制的施工组织设计十分具体、可行。因为要在工程施工中实施，就必须对各分部分项工程、各道工序和施工专业队都进行施工进度的日程安排和具体的操作设计。

实施性施工组织设计文件的内容与施工图设计阶段的施工组织设计相似，但更具体、更详细。工程进度图应按月、旬安排，并编制相应的人工、材料、机具及设备计划。

综上所述，从施工方案到实施性施工组织设计，后一阶段比前一阶段的要求更高，内容也更详细、具体，但是各个阶段既是独立的又是相互联系的。

第四节　施工进度图

一、施工进度图的作用

（1）是对全部施工项目进行时间组织的成果。

（2）确定了各工程项目之间的衔接关系。

（3）是控制施工进度、指挥施工活动的依据。

（4）是编制作业计划、物资供应计划、机具调度计划、资金使用计划等施工组织文件的依据。

施工进度图简单易懂，有助于领导部门抓住关键，统筹全局，合理布置人力、材料、机械，正确指导施工生产活动的顺利进行；有利于施工人员明确目标，更好地发挥主动精神；有利于施工企业内部及时配合。

二、施工进度图的分类

（一）横道图

最常见而普遍应用的计划方法就是横道图。

横道图是按时间坐标绘出的，横向线条表示工程各工序的施工起止时间先后顺序，整个计划由一系列横道线组成。它的优点是易于编制、简单明了、直观易懂、便于检查和计算资源，特别适合于现场施工管理。

但是，作为一种计划管理的工具，横道图有它的不足之处：首先，不容易看出工作之间的相互依赖、相互制约的关系；其次，反映不出哪些工作决定了总工期，更看不出各工作分别有无伸缩余地(即机动时间),有多大的伸缩余地;再次,由于它不是一个数学模型,不能实现定量分析,无法分析工作之间相互制约的数量关系;最后,横道图不能在执行情况偏离原计划时,迅速而简单地进行调整和控制,更无法实行多方案的优选。

(二)网络计划技术

与横道图相反,网络计划技术能明确地反映出工程各组成工序之间的相互制约和相互依赖关系,可以用它进行时间分析,确定出哪些工序是影响工期的关键工序,以便施工管理人员集中精力抓施工中的主要矛盾,减少盲目性。而且它是一个定义明确的数学模型,可以建立各种调整优化方法,并可利用电子计算机进行分析计算。

在实际施工过程中,应注意横道计划和网络计划的结合使用。即在应用电子计算机编制施工进度计划时,先用网络方法进行时间分析,确定关键工序,进行优化调整,然后输出相应的横道计划,用于指导现场施工。

三、编制施工进度图的依据和步骤

(一)编制施工进度图的依据

(1)工程的全部设计图纸。

(2)有关地形、地质、水文、气象等自然调查资料及技术经济资料。

(3)上级或合同规定的开工、竣工日期。

(4)各类有关定额。

(5)人力、材料、机械设备等供应情况。

(二)编制施工进度图的步骤

1. 确定施工方法

确定施工方法主要是针对本工程的主导施工工序而言的,各工程项目均可以采用各种不同的方法进行施工,每一种方法都有其各自的优点和缺点。确定施工方法时,首先应考虑工程特点、现有机具的性能、施工环境等因素,选择适于本工程的最先进、最合理、最经济的施工方法,从而达到降低工程成本和提高劳动生产率的预期效果。例如,以下为某施工单位根据工程特点和本单位所拥有的机械设备、技术力量等,对路基、路面所确定的施工方法:

(1)石方挖方。本合同段路基施工的主要特点是:石方开挖量大,占总挖方的70%以上,其中又以弱风化花岗岩居多。

施工方法:采用进口大型凿岩机打岩,采取松动爆破方法,严格控制装药量,精心计算,确保施工安全。

(2)土方挖方。采用挖掘机配合自卸汽车,或推土机、装载机配合自卸汽车运土。对地势平坦、土量集中的路段,使用大型铲运机。

(3)填方路基。按技术规范要求清理场地后,当地面横坡不大于1:10时,直接填筑路堤;采用推土机配合平地机摊土、石,严格掌握虚铺厚度,按工艺要求充分碾压,土、石材料分层填筑和分段使用。对填石路堤采用大吨位震动式压路机;土方适用于光轮压路机,配合震动式压路机碾压。对于地面横坡大于1:10的路段,分别采取翻松或挖土质台阶的方法。

(4)路面基层施工。采用路拌法和集中厂拌法,下承层检查合格后,用摊铺机配合平地机摊平。经初压后,用震动式压路机压实。

(5)路面面层施工。第1步,首先做好沥青混凝土的配合比试验。在准备好的基层上喷洒透油层,将合格的热拌混合料,用自卸汽车运到摊铺路段。采用德国产 S1800 型摊铺机整幅摊铺。第 2 步,碾压。用 8 t 轻型压路机初压两遍,用 12 ~ 15 t 压路机压四遍,用 6 ~ 8 t 轻型压路机压实。

2. 选择施工机具

施工方法一经确定,施工机具的选择就应以满足它的需求为基本依据。但是,在现代化的施工条件下,许多时候是以选择施工机具为主而来确定施工方法的,所以施工机具的选择往往成为主要的问题。在选择施工机具时,应注意以下几点:

(1)只能在现有的或可能获得的机械中进行选择。尽管某种机械在各方面都是适合的,但如不可能得到,就不能作为一个供选择的方案。

(2)所选择的机具必须满足施工的需要,但又要避免大机小用。

(3)选择施工机具时,应相互配套,充分发挥主机的作用。

(4)在选择施工机具时,必须从全局出发,不仅要考虑到在本工程或某分部工程施工中使用,还要考虑到同一现场上其他工程或其他分项工程是否也可以使用。

3. 选择施工组织方法

根据具体的施工条件选择最合理的施工组织方法,是编制工程进度图的关键。流水作业法是公路工程施工较好的组织方法,但不能孤立采用。有些工程技术复杂、工程量大,还可以考虑采用平行流水作业法、立体交叉流水作业法、网络计划法等。有些工程工程量小、工作面窄小、工期要求不紧,可以采用顺序作业法。

4. 划分施工项目

施工方法确定后,就可以划分施工项目。每项工程都是由若干个相互关联的施工项目所组成的,如桥梁工程由施工准备、基础工程、下部工程、上部工程、桥面系、引道工程等施工项目组成。施工项目划分的粗细程度,与工程进度图的阶段即用途有关(施工项目可以是单位工程、分部工程、分项工程、工序等)。一般按所采用定额的细目或子目来划分,这样便于查阅定额。

划分施工项目时,必须明确哪一项是主导施工项目。一般情况下,主导施工项目就是施工难度大、耗用资源多或施工技术复杂、需要使用专门的机械设备的工序或单位工程。主导施工项目常常控制施工进度,因此首先应安排好主导施工项目的施工进度,其他施工项目的进度要密切配合。在公路工程中,高级路面、集中土石方、特殊路基、大桥、中桥等一般都是主导施工项目。

5. 排序

排序即列项。按照客观的施工规律和合理的施工顺序,将所划分的施工项目进行排序,如施工准备、路基处理、路基填筑、涵洞、防护及排水、路面基层、路面铺筑等。路面基层施工项目必须放在路基填筑、涵洞施工项目的后面,注意不要漏列、重列。工程进度图的实质就是科学合理地确定这些施工项目的排列次序。

6. 划分施工段,并找出最优施工次序

在一般的横道图中,一般采用横线工段式。设计阶段所采用的施工进度图,一般不明确划分施工段。在实施性施工进度中,如果组织流水作业,为了更好地安排施工进度,缩短施工工期,就应该划分施工段,并尽可能按约翰逊 - 贝尔曼法则找出最优或较优施工次序,并在施工进度图中表示出来。

7. 计算工程量与劳动量

当划分完施工项目并排好序后，即可根据施工图纸及有关工程数量的计算规则，计算各个施工项目的工程数量，并填入相应表格中，工程数量的单位应与所采用的定额单位一致。当划分施工段组织流水作业时，必须分段计算工程数量。此外，还应考虑为保证施工质量和安全的附加工程数量。

计算劳动量时要注意施工现场的具体情况和施工的难易程度，同样工程数量，都是挖基坑，挖普通土和挖硬土的劳动量不同，同样工程数量的砌筑工程，搬运材料的运距不同，劳动量也不同。

所谓劳动量，就是施工项目的工程量与相应的时间定额的乘积，也就是实际投入的人数与施工项目的作业持续时间的乘积。人工操作时叫劳动量，机械操作时叫作业量。

劳动量可按下式计算

$$D = Q \times S \tag{4-1}$$

式中 D——劳动量，工日或台班；

Q——工程量；

S——时间定额。

8. 计算各施工项目的作业持续时间

计算过程中应结合实际的施工条件认真考虑以下几点：

(1)各施工项目均应按一定技术操作程序进行。

(2)保证工作面和劳动人数的最佳施工组合。

(3)相邻施工项目之间应有良好的衔接和配合，互不影响工程进度。

(4)必须保证施工安全和工程质量。

(5)确定技术间歇时间(混凝土的养生、油漆的干燥等)，确定组织间歇时间(施工人员或机械的转移及施工中的检查、校正等属于最小流水步距以外增加的间歇时间)。

9. 初步拟定工程进度

按照客观的施工规律和合理的施工顺序，采用前面确定的施工组织方法、施工段间最优或较优施工次序及各施工项目的作业持续时间就可以拟定工程进度。在拟定时，应考虑施工项目之间的相互配合，例如：某一路线工程，采用流水施工，为了使各施工项目尽早投入施工生产，首先集中人力、物力进行第 1 km 的施工准备工作，第 1 km 的施工准备工作完成后，小桥涵等人工构造物可以投入施工，小桥涵等人工构造物完成后，路基施工开始，路基完成后，路面施工开始……其他辅助工作(材料加工及运输等)应与工程进度相配合。

拟定工程进度时，应特别注意人工的均衡使用。施工开始后，人工数量应逐渐增加，然后在较长时间内保持稳定，接近完工时又应逐渐减少。另外，还要力求材料、机械及其他物资的均衡使用。初拟方案若不能满足规定工期要求或超过物资资源供应量，应对工程进度进行调整。

10. 检查和调整施工进度计划

无论采用流水作业法还是网络计划法组织施工，都要在初拟方案的基础上通过优化调整，最后得到工程进度图。在优化过程中重点检查的内容有：

(1)施工工期。施工进度计划的工期应符合上级或合同规定的工期。

(2)施工顺序。检查施工项目的施工顺序是否科学、合理，相邻施工项目之间衔接、配合是否良好。

(3)劳动力等资源的消耗是否均衡。劳动力需要量图反映了施工期间劳动力的动态变化,它是衡量施工组织设计合理性的重要标志。不同的工程进度安排,劳动力需要量图呈现不同的形状,一般可归纳为如图4-1所示的三种典型图式。图4-1(a)为出现短暂的劳动力高峰,图4-1(b)为劳动力需要量为锯齿波动形,这两种情况都不便于施工管理并增大了临时生活设施的规模,应尽量避免。图4-1(c)为在一个较长时间内劳动力保持均衡,符合施工规律,是最理想的状况。

劳动力消耗的均衡性,用劳动力不均衡系数K表示。劳动力不均衡系数应大于或等于1,越接近于1越合理,一般不允许超过1.5,计算式为

$$K = R_{max} / R_{平均} \tag{4-2}$$

式中　R_{max}——施工期间人数最高峰值;

$R_{平均}$——施工期间加权平均人数,即总劳动量/计划总工期。

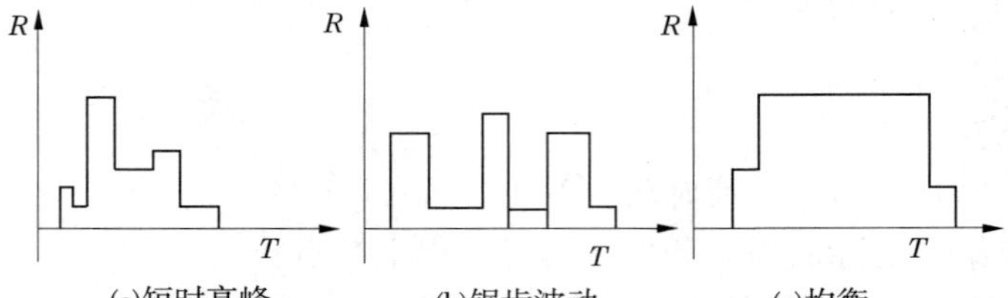

图4-1　劳动力需要量

针对出现的问题,采取有效的技术措施和组织措施,使全部施工在技术上协调,在人力、材料、机械的需要量上均衡,力争达到最优状态。调整结束后,采用恰当的形式绘制工程进度图。

四、注意事项

(1)安排工程进度时,应扣除法定节假日,并充分估计因气候或其他原因的停工时间。上级规定或合同签订的施工工期减去这些必要的停工时间之后,才是实际可作安排的施工作业时间。此外,还要考虑必要的准备工作时间,必需的外部协调时间。

(2)注意施工的季节性。如桥梁的基础施工应避开洪水期,沥青路面和水泥混凝土路面应避免冬季施工等。

(3)公路工程是野外施工,影响施工的因素很多,任何周密详尽的计划也很难一一实现。安排工程进度时应保证重点、留有余地、方便调整,特别是对于施工难度大、物资资源供应条件差的工程,更应注意留有充分的调整余地。

(4)各种施工间歇时间(技术间歇时间、组织间歇时间等),由于不消耗资源,往往容易被忽视。采用网络计划法组织施工时,可以将间歇时间作为一条箭线处理(不消耗资源,但消耗时间,故仍为实箭线)。

(5)在对初步方案进行优化时,注意外购材料和各种设备分批到达工地的合同日期,需要这些材料和设备的施工项目的开工时间不得早于合同日期。

编制工程进度图是一项十分细致而又复杂的工作,因此在编制前必须做好深入的调查研究和资料的收集工作,编制时要认真负责,充分估计可能发生的各种情况,根据现场的条

件实事求是地进行编制。

第五节　资源需要量计划及其他图表

一、劳动力需要量计划

如果施工进度计划已确定，就可计算出各个施工项目每天所需的人工数，将同一时间内所有施工项目的人工数累加，即可绘出劳动力需要量图，根据劳动力需要量图，可以编制劳动力需要量计划，见表4-1。劳动力需要量计划是确定临时生活设施和组织施工工人进场的依据。

表4-1　劳动力需要量计划

序号	工种名称	总人数	需要人数及时间										备注
			年					年					
			一季度	二季度	三季度	四季度	合计	一季度	二季度	三季度	四季度	合计	
1	2	3	4	5	6	7	8	9	10	11	12	13	14

二、主要材料计划

主要材料计划包括施工需要的材料、构件和半成品等的名称、规格、数量，以及来源和运输方式等内容，它是运输组织和布置工地仓库的依据。

主要材料应包括钢材、木材、水泥、沥青、石灰、砂、石料、爆破器材等公路施工中用量大的材料。特殊工程使用的土工织物、各种加筋带、外掺剂等也应列入主要材料计划。

主要材料计划的编制过程与劳动力计划相同，一般按年度和季度编制，见表4-2。

表4-2　主要材料计划

序号	材料名称及规格	单位	数量	来源	运输方式	年度、季度需要量										备注
						年					年					
						一季度	二季度	三季度	四季度	合计	一季度	二季度	三季度	四季度	合计	
1	2	3	4	5	6	7	8	9	10	11	12	13	14	15	16	17

三、主要施工机具、设备计划

在确定施工方法时，已经考虑了哪些施工项目需用何种施工机具或设备。为了做好机具、设备的供应工作，在工程进度确定之后，将每个施工项目采用的机械名称、规格和需要数量以及使用的日期等综合汇总，编制成施工机具、设备计划表，见表4-3。

表4-3　主要施工机具、设备计划

序号	机具名称及规格	数量		使用期限		年度、季度需要量																备注
						年								年								
						一季度		二季度		三季度		四季度		一季度		二季度		三季度		四季度		
		台班	台数	开始时间	完成时间	台班	台数	台班	台数	台班	台数	台班	台数	台班	台数	台班	台数	台班	台数	台班	台数	
1	2	3	4	5	6	7	8	9	10	11	12	13	14	15	16	17	18	19	20	21	22	23

资源需要量计划是根据工程进度图编制的，而资源需要量的均衡性又反映了工程进度的合理性。因此，上述人工、材料、机械等的需要量计划，在实际工程中是结合工程进度图的编制、调整、优化过程同时进行的。

四、技术组织措施计划

技术组织措施计划是指为了保证工程质量、提高劳动生产率、降低成本、安全生产等所采取的技术组织措施。尤其是采用新材料、新工艺的工程及技术复杂的工程等，此项工作是必不可少的，其表格形式见表4-4。

表4-4　技术组织措施计划

措施名称及内容提要	经济效果(元)	计划依据	负责人	完成日期

五、临时工程计划

在施工组织设计中，除临时建筑（如宿舍、仓库、实验室等）外，还会遇到其他的临时工程设施，如便道、便桥、临时车站、码头、通信设施等，其表格形式见表4-5。

表4-5 临时工程一览

序号	设置地点	工程名称	说明	单位	数量	工程数量										备注
1	2	3	4	5	6	7	8	9	10	11	12	13	14	15	16	17

表4-6的格式和内容可根据实际情况进行删或增。第7～16栏一般可填写临时便道、便桥等的工程数量（如土方、石方、基层、面层等）。若临时工程中只有一些加工场地、临时建筑等简单设施，第7～16栏可删去。

六、公路临时占地计划

公路临时占地包括临时便道、便桥、临时车站、码头、通信设施占地，工地加工场地、临时仓库、工地实验室、施工队驻地、监理驻地、工程指挥所临时驻地等，其表格形式见表4-6。

表4-6 公路临时占地计划

位置或桩号	工程名称	占地数量			土地类别		土地隶属（县、乡、村、个人）
		长度（m）	宽度（m）	数量（m^2）	荒地	良田	
1	2	3	4	5	6	7	8

第六节 工地运输与临时设施设计

公路工程施工的正常进行，除安排合理的施工进度外，还需在正式开工前充分做好各项准备工作，如各种临时设施（临时道路、临时供水、供电、通信、工棚、办公室、仓库、工地运输等）的设计。

各种临时设施设计是施工平面图设计中的一部分，尤其是实施性施工平面图设计，除应确定各临时设施的相互位置外，还应确定各个临时设施的容量、面积等。

一、工地运输设计

工地运输设计应解决的问题有确定运输量、选择运输方式、确定运输工具数量等。

（一）确定运输量

工地需要运输的物资有建筑材料、构件、半成品、机械设备、施工生活用品等，其运输量用式(4-3)计算

$$q = \frac{\sum (Q_i \times L_i)}{T} \times K \tag{4-3}$$

式中　q——每日运输量，t · km；

Q_i——各种物资的年度或季度需要量；

L_i——运输距离，km；

T——工程年度或季度计划运输天数；

K——运输工作不均衡系数，公路运输取1.2，铁路运输取1.5。

（二）选择运输方式

目前，工地运输的方式有铁路运输、公路运输、水路运输和特种运输（索道、管道）等。选择运输方式，必须充分考虑各种影响因素，如运输量大小、运距和物资性质，现有运输设备条件，利用永久性道路的可能性，地形、地质、水文等自然条件，运杂费用等。

一般情况下，当货运量较大，运距远，又具备条件时，宜采用铁路运输。运距短、地形复杂、坡度较陡时，宜采用汽车或当地的拖拉机运输。当有几种可能的运输方式可供选择时，应通过比较后确定。

（三）确定运输工具数量

运输方式确定后，即可计算运输工具的需要量。运输工具数量可用下式计算

$$m = \frac{Q \times K_1}{q \times T \times n \times K_2} \tag{4-4}$$

式中　m——所需的运输工具台数；

Q——年度或季度最大运输量，t；

K_1——运输不均衡系数，场外运输一般采用1.2，场内运输一般采用1.1；

T——工程年度或季度的工作天数；

K_2——运输工具供应系数，一般采用0.9；

q——汽车台班产量，t/台班，根据运距按定额确定；

n——每日的工作班数。

二、临时设施设计

（一）工地临时加工场地设计

工地临时加工场地施工组织的任务主要是确定建筑面积和结构型式。

工地临时加工厂（站、场）的建筑面积，通常参照有关资料或按经验确定，也可按以下公式计算：

(1)钢筋混凝土构件预制厂、木工房、钢筋加工间等的场地或建筑面积用下式计算

$$F = \frac{K \times Q}{T \times S \times \alpha} \tag{4-5}$$

式中　F——所需建筑面积，m^2；

Q——加工总量，m^2、t 等；

K——不均衡系数,取1.3~1.5;

T——加工总工期,月;

S——每平方米场地的月平均产量;

α——场地或建筑面积利用系数,取0.6~0.7。

(2)水泥混凝土搅拌站面积用下式计算

$$F = N \times A \tag{4-6}$$

式中 F——搅拌站面积,m^2;

A——每台搅拌机所需的面积,m^2;

N——搅拌机台数,台,按下式计算

$$N = \frac{Q \times K}{T \times R} \tag{4-7}$$

式中 Q——混凝土总需要量,m^3;

T——混凝土工程施工总工作日;

K——不均衡系数,取1.5;

R——混凝土搅拌机台班产量。

大型沥青混凝土拌和设备的场地面积,根据设备说明书的要求确定。

上述建筑场地的结构型式应根据当地条件和使用期限而定。使用年限短的用简易结构,使用年限长的宜采用砖木结构。

(二)工地临时仓库设计

工地临时仓库分为转运仓库、中心仓库和现场仓库等,其施工组织的任务是:确定材料储备量和仓库面积、选择仓库位置和进行仓库设计等。

1.确定材料储备量

材料储备量既要考虑保证连续施工的需要,又要避免材料积压。对于场地窄小、运输方便的现场可少储存;对供应不易保证、运输困难、受季节影响大的材料可多储存些。

对于常用材料,如砂、石、水泥、钢材、木材等的储备量可按下式计算

$$P = T_e \frac{Q_i \times K}{T} \tag{4-8}$$

式中 P——材料储备量,m^3、t等;

T_e——储备期,d,按材料来源确定,一般不小于10 d,即保证10 d的需用量;

Q_i——材料、半成品等的总需要量;

K——材料使用不均衡系数,取1.2~1.5;

T——有关施工项目的总工日数。

对于不经常使用或储备期长的材料,可按年度需要量的某一百分比储备。

2.确定仓库面积

一般的仓库面积可按下式计算

$$F = \frac{P}{q \times K} \tag{4-9}$$

式中 F——仓库总面积,m^2;

P——仓库材料储备量;

q——每平方米仓库面积能存放的材料数量；

K——仓库面积利用系数(考虑人行道和车道所占面积)，一般为0.5～0.8。

特殊材料，如爆炸品、易燃或易腐蚀品的仓库面积，按有关安全要求确定。

在设计仓库时，除满足仓库总面积外，还要正确地确定仓库的平面尺寸。仓库的长度应满足装卸要求，宽度要考虑材料存放方式、使用方便和仓库结构型式。

(三)行政、生活、福利临时建筑设计

此类临时建筑的建筑面积主要取决于建筑工地的人数，包括职工和家属人数。建筑面积按下式计算

$$S = N \times R \tag{4-10}$$

式中 S——建筑面积，m^2；

N——工地人数；

R——建筑面积指标，见表4-7。

表4-7 行政、生活临时建筑面积指标 (单位：m^2/人)

项次	名称	面积定额	说明
1	办公室	2.1～2.5	
2	宿舍	3.0～3.5	
3	食堂	0.7	
4	卫生所	0.06	
5	浴室及理发室	0.1	
6	招待所	0.06	包括家属招待所
7	会议及文娱室	0.1	
8	商店	0.07	
9	锅炉房	10～40 m^2	指的是总面积

做施工组织设计时，应尽量利用工地附近的现有建筑物，或提前修建能利用的永久房屋，如道班房、加油站等，不足部分再修建临时建筑。

临时建筑按节约、适用、拆装方便的原则设计，其结构型式按当地气候、材料来源和工期长短确定。

(四)工地临时供水、供电、供热设计

工地临时供水、供电、供热应解决的主要问题有确定用量、选择供应来源、设计管线网路等。如需工地自行解决供应来源，还需确定相应的设备。

1. 工地临时供水

1)用水量计算

(1)施工工程用水量

$$q_1 = K_1 \sum \frac{Q_1 \times N_1}{T_1 \times b} \times \frac{K_2}{8 \times 3\,600} \tag{4-11}$$

式中 q_1——施工工程用量，L/s；

K_1——未预见的施工用水系数，$K_1 = 1.05 \sim 1.15$；

Q_1——年度或季度工程量，以实物计量单位表示；

N_1——施工用水定额，见表4-8；

T_1——年度或季度有效作业日；

t——每天工作班数；

K_2——用水不均衡系数。

表 4-8　施工用水定额

序号	用水对象	单位	耗水量	说明
1	浇筑混凝土全部用水	L/m^3	1 700 ~ 2 400	
2	搅拌混凝土	L/m^3	250 ~ 350	
3	混凝土养生	L/m^3	200 ~ 700	
4	湿润、冲洗模板	L/m^3	5 ~ 15	
5	洗石子、砂	L/m^3	600 ~ 1 000	
6	砌砖工程全部用水	L/m^3	150 ~ 250	
7	砌石工程全部用水	L/m^3	50 ~ 80	
8	搅拌砂浆	L/m^3	300	
9	抹灰	L/m^2	4 ~ 6	不包括调制用水
10	素土路面、路基	L/m^2	0.2 ~ 0.3	
11	消化生石灰	L/t	3 000	
12	浇砖	L/千块	500	

(2) 施工机械用水量

$$q_2 = K_1 \sum Q_2 \times N_2 \times \frac{K_3}{8 \times 3\ 600} \tag{4-12}$$

式中　q_2——施工机械用水量，L/s；

K_1——未预见的用水系数，$K_1 = 1.05 \sim 1.15$；

Q_2——同一种机械台数，台；

N_2——施工机械台班用水定额，见表 4-9；

K_3——施工机械用水不均衡系数，见表 4-10。

表 4-9　施工机械台班用水定额

序号	机械名称	单位	耗水量	说明
1	内燃挖掘机	L/(台班·m^3)	200 ~ 300	以斗容量立方米计
2	内燃起重机	L/(台班·t)	15 ~ 18	以起重吨数计
3	蒸汽打桩机	L/(台班·t)	1 000 ~ 1 200	以锤重吨数计
4	内燃压路机	L/(台班·t)	12 ~ 15	以压路机吨数计
5	拖拉机	L/(昼夜·台)	200 ~ 300	
6	汽车	L/(昼夜·台)	400 ~ 700	
7	空气压缩机	L/(台班·(m^3/min))	40 ~ 80	以压缩空气排气量计
8	内燃动力装置	L/(台班·kW)	160 ~ 480	直流水
9	内燃动力装置	L/(台班·kW)	35 ~ 55	循环水
10	锅炉	L/(h·t)	1 000	以小时蒸发量计
11	锅炉	L/(h·m^2)	15 ~ 30	以受热面积计
12	电焊机	L/h	100 ~ 350	
13	对焊机	L/h	300	
14	冷拔机	L/h	300	
15	凿岩机	L/min	8 ~ 12	

表 4-10 施工机械用水不均衡系数

K	用水名称	不均衡系数
K_2	施工工程用水	1.5
	生产企业用水	1.25
K_3	施工机械、运输机具	2.00
	动力设备用水	1.05~1.10
K_4	施工现场生活用水	1.30~1.50
K_5	居住区生活用水	2.00~2.50

(3)施工现场生活用水量

$$q_3 = \frac{P_1 \times N_3 \times K_4}{8 \times 3\ 600} \times b \tag{4-13}$$

式中 q_3——施工现场生活用水量,L/s;

P_1——施工现场高峰人数,人;

N_3——施工现场生活用水定额,一般为 20~60 L/(人·班);

b——每天工作班数;

K_4——用水不均衡系数。

(4)生活区生活用水量

$$q_4 = \frac{P_2 \times N_4 \times K_5}{24 \times 3\ 600} \tag{4-14}$$

式中 q_4——生活区生活用水量,L/s;

N_4——生活区生活用水定额,见表 4-11;

P_2——生活区居住人数,人;

K_5——用水不均衡系数。

表 4-11 生活区用水量参考定额

序号	用水名称	单位	耗水量	说明
1	生活用水	L/(人·d)	20~30	盥洗、饮用
2	食堂	L/(人·d)	15~20	
3	淋浴	L/(人·次)	50	入浴人数按出勤人数的 30% 计
4	洗衣	L/人	30~35	
5	理发室	L/(人·次)	15	
6	工地医院	L/(病床·d)	100~150	

(5)消防用水量。

消防用水量用 q_5 表示,见表 4-12。

(6)总用水量。

表 4-12 消防用水量参考

序号	用水区域	用水情况	火灾同时发生次数	用水量(L/s)
1	生活区	5 000 人以内	1	10
		10 000 人以内	2	10 ~ 15
		25 000 人以内	2	15 ~ 20
2	施工现场	施工现场在 $25\times10^4\ m^2$ 以内	1	10 ~ 15
		施工现场每增加 $25\times10^4\ m^2$	1	5

总用水量并不是所有用水量的总和,因为施工用水是间断的,生活用水时多时少,而消防用水又是偶然的,因此工地总用水量按以下公式计算。

①当 $q_1+q_2+q_3+q_4 \leqslant q_5$ 时,则

$$Q = q_5 + 0.5(q_1+q_2+q_3+q_4) \tag{4-15}$$

②当 $q_1+q_2+q_3+q_4 > q_5$ 时,则

$$Q = q_1+q_2+q_3+q_4 \tag{4-16}$$

③当工地面积小于 $5\times10^4\ m^2$,而且 $q_1+q_2+q_3+q_4 < q_5$ 时,则

$$Q = q_5 \tag{4-17}$$

式中 Q——总用水量,L/s;

其余符号意义同前。

2)水源选择

工地临时供水水源,首先应考虑当地的自来水,如不可能,才另选天然水源。天然水源有河水、湖水、水库蓄水等地面水和泉水、井水等地下水。

任何临时水源都应满足以下要求:①水量充足稳定,能保证最大需水量供应;②符合生活饮用和生产用水的水质标准;③取水、输水、净水设施安全可靠;④施工安装、运转、管理和维护方便。

2. 工地临时供电

1)工地总用电量

工地用电可分为动力用电和照明用电两类,用电量可用下式计算

$$P = 1.1\times(k_1\sum P_1/\cos\Phi + k_2\sum P_2 + k_3\sum P_3 + k_4\sum P_4) \tag{4-18}$$

式中 P——工地总用电量,kVA;

P_1、k_1——电动机额定功率,kW,需要系数 $k_1=0.5\sim0.7$,电动机 10 台以下取 0.7,超过 30 台取 0.5;

P_2、k_2——电焊机额定容量,kVA,需要系数 $k_2=0.5\sim0.6$,电焊机 10 台以下取 0.6;

P_3、k_3——室内照明容量,kW,需要系数 $k_3=0.8$;

P_4、k_4——室外照明容量,kW,需要系数 $k_4=1.0$;

$\cos\Phi$——电动机的平均功率因数,根据用电量和负荷情况而定,最高为 0.75 ~ 0.78,一般为 0.65 ~ 0.75。

2)选择电源及确定变压器

根据所确定的总用电量来选择电源,并确定变压器。

如果选择当地电网供电，要考虑当地电源能否满足施工期间最高负荷，电源距离较远时是否经济；如果设临时电站，供电能力应满足需要，避免浪费或供电不足，电源位置应设在设备集中、负荷最大而输电距离又最短的地方。

一般首先考虑将附近的高压电通过工地的变压器引入。变压器的功率按下式计算

$$P = K\frac{\sum P_{max}}{\cos\Phi} \tag{4-19}$$

式中 P——变压器的功率，kVA；

K——功率损失系数，取 1.05；

$\sum P_{max}$——各施工区的最大计算负荷，kW；

$\cos\Phi$——功率因数。

3）选择导线截面

合理的导线截面应满足三方面的要求：①足够的机械强度，即在各种不同的敷设方式下，确保导线不致因一般机械损伤而折断或损坏漏电；②应满足通过一定的电流强度，即导线必须能承受电流长时间通过所引起的温度升高；③导线上引起的电压降必须限制在容许范围之内。按这三项要求，选其截面最大者。

4）配电线路的布置要点

线路宜架设在道路的一侧，并尽可能选择平坦路线。线路距建筑物的水平距离应大于 1.5 m。在 380/220 V 低压线路中，木杆间距为 25 ~ 40 m。分支线及引入线均应从电杆处接出。

临时布线一般都用架空线，因为架空线工程简单、经济，便于检修。电杆及线路的交叉跨越要符合有关输变电规范。配电箱要设在便于操作的地方，并设有防雨、防晒设施。各种施工用电机具必须单机单闸，绝不可一闸多用。闸刀的容量按最高负荷选用。

3. 工地临时供热

工地临时供热的主要对象是：临时房屋（办公室、宿舍、食堂等）的冬季采暖、给某些冬季施工项目供热、预制场（钢筋混凝土构件的蒸汽养生等）供热。

建筑物内部采暖耗热量，按有关建筑采暖设计手册计算。

临时供热的热源，一般都设立临时性的锅炉房或个别分散设备（煤火炉），如果有条件，也利用当地的现有热力管网。

临时供热的蒸汽用量用下式计算

$$W = \frac{Q}{IH} \tag{4-20}$$

式中 W——蒸汽用量，kg/h；

Q——所需总热量，按建筑采暖设计手册计算，J/h；

I——在一定压力下蒸汽的含热量，查有关热工手册，J/kg；

H——有效利用系数，一般为 0.4 ~ 0.5。

蒸汽压力根据供热距离确定，供热距离在 300 m 以内时，蒸汽压力为 30 ~ 50 kPa 即可；供热距离在 1 000 m 以内时，则需要 200 kPa。确定了蒸汽压力后，按式（4-25）计算得到了蒸汽用量，即可查阅锅炉手册，选定锅炉的型号。

(五)其他临时工程设施设计

在施工组织设计中,除前面提到的临时设施外,还会遇到其他的临时工程设施,如便道、便桥、临时车站、码头、通信设施等。

全部临时建筑及临时工程设施都应在设计完成之后,再编制临时工程一览表。临时工程一览表是施工组织设计规定的文件之一。

第七节　施工平面图

施工现场有各种拟建工程所需的各种临时设施,如混凝土搅拌站、材料堆场及仓库、工地临时办公室及食堂等。为了使现场施工科学有序、安全,我们必须对施工现场进行合理的平面规划和布置。这种在建筑总平面图上布置各种为施工服务的临时设施的现场布置图称为施工平面图。单位工程施工平面图一般按 1∶200～1∶500 比例绘制。

施工平面图是施工方案在现场空间上的体现,反映已建工程和拟建工程之间,以及各种临时建筑、临时设施之间的合理位置关系。现场布置得好,就可以使现场管理得好,为文明施工创造条件;反之,如果现场施工平面布置得不好,施工现场道路不通畅,材料堆放混乱,就会对施工进度、质量、安全、成本产生不良后果。因此,施工平面图设计是施工组织设计中一个很重要的内容。

施工平面图设计是施工过程空间组织的具体成果,亦即根据施工过程空间组织的原则,对施工过程所需的工艺路线、施工设备、原材料堆放、动力供应、场内运输、半成品生产、仓库、料场、生活设施等进行空间的特别是平面的科学规划与设计,并以平面图的形式加以表达。这项工作就叫做施工平面图设计。

一、施工总平面图的设计原则

施工总平面图是建设项目或群体工程的施工布置图,由于栋号多、工期长、施工场地紧张及分批交工的特点,施工总平面图设计难度大,应当坚持以下原则:

(1)在满足施工要求的前提下布置紧凑,少占地,不挤占交通道路。

(2)最大限度地缩短场内运输距离,尽可能避免二次搬运。物料应分批进场,大件置于起重机下。

(3)在满足施工需要的前提下,临时工程的工程量应该最小,以降低临时工程费,故应利用已有房屋和管线,永久工程前期完工的为后期工程使用。

(4)临时设施布置应有利于生产和生活,减少工人往返时间。

(5)充分考虑劳动保护、环境保护、技术安全、防火要求等。

(6)施工总平面图的设计依据:设计资料,调查收集到的地区资料,施工部署和主要工程施工方案,施工总进度计划,资源需要量表。

二、施工平面图的类型

(一)按施工平面图的作用分类

1. 施工总平面图

施工总平面图是以整个工程项目或一个合同段为对象的平面布置,主要反映工程沿线的地形情况、料场位置、运输路线、生活设施等的位置和相互关系。

2. 单位工程或分部、分项工程的施工平面图

单位工程或分部、分项工程的施工平面图是以单位工程或分部、分项工程为对象而设计的平面组织形式。

(二)按主体工程形态分类

1. 路线工程施工平面图

路线工程施工平面图是沿路线全长绘制的一个狭长的带状平面图。图中一方面要反映出地形、地物,如河流、道路、房屋、田地等;另一方面要反映出施工过程中的场地安排,如料场、加工厂、仓库、施工管理机构、临时工程、便道、便桥等。必要时应分别绘制路基施工平面图和路面施工平面图。路线工程施工平面图可以按道路中线为假想的直线进行相对展绘,也可以在平面图的下方绘出路线纵断面。

2. 集中型工程施工平面图

集中型工程施工平面图包括大、中桥工程和预制场等的平面图设计,其特点是场地狭小、工作面集中。

三、施工总平面图的设计内容

(一)施工总平面图的设计内容

(1)拟建建筑物、构筑物的位置及平面轮廓。

(2)施工用地范围、围墙、入口、道路的位置。

(3)资源仓库和堆场。

(4)钢筋、木材等加工场地。

(5)取土及弃土位置。

(6)大型机械设备的位置(塔吊的回转范围)。

(7)管理和生活用临时房屋。

(8)供电、给水、排水等管线和设施。

(9)安全、消防设施。

(10)永久性、半永久性坐标的位置。

(11)山区建筑场地的等高线。

(12)特殊图例、方向标志、比例尺等。

(二)单位工程或分部、分项工程施工平面图的内容

(1)重点工程施工场地布置图。一般来说,大桥、隧道、立交枢纽等都是重点工程施工场地布置图,应在有等高线的地形图上按比例绘制。图上应详细绘出施工现场、辅助生产、生活等区域的布置情况,绘出原有地物情况。

(2)其他单项局部平面图布置。对于大型项目,因施工周期长、管理工作量大、附属辅助企业多,必要时应绘制其他平面布置图。这类图主要有以下几种:

①沿线砂石料场平面布置图;

②大型附属企业如沥青混合料拌和场、预制构件场、主要材料加工厂等平面布置图;

③临时供水、供电、供热基地及管线分布平面图;

④主要施工管路机构的平面布置图。

四、施工总平面图的设计依据

(1)勘察设计资料与施工图设计。

(2)施工部署和主要工程施工方案。

(3)施工总进度计划。

(4)施工场地情况。

(5)调查收集到的地区资料。

(6)资源需要量表。

(7)工地业务量计算。

(8)有关参考资料等。

五、施工总平面图的设计原则

(1)根据施工部署、施工方案、进度计划、区域划分,分阶段进行布置;

(2)生产区、生活区、办公区相对独立;

(3)尽可能缩短运距、减少二次搬运、减少占地;

(4)有利于减少扰民、环境保护和文明施工;

(5)尽量利用已有设施或先行施工的成品,使临时工程投入最少;

(6)充分考虑劳动保护、职业健康、安全与消防。

六、施工总平面图设计步骤

(一)场外交通的引入

设计整个项目的施工总平面图时,首先应从研究材料、成品、半成品、设备等进入工地的运输方式入手。

(1)水路运输。当大量物资由水路运输时,就应充分利用原有码头的吞吐能力。当原有码头能力不足时,应考虑增设码头,码头的数量不应少于两个,且宽度应大于2.5 m,一般用石或钢筋混凝土结构建造。

一般码头距工程项目施工现场有一定距离,故应考虑码头建仓储库房以及从码头运往工地的运输问题。

(2)公路运输。当大量物资由公路运进现场时,由于公路布置较灵活,一般将仓库、加工厂等生产性临时设施布置在最方便、最经济合理的地方,而后再布置通向场外的公路线。

(3)铁路运输。一般大型工业企业都设有永久性铁路专用线,通常将其提前修建,以便为工程项目施工服务。铁路的引入,将严重影响场内施工的运输和安全,因此一般将铁路先引入到工地两侧,当整个工程进展到一定程度,工程可分为若干个独立施工区域时,才可以把铁路引到工地中心区。此时,铁路对每个独立的施工区都不应有干扰,位于各施工区的外侧。

(二)仓库与材料堆场的布置

仓库与材料堆场的布置通常考虑设置在运输方便、位置适中、运距较短且安全防火的地方,并应区别不同的材料、设备和运输方式。

(1)当采用水路运输时,一般应在码头附近设置转运仓库,以缩短船只在码头的停留时间。

(2)当采用公路运输时，仓库的位置比较灵活。一般中心仓库布置在工地中央或靠近使用的地方，也可以布置在靠近外部交通连接处。砂、石、水泥、石灰、木材等仓库或堆场宜布置在搅拌站、预制场和木材加工厂附近；砖、瓦和预制构件等直接使用的材料应该直接布置在施工对象附近，方便二次搬运。工业项目建设工地还应考虑主要设备的仓库（或堆场），一般笨重设备应尽量放在车间附近，其他设备仓库可布置在外围或其他空地上。

各种加工厂布置，应以方便使用、安全防火、运输费用最少、不影响建筑安装工程施工的正常进行为原则。一般应将加工厂集中布置在同一个地区，且多处于工地边缘。各种加工厂应与相应的仓库或材料堆场布置在同一地区。

(1)尽量利用永久性仓库，节约成本。

(2)仓库和堆场位置距使用地尽量接近，减少二次搬运。

(3)当有铁路时，尽量布置在铁路线旁边，并且留够装卸前线，而且应设在靠工地一侧，避免内部运输跨越铁路。

(4)根据材料用途设置仓库和堆场，具体布置原则为：①砂、石、水泥等在搅拌站附近；②钢筋、木材、金属结构等在加工厂附近；③油库、氧气库等布置在僻静、安全处；④设备尤其是笨重设备应尽量布置在车间附近；⑤砖、瓦和预制构件等直接使用材料应布置在施工现场。

(三)加工厂布置

加工厂一般包括混凝土搅拌站、构件预制厂、钢筋加工厂、木材加工厂、金属结构加工厂等。布置这些加工厂时主要考虑来料加工和成品、半成品运往需要地点的总运输费用最小，且加工厂的生产和工程项目施工互不干扰。

(1)搅拌站布置。根据工程的具体情况可采用集中、分散或集中与分散相结合三种方式布置。当现浇混凝土量大时，宜在工地设置混凝土搅拌站，当运输条件好时，以采用集中搅拌最有利；当运输条件较差时，则宜采用分散搅拌。

(2)预制构件加工厂布置。一般建在空闲地带，既能安全生产，又不影响现场施工。

(3)钢筋加工厂。根据不同情况，采用集中或分散布置。对于冷加工、对焊、点焊的钢筋网等宜集中布置，设置中心加工厂，其位置应靠近构件加工厂；对于小型加工件，利用简单机具即可加工的钢筋，可在靠近使用地分散设置加工棚。

(4)木材加工厂。根据木材加工的性质、数量，采用集中或分散布置。一般原木加工批量生产等加工量大的产品应集中布置在铁路、公路附近，简单的小型加工件可分散布置在施工现场设几个临时加工棚。

(5)金属结构、焊接、机修等车间，应尽量集中布置在一起，由于相互之间生产上联系密切。

(四)布置场内运输道路

根据各加工厂、仓库及各施工对象的相对位置，研究货物转运图，区分主要道路和次要道路，进行道路的规划。规划厂区内道路时，应考虑以下几点：

(1)合理规划临时道路与地下管网的施工程序。在规划临时道路时，应充分利用拟建的永久性道路，提前修建永久性道路或者先修路基和简易路面，作为施工所需的道路，以达到节约投资的目的。若地下管网的图纸尚未出全，必须采取先施工道路、后施工管网的顺序时，临时道路就不能完全建造在永久性道路的位置，而应尽量布置在无管网地区或扩建工程范围地段上，以免开挖管道沟时破坏路面。

(2)保证运输通畅。道路应有两个以上进出口,道路末端应设置回车场地,且尽量避免临时道路与铁路交叉。厂内道路干线应采用环形布置,主要道路宜采用双车道,宽度不小于6 m,次要道路宜采用单车道,宽度不小于3.5 m。

(3)选择合理的路面结构。临时道路的路面结构,应当根据运输情况和运输工具的不同类型而定。一般场外与省、市公路相连的干线,因其以后会成为永久性道路,因此一开始就建成混凝土路面;场区内的干线和施工机械行驶路线,最好采用碎石级配路面,以利修补。场内支线一般为土路或砂石路。

(五)行政与生活临时设施布置

行政与生活临时设施包括办公室、汽车库、职工休息室、食堂、浴室等,要根据工地施工人数计算这些临时设施的建筑面积,应尽量利用建设单位将来的永久建筑,不足部分另行建造。

一般行政管理用房宜设在工地入口处,以便对外联系;也可以设在工地中间,以便于全工地管理。工人用的福利设施应设置在工人较集中的地方,或工人必经之处。生活基地应设在场外,以距工地500~1 000 m为宜。食堂可布置在工地内部和工地与生活区之间。

(六)临时水电网及其他动力设施的布置

当有可以利用的水源、电源时,可以将水电从外面接入工地,沿主要干道布置干管、主线,然后与各用户接通。临时总变电站应设置在高压电引入处,不应放在工地中心;临时水电应放在地势较高处。

当无法利用现有电源、水源时,为了获得电源,应在工地中心或工地中心附近设置临时发电设备,并沿干道布置主线;为了获得水源,可以利用地上水或地下水,并设置抽水设备和加压设备,以便于储水和提高水压,然后从水管接出,布置管网。

(1)施工用的临时给水管。一般由建设单位的干管或自行布置的干管接到用水地点。布置时应力求管网总长度最短。管径的大小和龙头数目的设置需视工程规模大小通过计算确定。管道可埋于地下,也可铺设在地面上,根据当时当地的气候条件和使用期限的长短而定。工地内要设置消火栓,消火栓距离建筑物不应小于5 m,也不应大于25 m,距离路边不大于2 m。条件允许时,可利用城市或建筑单位的永久消防设施。

(2)排水设施。为便于排除地面水和地下水,要及时修通永久性下水道,并结合现场地形在建筑物四周设置排泄地面水和地下水的沟渠,如排入城市下水系统,还应设置沉淀池。

(3)临时供电。单位工程施工用电应在全工地施工总平面图中一并考虑。一般计算出在施工期间的用电总数,如由建筑单位解决,可不另设变压器。必要时根据现场用电量选用变压器。变压器(站)的位置应布置在现场边缘高压线接入处,四周用铁丝网围住。不宜布置在交通要道口。临时变压器设置,应距地面不小于30 cm,并应在2 m以外处设置高度大于1.7 m的保护栏杆。

七、施工总平面图的科学原理

(1)建立统一的施工总平面图管理制度,划分总图的使用管理范围。各区各片有人负责,严格控制各种材料、构件、机具的位置,以及占用时间和占用面积。

(2)实行施工总平面动态管理,定期对现场平面进行实录、复核,修正其不合理的地方,定期召开总平面执行检查会议,奖优罚劣,协调各单位的关系。

(3)做好现场的清理和维护工作,不准擅自拆迁建筑物和水电线路,不准随意挖断道路。大型临时设施和水电管路不得随意更改、移动。

思考练习题

1. 公路施工组织设计的概念及目的是什么?

2. 编制施工组织设计的原则、作用、依据和程序是什么?

3. 施工组织计划由哪几部分内容组成?

4. 施工进度图分为哪几类? 编制施工进度图的依据和步骤是什么?

5. 工地用水量如何计算?

6. 施工平面图布置的原则和依据是什么?

7. 施工平面图的内容是什么?

第五章 机电工程施工组织设计

第一节 概 述

机电工程是现代高速公路除土建部分外的主要组成部分，它是高速公路安全、高效运营的保证手段，也是核算高速公路运营成本的主要平台。

一、机电工程的组成

机电工程主要由监控系统、通信系统、收费系统、低压配电系统、照明系统、隧道机电系统等组成。由于低压配电系统及照明系统技术含量和施工难度均较低，因此本章仅介绍监控系统、通信系统、收费系统及隧道机电系统。

(一)监控系统

监控系统主要包括以下设备。

1. 监控中心设备

监控中心设备包括综合控制台、大屏幕投影、不间断电源及计算机系统、闭路电视系统、紧急电话控制台(通信系统提供设备及安装要求，监控系统负责安装)等。

2. 监控外场设备

监控外场设备包括车辆检测器、全方位摄像机、气象检测器、门架式可变情报板、立柱式可变情报板、电子信息显示屏等设备。

3. 其他

其他包括终端引入电缆的架设及连接、室内设备间的配线、外场设备机箱、安装支架、钢构件、支线管道以及额外需要增加的外场设备基础等。

(二)通信系统

通信系统主要包括以下设备。

1. 光纤数字传输系统

光纤数字传输系统能方便地将低速率数字信号复用成高速率数字信号，通过光缆实现大容量的传输，并具有大容量交叉连接功能，便于实现集中统一网管。

2. 数字程控交换机系统

数字程控交换机系统由大型局用数字程控交换系统及其附属设备组成.数字程控交换机为整个网络提供统一的编号方案，并具有公共系统编码设施和完整的性能及系统透明性。

3. 其他组成部分

其他组成部分主要包括路侧紧急电话系统，监控、收费数据传输通路，监控、收费闭路电视传输通路，室外光缆敷设、室外和室内金属缆敷设，通信电源系统与接地系统等。

(三)收费系统

高速公路收费系统由省收费中心、收费分中心、收费站和收费车道组成，由省收费中心完成对全省高速公路网收费的实时管理和通行费的拆分,并通过指定银行完成通行费的清算划拨,以及对非接触IC卡的管理配发和参数下发等工作;收费分中心接收各个收费站的数据并及时传输至省中心,下发接收到的参数和非接触IC卡至收费站;收费站是最基本的收费管理单位,实时处理各类情况,并将数据直接通过网络上传至收费分中心;收费车道可以处理各类收费操作,实时将收费数据传输到收费站,并在与收费站网络中断的情况下独立工作。

收费系统设备包括:

(1)省收费中心、收费分中心的计算机系统设备。

(2)收费站计算机系统设备。

(3)入、出口收费车道系统设备。

(四)隧道机电系统

隧道机电系统是一个相对独立的系统,包括隧道通风、照明、监控、通信、消防等子系统,并由一个分中心集中控制。针对不同的情况,系统会在不同的模式下工作,如火灾情形下通风风机的转向与转速都会发生变化。

二、机电工程施工特点

机电工程不同于公路工程的其他组成部分,其特点主要表现在以下几个方面。

(一)全局性和网络性

机电系统不仅是一条高速公路的重要组成部分,而且是该公路将来正常运营、提供优质服务的重要保障。机电工程不能仅局限于一个土建合同段、一条高速公路,它应着眼于整个高速公路网,通过网络实现统一收费、统一结算。

(二)专业性强、技术含量高

机电工程大部分项目属于信息技术,因而其技术含量高、专业性强、技术更新快,对施工队伍专业性及技术性要求也高。

(三)受影响因素多

机电工程是独立于土建工程的合同内容,但其许多工作又渗透在土建工程中,因而土建工程的施工进度、施工质量都影响到机电工程的进度和质量。同时,气候的变化也影响到工程施工进度及设备性能的稳定性。

(四)施工工期短

机电工程往往是在土建工程即将完工后进行的,工期紧且点多面广,如果在不良施工季节,将给施工带来许多麻烦,因而科学的施工组织显得更为重要。

(五)设备检验及调试工作量大

机电系统的网络性和全局性决定了机电系统检验与调试工作的重要性,检验与调试工作贯穿于整个工程施工中。

第二节　机电工程施工准备工作

一、施工组织机构

机电工程施工组织机构与其他承包人略有不同,组织机构框图如图5-1所示。

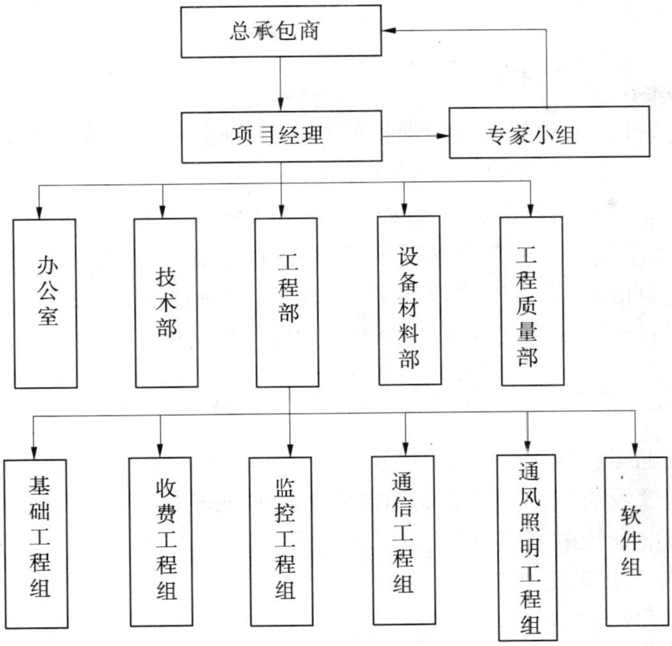

图 5-1　组织机构框图

项目经理、工程部、技术部、设备材料部、工程质量部的职能与其他工程相似，专家小组是为了确保项目圆满完成而专门成立的技术单位，它同时对承包商和项目部负责，主要由本项目所涉及的各个领域的资深技术专家组成，为整个项目的建设提供技术支持、技术咨询、技术决策，审核各分系统的设计、图纸、施工方案，对项目建设中的关键、疑难技术提供现场服务。

二、技术交底

做好技术交底工作，以便在工程实施前，进行项目运作的前期内部协调工作；明确项目的技术细节及施工、采购等环节的分工。

技术交底工作由工程技术部经理、项目部组成人员牵头，由销售部、研发部、工程技术部下属投标部、采购部、施工管理部、售后服务部进行配合。

研发部负责细化软件技术要求，完成初期系统需求分析，进而完成内部项目的分析和软件系统结构。

在交叉部门间的技术交底完成后，由项目部相关人员负责完成项目部内部技术交底的细化和分工。

三、施工图设计

经过技术交底，由项目部组成人员、业主项目经理部人员和监理工程师组成的施工图设计组开始进行系统的联合设计。在此期间，对原有设计进行细化和完善，并根据业主的相关要求进行局部系统结构的调整。在征询业主对本项目所有细节意见后，项目部人员将完成系统设计并形成方案、图纸。经业主和监理工程师审批后，施工图设计文件将成为指导工程施工和建设的方案与依据。

四、制订材料、设备的采购计划

在施工图设计阶段，采购部保持与项目部的实时沟通，在技术交底和联合设计的基础上进行采购计划的制订，并由工程技术部经理审批。

设备的采购计划根据项目工期的要求和设备的生产周期进行制订。根据施工的工序和工期逐项分析，按需求紧迫程度定义各项分项工程，进而制订出相应的采购顺序。

设备供应商提供的设备，只有当全部工厂测试令人满意地完成并得到监理工程师的批准后，设备才能交付运输，必要时业主与监理工程师可在供应商的工厂进行测试和监造。

五、检查验收土建、房建、供配电工程等承包人应完成的工作

在高速公路机电工程施工中，相关的工程较多，包括土建工程、房建工程、供配电工程等。上述工程的进度及质量都直接影响到机电工程的进度和质量。任何一项相关工程未完都将直接影响到机电系统的安装、调试及试运行等工作。

（一）房建承包人应完成的工作

（1）房建区内通信、收费管线施工。

从房建区外边缘的路肩人孔到房建区内的局前人孔，以及从局前人孔至室内地沟或手孔的通信管道，均由房建承包人负责完成。

（2）沟槽管洞施工。

各专业机房内的预留壁槽（竖井）、电缆爬架以及各机房之间线缆连接所需的管洞、线缆槽、管箱、穿管等均由房建承包人完成。

（3）供配电管线施工。

监控、通信、收费分中心等机房至房建区内变配电所的电力管线、人（手）孔等均由房建承包人完成。

监控外场设备的电力管线由房建承包人负责完成至房建区边缘的人孔处（如果监控外场设备从附近房建区供电）。

收费广场设备的电力管线由房建承包人负责完成至房建区边缘的人孔处。

（4）接地。

房建承包人负责做各站机房和收费天棚的建筑接地。机电系统所需的所有接地均由机电承包人负责实施完成。

（5）电话配线。

各站点房建设计的主分线盒设置在通信机房内墙壁，从分线盒到建筑区内各房间的电话配线，以及综合楼与建筑区内其他楼之间的电话配线，原则上均由房建承包人负责。

（二）土建承包人应完成的工作

（1）主线通信管道施工。

主线通信管道、分歧人孔、横穿过路钢管、路肩手孔等均由土建承包人负责完成。从主线分歧人孔沿匝道至房建区外围的通信管道也由土建承包人负责。

（2）紧急电话平台。

紧急电话平台按 2 km 一对，由土建承包人预留完成，紧急电话分机及接地极的安装由

机电承包人负责。

(3) 监控外场设备基础。

监控外场设备的基础、接地以及安装设备时所需的少量土建工程由本承包人负责完成实施。

(4) 监控外场设备的电力管道。

监控外场设备的电力管道由机电承包人负责完成至房建区边缘的人孔处(如果监控外场设备从附近房建区供电的话)。

(5) 隧道通风竖井、斜井,消防通道、水池、泵房等。

(三)供配电承包人应完成的工作

各通信站机房以及监控、收费、通信分中心等机房内的电源由供配电承包人提供,电源为三相380 V或220 V单相交流电。各机房内交流配电盘到变配电所的线缆及交流配电盘、开关保护装置(含防雷接地)由供配电承包人提供。

第三节 机电工程施工组织设计

一、监控系统施工组织设计

(一)施工内容

监控系统施工包括以下内容:

(1) 监控中心设备,包括监控系统服务器、计算机、打印机、三层以太网交换机、大屏幕投影、闭路电视监控系统和综合控制台等。

(2) 监控外场设备,包括外场监控全方位摄像机、车辆检测器、气象检测器、立柱式可变信息情报板和门架式可变情报板等。

(3) 外场设备用通信线缆、通信电缆。

(4) 外场设备的供电。

(二)施工工序

监控系统设备安装一般按照外场设备、监控中心设备次序进行安装,整个安装过程可以划分为以下几个工序:

(1) 基础工程,主要包括外场监控全方位摄像机、车辆检测器、气象检测器、立柱式可变信息情报板和门架式可变情报板等的安装、基础及管道工程等。

(2) 系统供配电、接地工程,它是系统设备调测的必备条件,因此务必保证供电、接地工程能够尽快完成。

(3) 外场设备安装。

(4) 监控中心设备安装。

(5) 外场设备调试,对外场设备进行独立单元测试,确保设备能够独立正常工作。

(6) 监控中心系统调试。

(7) 监控系统联调,通过模拟正常的道路通行状况及各种异常状况,对整个监控系统进行统一调试,调测结果作为改进系统的重要依据。

(8) 系统试运行。

考虑到监控设备安装需要使用大型施工机械,因此有可能对路面造成一定的损坏,特别是在公路上普遍使用的环形线圈车辆检测器,需要在路面上开槽埋设,因此对大型机械的行驶路线应精心安排,最低限度地减少对路面的损坏。

二、通信系统施工方案

(一)施工内容

通信系统包括以下施工内容:

(1)光纤数字传输系统。

(2)程控数字交换系统。

(3)紧急电话系统。

(4)光缆工程。

(5)通信电源系统。

(二)施工工序

通信系统施工一般按照外场—通信站—通信中心的顺序进行。整个施工工序如下:

(1)外场工程,主要包括通信光缆敷设、电缆敷设、电力手孔等。

(2)通信站供配电、接地工程,它是系统设备调测的必备条件,因此务必保证供电、接地工程能够尽快完成。

(3)通信中心、通信站设备安装。

(4)外场光电缆通断调试。

(5)通信分中心、通信站系统调试。

(6)通信系统联调。

(7)系统试运行。

三、收费系统施工方案

(一)施工内容

收费系统施工包括以下内容:

(1)收费车道设备,包括车道控制机、显示器、专用键盘、IC 卡读写器、收据打印机等。

(2)车道附属设备,包括自动栏杆机、车辆检测器、手动栏杆机、费额显示器(含语音报价器)、通行信号灯、雾灯、黄色闪光报警器、雨棚信号灯、低速动态称重设备等。

(3)收费站计算机系统,包括服务器、工作站、打印机、以太网交换机等。

(4)收费站紧急报警系统、对讲系统。

(5)收费闭路电视监视(CCTV)系统,包括车道摄像机、收费亭摄像机、广场摄像机、光端机、硬盘录像机监视器和视频切换控制矩阵等。

(6)收费站综合控制台。

(7)收费系统的电源和接地系统,包括 UPS、交流参数稳压器、防雷设备等。

(8)车道设备和收费广场摄像机供电及传输所需的光电缆。

(9)收费系统收费站、收费中心的联网。

(二)施工工序

收费系统的建设具有非常明显的地理分布特点——收费广场、收费站、收费中心等,所以收费系统的施工工序可以详细划分为以下几个过程：

(1)基础工程，主要包括车道设备(车辆检测器、费额显示器、车道摄像机等)的安装基础、线缆、管道。

(2)系统供电、接地工程，它是系统设备调测的必备条件，因此务必保证供电、接地工程能够尽快完成。

(3)车道设备安装，车道设备种类较多，工程量相对较大，而且是整个收费系统最重要的环节，车道设备应该先于收费站、收费分中心系统完成安装和调试。

(4)收费站监控室设备安装，包括计算机系统、闭路监视系统、内部对讲系统、紧急报警系统等。

(5)收费中心设备安装。

(6)车道收费系统调试，对车道设备进行独立单元测试和整体逻辑功能调试，确保车道系统各项功能的正常运转。

(7)收费站系统调试，调试收费站软件系统并与所辖收费车道进行初步的单站运行调测。

(8)收费中心系统调试。

(9)收费系统联调，模拟正常的收费过程，对整个收费系统进行统一调试，调测结果作为改进系统的重要依据。

(10)系统试运行。

设备安装一般按照收费车道及附属设备、收费站监控室设备、收费分中心设备的次序进行安装，若因为其他特殊原因，可相应调整次序以保证工程总体进度。

四、隧道机电系统施工组织设计

(一)工作内容

工作内容包括隧道照明、隧道通风、隧道监控、消防等几个方面。在此仅介绍隧道照明及隧道通风两个方面。

(二)施工程序

1. 照明施工

电缆敷设：桥架位置确定→桥架安装→承重试验→电缆敷设。

照明灯具：位置确定→灯座安装→与电缆连接→安装灯具。

配电机柜：机柜安装→箱体接地→电缆接线→盘柜接线。

单独调试：各部分完成并检查无误后通电调试。

系统联调：各子系统施工完毕后统一进行调试。

2. 通风施工

风机支架位置测量→支架制作→支架安装→风机吊装→风机接线与接地→通电试机→整个系统联调。

五、工程质量保证措施

(1)集中技术力量，精心安排各道工序的施工时间，科学地设计施工方案，做好各道工序的衔接工作。

(2)结合工程实际,采用倒排工期、层层分解的办法,在保证质量安全的前提下,在计划时间内完成各道工序。

(3)积极配合业主做好物资调度,设备到货后及时开箱检验。

(4)做好内外协调工作,使交叉工程不因外界干扰而耽误工时。

(5)加强设备检验及调试工作,保证设备安装后正常运行。

六、工程进度保证措施

根据可能影响本工程进度的因素,项目经理和项目技术负责人应与业主或监理方加强协调工作,确保与机电系统工程相关的土建、房建、供配电,包括联合设计阶段机电系统要求新增的管道、桥架、管洞等按计划如期完成,这是机电系统工程按计划完工的先决保证。

(一)进度保证组织措施

将各系统设备安装工程作为多个单位工程,编制施工总进度计划。由项目经理控制其执行,按期完成整个施工项目的任务。

分别以分部工程和分项工程为单位,编制施工进度计划,由项目经理和各系统工程师控制其执行,按期完成各分部、分项工程的施工任务。

以月、周为单位,编制月、周作业计划,由项目经理统一控制其执行,完成规定的目标,如图 5-2 所示。

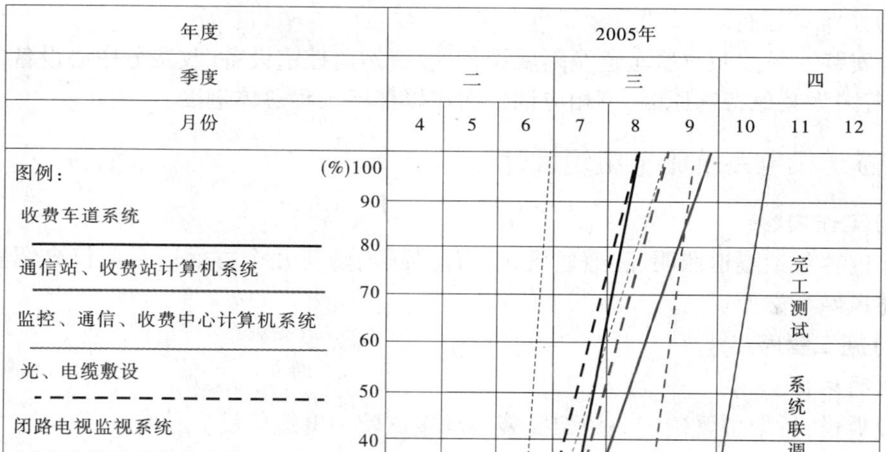

图 5-2 分项工程进度率计划(斜率图)

(二)进度保证技术措施

根据工程具体情况,列出详尽的附材清单,提前完成附材的采供工作,避免施工时因部分附材的短缺造成延误。

注意现场进度,针对已具备的施工条件,进行穿插施工。施工时可采取下列具体措施:

(1)能先不后。桥架安装、外场摄像机立柱和广场摄像机立柱安装,在边线路基或隧道完成后即可进行。雨棚整体结构完成后,可进行雨棚信号灯的安装。提前完成这些对施工环境要求不高的工序,可为以后的抢工预留一定时间。

(2)化整为零。提前测量收费岛至收费站电源室准确距离和收费岛手孔至岛面设备准确距离,在现场库房剪裁好线缆,并做好标记和端头保护工作。现场一旦具备施工条件,即可进行敷设。这种方法避免了大盘电缆在各个收费站间倒运造成的时间延误。

(3)装拆结合。针对工期紧张、使用设备贵重的特点,采取安装→调试→拆卸→安装的方法,保证设备的安全和施工进度两不误。在所有施工界面提供后,此方法将有效缩短完工时间。

(4)先调后装。由于系统集成工程使用的设备经常更新,为确保各设备的兼容性和各设备间接口工作正常,除在设备进场前做好测试工作外,现场应做实地测试,以期在安装开始前就发现问题。

(5)重点突破。对进度较快的收费站实施突击作业,以项目部人员为核心,以最快的速度完成安装,并派人全天值守。以此收费站作为现场软硬件的测试、调试基地,所有参与此收费站施工的人员已有本工程安装经验,将指导其他施工队进行施工。

(6)全面进展。针对本工程路线长、站点多的特点,制订施工队的拆分计划,适时调整作业队规模。

思考练习题

1. 机电工程主要由哪些系统组成?
2. 机电工程施工有哪些特点?
3. 机电工程施工中土建承包人应完成的工作主要有哪些?
4. 简述收费系统的施工程序。
5. 保证机电工程施工质量的措施有哪些?
6. 保证机电工程进度的技术措施有哪些?

第六章　公路工程施工安全管理

第一节　概　述

一、公路工程施工安全管理的概念

公路工程施工安全管理是指公路工程施工企业负有安全管理职责的人员在企业经营及施工生产活动中，为实现企业的安全目标，保证员工及相关人员的身心健康、生命安全及财产安全，避免发生人身伤害和财产损失事故而开展的一系列计划、组织、领导、控制活动的总称。这里所说的负有安全管理职责的人员，包括施工企业的主要负责人、高层管理人员、中层管理人员、基层管理人员和操作人员，但主要指基层以上的管理人员。这里所说的计划，是指企业安全管理的有关人员依据企业内外环境、施工现场的实际情况和实际问题、国家安全管理政策法规的要求等，确定安全管理目标，制订实现目标的措施、行动计划的管理活动，包括安全组织计划、安全技术措施计划、安全教育与培训计划、安全检查计划等计划的制订和实施，也包括日常安全管理中适时作出的决策、指示、意见等。每一个解决问题的方案，都属于计划的范畴。这里所说的组织，包括企业安全管理组织机构的设立、岗位配置、人员选聘、职责分工、工作制度与程序的设立等人力资源的组织，也包括安全资金的筹集与使用，安全物资、器具、设备的配置等财力、物力资源的组织，以及日常管理中所做的各种临时组织工作。这里所说的领导，是指上级安全管理人员对其所辖下级集体和人员进行的指导、指挥、命令、协调、激励、影响、约束的管理活动，以保证组织活动的方向性、有序性、有效性和正确性。这里所说的控制，是指安全管理人员依据既定的安全管理计划与目标的要求，对其管辖范围内的人员的安全活动的实际效果进行监督，并与计划目标的要求进行对比衡量，发现偏离目标的情况进行及时纠正，以保证安全计划和安全目标得以实现的管理活动。

二、公路工程施工安全管理的特点

公路工程施工安全管理具有以下一些特点：

（1）公路工程施工安全管理的行为主体，关键是施工企业。

公路工程施工安全管理涉及多个社会单位，主要有建设单位（或称业主、投资人）、监理单位、政府主管部门和施工承包企业。这些主体单位在公路工程施工安全管理中承担着各自的责任，有着各自的安全管理活动内容。但是，由于建设单位、监理单位、政府主管部门不直接参与施工活动，所以他们的安全目标的实现必须借助于施工企业安全目标的实现，施工企业安全目标的实现是建设单位、监理单位、政府主管部门实现安全目标的基础。因此，公路工程施工安全管理的行为主体，关键是施工企业，尤其是施工企业施工现场的安全管理。本章所述的安全管理主要是从施工企业角度讨论的安全管理。

（2）公路工程施工安全管理战线长、控制点分散、流动性强。

由于公路工程施工是沿线作业，施工作业点分散、流动性强，这给开展安全检查、安全教育等安全管理活动带来一定的困难。

(3)公路工程施工安全管理的因素多，环境复杂。

和其他建筑工程相比，公路是一条点多线长的构造物，公路工程施工更多地受到地形、地貌、地质和周边环境的影响，更多地涉及室外作业、高处作业和大量的土石方工程及地下暗挖工程，施工机械作业的比重增加，因此其安全管理的因素多、环境复杂，这给其他的安全管理工作提出了更高的要求。

(4)公路工程施工安全管理是全员的安全管理。

所谓全员的安全管理，是指施工企业全体员工参与的安全管理。安全管理不仅是管理者的职责，同时也是基层员工的义务。在施工安全管理工作中，应重视基层员工的作用，提高基层员工的安全意识和安全操作的自觉性，发挥其对安全管理工作的监督作用，形成"人人关心安全，人人重视安全"的局面和习惯，促进基层员工自觉克服人的不安全行为，主动消除物的不安全状态，这样才能更多、更早地发现安全隐患，才能更全面地规避安全风险。

(5)公路工程施工安全管理是全方位的安全管理。

所谓全方位的安全管理，是指安全管理工作应照顾到每一个作业点，无论是制订安全计划、落实安全措施，还是安全检查，都不应疏忽和遗漏任何一个作业地点。

(6)公路工程施工安全管理是全过程的安全管理。

所谓全过程的安全管理，是指安全管理活动贯穿于施工活动的全部过程，从施工准备开始直至竣工验收交付使用，都应根据每一个阶段和各个环节的工作特点开展相应的安全管理活动。

三、公路工程施工安全管理的重要性

(1)公路工程施工安全管理是在公路工程施工管理中贯彻落实科学发展观的必然要求。

科学发展观的核心是以人为本，始终把实现好、维护好、发展好最广大人民的根本利益作为党和国家一切工作的出发点与落脚点。安全管理是人命关天的大事，做好安全管理工作，保护员工的生命安全和身体健康，减少和避免人身伤亡及财产损失事故是施工企业落实科学发展观的必然要求与具体体现。相反，忽视安全管理工作，漠视员工生命安全和身心健康就等于草菅人命，是和科学发展观指导思想背道而驰的。

(2)做好安全管理工作是保证施工工作秩序和取得经济效益的基本前提。

只有做好施工现场的安全管理工作，施工现场才能保持"平安、祥和"的局面，施工人员才能"高高兴兴上班、平平安安下班"，施工现场的正常工作秩序才能得以保持，施工生产活动才能顺利进行。反之，如果施工现场的安全管理工作做不好，一旦出现事故，现场管理则会陷于被动，有的还需要启动事故处理预案，各级管理人员则需投入事故处理，正常工作秩序则被打乱，甚至造成停工，施工的进度和效率将会受到影响，相关的负责人、管理人员及直接责任人将会受到处理，企业的人事组织工作将会因此而受到影响，施工企业也会因处理事故而发生经济损失。此外，企业的信誉也会受到影响，事故还会给企业员工的心理留下阴影。因此，事故的发生会给企业带来有形的和无形的损失，影响企业的经济效益。因此，"抓生产，必须抓安全"是从无数血的教训中总结出来的安全管理原则之一，没有安全就没有施工秩序，没有安全就没有经济效益。从这一点上说，安全是施工企业生存和发展的重要基础之一。安全管理居于企业各项管理活动中第一管理的地位。

(3)做好安全管理工作是建设优秀企业文化的重要基础。

在当今的企业管理工作中，培养和造就优秀的企业文化是保持企业长盛不衰和形成企业核心竞争能力的重要内容。优秀的企业文化包含在企业全体员工的世界观、价值观中，形成有利于企业发展的风俗、习惯、传统和作风。例如，对企业及企业领导的信任、依赖和热爱，组织成员之间的团结与协作，对岗位工作的热爱与忠诚，对企业的奉献精神，对业务技术的学习与研究，学习与进取精神，遵守纪律，勤奋工作精神，维护企业的整体利益和荣誉等。而这一切必须以企业员工的人身安全为基础。如果一个企业的安全管理工作做不好，事故多发，那么职工将失去安全感，就会对企业和组织及其领导失去信心，导致员工提心吊胆、人心涣散，对企业的生存与发展及提高企业竞争能力造成不利影响。因此，企业安全管理是企业文化建设的重要基础。

(4)安全管理的成效是衡量企业负责人和相关管理人员责任心、管理能力及其职业道德的标准之一。

尽管安全事故发生的原因是多种多样的，但其产生的规律是可以认识的。只要企业负责人高度重视、管理有方、措施得力，相关管理人员精心工作、认真负责，带动企业全体员工积极参与，事故的发生是可以控制和避免的，实现事故发生为零的目标是可以达到的。如果一个企业安全事故频发，则应该对其主要负责人的责任心和管理能力提出质疑。

关心和爱护企业员工的身心健康与生命安全是企业主要负责人及企业管理人员最起码的职业道德。如果因为安全管理工作不到位而发生事故，危及员工生命和人身安全，相关负责人应该受到良心的谴责。如果一个企业为了经济利益而牺牲安全管理，就是损人利己。

四、安全管理与其他方面管理的关系

施工企业安全管理是企业管理的一个方面，是企业管理的一部分，它必然和其他方面的管理（例如生产进度管理、财务成本管理等）相互关联，产生矛盾或相互促进。安全管理和其他方面的管理是对立统一的辩证关系，它不是孤立的、静止的。

安全管理和其他方面的管理有时会表现为矛盾对立关系。例如，开展安全管理活动，必然会增加管理费用，需要支付安全管理专职人员的工资及其薪酬，支付安全技术措施费用，支付职工安全培训及劳动保护费用等，这将直接引起企业总成本的增加，使企业的盈利额下降，这和企业的成本费用管理相矛盾。但是，如果企业减少安全管理费用开支，降低安全管理的质量，就可能导致安全事故的发生，一旦发生安全事故，企业将会蒙受更大的经济损失和信誉损失。因此，安全管理的费用开支为保证企业不受损失打下基础。这又表现为相互促进的统一关系。

安全管理与生产进度的管理，虽有时会出现矛盾，但也会相互促进。例如，对人员的安全教育和培训会占据一些时间，机器的维护和保养、安全措施的实施均需花费一定的时间和精力，甚至为了消除安全隐患，必要时会停产整改。但这些又为以后的顺利施工奠定基础、创造条件。因此，安全与生产进度也是相辅相成的对立统一关系。

安全管理与质量管理也是相辅相成的。质量促进安全，安全促进质量，安全与质量一般不会产生直接的对立,但也不能说完全不会出现矛盾。例如,企业的安全管理活动和质量管理活动在时间上会产生干扰。安全管理职能部门和质量管理职能部门的工作安排上需要协调等。

总之,企业管理是一个复杂的管理体系,包括安全、战略、营销及业务、人力资源、财务成本、生产或进度、质量、物资、设备等诸多方面,需要统筹兼顾。但是,我国安全管理的方针已经指明"安全第一,预防为主"。其中,"安全第一"的指导思想指明:当安全管理与其他方面的管理产生矛盾时,应突出安全管理的重要位置,将其摆在第一的地位,其他方面的管理均须给安全管理让路。

第二节　安全管理法律法规及行业标准

一、安全管理法规的重要意义

(一)法律依据

安全管理法律法规的建立和完善给各行为主体开展安全管理活动提供了法律依据。

由于安全管理法规对政府主管部门、业主、监理单位、勘察设计单位、施工承包企业等行为主体,以及各单位的负责领导、安全管理机构、安全管理人员的职责、权利及义务作出了法律界定,这就给他们开展安全管理活动指明了职责范围、权限范围、工作任务范围及相应的法律责任。为他们依法开展安全管理活动提供了法律依据,使各职能部门开展安全管理工作有法可依,是对他们依法开展安全管理工作的有力支持。

(二)有利于规范各行为主体的安全管理行为

安全管理法规给有关各方、各当事人提供了安全管理的行为规范,这将对他们的行为起到指导、激励和约束的作用。这些法规对自觉、积极开展安全管理活动的有关人员提供了法律支持,对那些忽视安全工作或故意减少安全工作投入,漠视企业员工生命安全和身心健康的企业负责人是一种约束、鞭策、威胁、强制和促进。这些法规明确了各方应该做什么、必须做什么、不能做什么,否则将会承担什么后果。有些安全管理法律规范,还规定了安全管理工作的整体做法,要求应达到的深度和标准。这些法律法规的贯彻执行将使安全管理各方的安全管理行为纳入法制的轨道,特别是对那些规模小、经济效益差的私营企业是一个有力的强制,因为这些企业往往会不顾安全、冒险作业。

(三)指导作用

法律对违法的人和意图违法的人具有强制作用,同时对守法的人怎样守法具有指导作用。安全管理法规给如何遵守安全管理法规作出了指导。

(四)教育作用

安全管理法规的颁布、宣传、执行、实施将会引起人们脑海中的深刻反想,促进有关人员认识水平、思想水平、工作能力的提高。因此,它具有巨大的教育作用。

(五)有利于保障公私财产安全和人身安全

安全法规的颁布实施,必将促进社会安全管理水平的提高,减少人身伤亡事故和财产损失事故的发生,这将有利于保障公私财产安全和人身安全。

二、安全管理的行业标准

(一)行业标准的概念

行业标准是指由国家或政府行业主管部门颁布的技术性标准、规范、规程的总称，主要表现为国务院各部委颁布的国家标准、部颁标准等，包括技术标准、质量标准、工艺标准等。本节所述的安全管理的行业标准主要是指国家建筑行业主管部门及其他安全管理部门颁布的安全技术标准、规范、规程等。

(二)行业标准的作用

1. 补充规范作用

法虽然可以在权利、义务、责任方面规范人的行为，但不能在技术方面规范人的行为，对技术行为的规范还必须用行业标准来补充。

法律侧重于规范人的社会行为，行业标准侧重于规范人的技术行为。安全管理的行为标准对规范安全技术行为具有重要作用，是对安全管理法律、法规的完善和补充。

2. 示范作用

一般来说，安全管理的行为标准，对各项安全技术措施的操作及其结果都作出了科学、严密、明确、精细的阐明，可作为安全技术措施的范本，起到示范作用。

3. 评价尺度作用

一项安全技术措施做得是否合格，可用安全管理的行业标准去衡量，达到行业标准的可以评价为合格；反之，则可以评价为不合格。

4. 技术指导作用

当不明确某项安全技术措施应该如何做时，可以查阅安全管理的行业标准，该标准可以起到指导作用。

5. 强制实施作用

行业标准虽然不像法律那样对违犯者追究法律责任，但也具有在辖区内强制执行的性质。

凡属于国家已经颁布了行业标准的安全产品、安全技术措施、安全操作等，企业需按照行业标准执行，可以高于行业标准的要求，但不得低于行业标准的要求。

(三)涉及公路工程施工安全管理的强制性行业标准

涉及公路工程施工安全管理的强制性行业标准主要有：住房和城乡建设部颁布的《施工现场临时用电安全技术规范》(JGJ 46—2005)、《建筑施工高处作业安全技术规范》(JGJ 80—1991)、《建筑机械使用安全技术规程》(JGJ 33—2001)、《建筑施工扣件式钢管脚手架安全技术规范》(JGJ 130—2010)、《龙门架及井架物料提升机安全技术规范》(JGJ 88—2010)、《建筑桩基技术规范》(JGJ 94—2008)及《建筑施工安全检查标准》(JGJ 59—2011)，交通部颁布的《公路工程施工安全技术规程》(JTJ 076—95)等。

三、相关法律法规、行业标准条款节选

(一)《中华人民共和国宪法》节选

第五条 一切法律、行政法规和地方性法规都不得同宪法相抵触。

第十条 国家为了公共利益的需要，可以依照法律规定对土地实行征收或者征用并给

予补偿。

第十二条 社会主义的公共财产神圣不可侵犯。

第十三条 公民的合法的私有财产不受侵犯。

第十五条 国家实行社会主义市场经济。

第十六条 国有企业在法律规定的范围内有权自主经营。

第十七条 集体经济组织在遵守有关法律的前提下,有独立进行经济活动的自主权。

(二)《中华人民共和国刑法》节选

第一百三十六条 违犯爆炸性、易燃性、放射性、毒害性、腐蚀性物品的管理规定,在生产、存储、运输、使用中发生重大事故,造成严重后果的,处三年以下有期徒刑或者拘役,后果特别严重的,处三年以上七年以下有期徒刑。

第一百三十七条 建设单位、设计单位、施工单位、工程监理单位违反国家规定,降低工程质量标准,造成重大安全事故的,对直接责任人员,处五年以下有期徒刑或者拘役,并处罚金;后果特别严重的,处五年以上十年以下有期徒刑,并处罚金。

(三)《中华人民共和国安全生产法》节选

第三条 安全生产管理,坚持安全第一、预防为主的方针。

第四条 生产经营单位必须遵守本法和其他有关安全生产的法律、法规,加强安全生产管理,建立、健全安全生产责任制度,完善安全生产条件,确保安全生产。

第五条 生产经营单位的主要负责人对本单位的安全生产工作全面负责。

第六条 生产经营单位的从业人员有依法获得安全生产保障的权利,并应当依法履行安全生产方面的义务。

第七条 工会依法组织职工参加本单位安全生产工作的民主管理和民主监督,维护职工在安全生产方面的合法权益。

第八条 国务院和地方各级人民政府应当加强对安全生产工作的领导,支持、督促各有关部门依法履行安全生产监督管理职责。

第十条 国务院有关部门应当按照保障安全生产的要求,依法及时制定有关的国家标准或者行业标准,并根据科技进步和经济发展适时修订。

生产经营单位必须执行依法制定的保障安全生产的国家标准或者行业标准。

第十三条 国家实行生产安全事故责任追究制度,依照本法和有关法律、法规的规定,追究生产安全事故责任人员的法律责任。

第二十条 生产经营单位的主要负责人和安全生产管理人员必须具备与本单位所从事的生产经营活动相应的安全生产知识和管理能力。

第二十一条 生产经营单位应当对从业人员进行安全生产教育和培训,保证从业人员具备必要的安全生产知识,熟悉有关的安全生产规章制度和安全操作规程,掌握本岗位的安全操作技能。未经安全生产教育和培训合格的从业人员,不得上岗作业。

第三十八条 生产经营单位的安全生产管理人员应当根据本单位的生产经营特点,对安全生产状况进行经常性检查;对检查中发现的安全问题,应当立即处理;不能处理的,应当及时报告本单位有关负责人。检查处理情况应当记录在案。

(四)《建设工程安全生产管理条例》节选

第一章　总　则

第一条　为了加强建设工程安全生产监督管理，保障人民群众生命和财产安全，根据《中华人民共和国建筑法》、《中华人民共和国安全生产法》，制定本条例。

第三条　建设工程安全生产管理，坚持安全第一、预防为主的方针。

第四条　建设单位、勘察单位、设计单位、施工单位、工程监理单位及其他与建设工程安全生产有关的单位，必须遵守安全生产法律、法规的规定，保证建设工程安全生产，依法承担建设工程安全生产责任。

第二章　建设单位的安全责任

第七条　建设单位不得对勘察、设计、施工、工程管理等单位提出不符合建设工程安全生产法律、法规和强制性标准规定的要求，不得压缩合同约定的工期。

第八条　建设单位在编制工程概算时，应当确定建设工程安全作业环境及安全施工措施所需费用。

第三章　勘察、设计、工程监理及其他有关单位的安全责任

第十二条　勘察单位应当按照法律、法规和工程建设强制性标准进行勘察，提供的勘察文件应当真实、准确，满足建设工程安全生产的需要。

勘察单位在勘察作业时，应当严格执行操作规程，采取措施保证各类管线、设施和周边建筑物、构筑物的安全。

第十三条　设计单位应当按照法律、法规和工程建设强制性标准进行设计，防止因设计不合理导致生产安全事故的发生。

设计单位应当考虑施工安全操作和防护的需要，对涉及施工安全的重点部位和环节在设计文件中注明，并对防范生产安全事故提出指导意见。

采用新结构、新材料、新工艺的建设工程和特殊结构的建设工程，设计单位应当在设计中提出保障施工作业人员安全和预防生产安全事故的措施建议。

设计单位和注册建筑师等注册执业人员应当对其设计负责。

第十四条　工程监理单位应当审查施工组织设计中的安全技术措施或者专项施工方案是否符合工程建设强制性标准。

工程监理单位在实施监理过程中，发现存在安全事故隐患的，应当要求施工单位整改；情况严重的，应当要求施工单位暂时停止施工，并及时报告建设单位。施工单位拒不整改或者不停止施工的，工程监理单位应当及时向有关主管部门报告。

工程监理单位和监理工程师应当按照法律、法规和工程建设强制性标准实施监理，并对建设工程安全生产承担监理责任。

第四章　施工单位的安全责任

第二十条　施工单位从事建设工程的新建、扩建、改建和拆除等活动，应当具备国家规定的注册资本、专业技术人员、技术装备和安全生产等条件，依法取得相应等级的资质证书，

并在其资质等级许可的范围内承揽工程。

第二十一条 施工单位主要负责人依法对本单位的安全生产工作全面负责。施工单位应当建立健全安全生产责任制度和安全生产教育培训制度，制定安全生产规章制度和操作规程，保证本单位安全生产条件所需资金的投入，对所承担的建设工程进行定期和专项安全检查，并做好安全检查记录。

施工单位的项目负责人应当由取得相应执业资格的人员担任，对建设工程项目的安全施工负责，落实安全生产责任制度、安全生产规章制度和操作规程，确保安全生产费用的有效使用，并根据工程的特点组织制定安全施工措施，消除安全事故隐患，及时、如实报告生产安全事故。

第二十二条 施工单位对列入建设工程概算的安全作业环境及安全施工措施所需费用，应当用于施工安全防护用具及设施的采购和更新、安全施工措施的落实、安全生产条件的改善，不得挪作他用。

第二十三条 施工单位应当设立安全生产管理机构，配备专职安全生产管理人员。

专职安全生产管理人员负责对安全生产进行现场监督检查。发现安全事故隐患，应当及时向项目负责人和安全生产管理机构报告；对违章指挥、违章操作的，应当立即制止。

专职安全生产管理人员的配备办法由国务院建设行政主管部门会同国务院其他有关部门制定。

第三十六条 施工单位的主要负责人、项目负责人、专职安全生产管理人员应当经建设行政主管部门或者其他有关部门考核合格后方可任职。

施工单位应当对管理人员和作业人员每年至少进行一次安全生产教育培训，其教育培训情况记入个人工作档案。安全生产教育培训考核不合格的人员，不得上岗。

第三十七条 作业人员进入新的岗位或者新的施工现场前，应当接受安全生产教育培训。未经教育培训或者教育培训考核不合格的人员，不得上岗作业。

施工单位在采用新技术、新工艺、新设备、新材料时，应当对作业人员进行相应的安全生产教育培训。

第三十八条 施工单位应当为施工现场从事危险作业的人员办理意外伤害保险。

意外伤害保险费由施工单位支付。实行施工总承包的，由总承包单位支付意外伤害保险费。意外伤害保险期限自建设工程开工之日起至竣工验收合格止。

第五章　监督管理

第三十九条 国务院负责安全生产监督管理的部门依照《中华人民共和国安全生产法》的规定，对全国建设工程安全生产工作实施综合监督管理。

县级以上地方人民政府负责安全生产监督管理的部门依照《中华人民共和国安全生产法》的规定，对本行政区域内建设工程安全生产工作实施综合监督管理。

第四十条 国务院建设行政主管部门对全国的建设工程安全生产实施监督管理。国务院铁路、交通、水利等有关部门按照国务院规定的职责分工，负责有关专业建设工程安全生产的监督管理。

县级以上地方人民政府建设行政主管部门对本行政区域内的建设工程安全生产实施监督管理。县级以上地方人民政府交通、水利等有关部门在各自的职责范围内，负责本行政区域内的专业建设工程安全生产的监督管理。

第四十二条 建设行政主管部门在审核发放施工许可证时，应当对建设工程是否有安全施工措施进行审查，对没有安全施工措施的，不得颁发施工许可证。

建设行政主管部门或者其他有关部门对建设工程是否有安全施工措施进行审查时，不得收取费用。

第六章 生产安全事故的应急救援和调查处理

第四十七条 县级以上地方人民政府建设行政主管部门应当根据本级人民政府的要求，制定本行政区域内建设工程特大生产安全事故应急救援预案。

第四十八条 施工单位应当制定本单位生产安全事故应急救援预案，建立应急救援组织或者配备应急救援人员，配备必要的应急救援器材、设备，并定期组织演练。

第四十九条 施工单位应当根据建设工程施工的特点、范围，对施工现场易发生重大事故的部位、环节进行监控，制定施工现场生产安全事故应急救援预案。实行施工总承包的，由总承包单位统一组织编制建设工程生产安全事故应急救援预案，工程总承包单位和分包单位按照应急救援预案，各自建立应急救援组织或者配备应急救援人员，配备救援器材、设备，并定期组织演练。

第五十条 施工单位发生生产安全事故，应当按照国家有关伤亡事故报告和调查处理的规定，及时、如实地向负责安全生产监督管理的部门、建设行政主管部门或者其他有关部门报告；特种设备发生事故的，还应当同时向特种设备安全监督管理部门报告。接到报告的部门应当按照国家有关规定，如实上报。

实行施工总承包的建设工程，由总承包单位负责上报事故。

第十章 法律责任

第五十三条 违反本条例的规定，县级以上人民政府建设行政主管部门或者其他有关行政管理部门的工作人员，有下列行为之一的，给予降级或者撤职的行政处分；构成犯罪的，依照刑法有关规定追究刑事责任：

（一）对不具备安全生产条件的施工单位颁发资质证书的；

（二）对没有安全施工措施的建设工程颁发施工许可证的；

（三）发现违法行为不予查处的；

（四）不依法履行监督管理职责的其他行为。

第五十五条 违反本条例的规定，建设单位有下列行为之一的，责令限期改正，处20万元以上50万元以下的罚款；造成重大安全事故，构成犯罪的，对直接责任人员，依照刑法有关规定追究刑事责任；造成损失的，依法承担赔偿责任：

（一）对勘察、设计、施工、工程监理等单位提出不符合安全生产法律、法规和强制性标准规定的要求的；

（二）要求施工单位压缩合同约定的工期的；

（三）将拆除工程发包给不具有相应资质等级的施工单位的。

第五十六条 违反本条例的规定，勘察单位、设计单位有下列行为之一的，责令限期改正，处10万元以上30万元以下的罚款；情节严重的，责令停业整顿，降低资质等级，直至吊销资质证书；造成重大安全事故，构成犯罪的，对直接责任人员，依照刑法有关规定追究刑事责任；造成损失的，依法承担赔偿责任：

（一）未按照法律、法规和工程建设强制性标准进行勘察、设计的；

（二）采用新结构、新材料、新工艺的建设工程和特殊结构的建设工程，设计单位未在设计中提出保障施工作业人员安全和预防生产安全事故的措施建议的。

第五十七条 违反本条例的规定，工程监理单位有下列行为之一的，责令限期改正；逾期未改正的，责令停业整顿，并处10万元以上30万元以下的罚款；情节严重的，降低资质等级，直至吊销资质证书；造成重大安全事故，构成犯罪的，对直接责任人员，依照刑法有关规定追究刑事责任；造成损失的，依法承担赔偿责任：

（一）未对施工组织设计中的安全技术措施或者专项施工方案进行审查的；

（二）发现安全事故隐患未及时要求施工单位整改或者暂时停止施工的；

（三）施工单位拒不整改或者不停止施工，未及时向有关主管部门报告的；

（四）未依照法律、法规和工程建设强制性标准实施监理的。

第六十二条 违反本条例的规定，施工单位有下列行为之一的，责令限期改正；逾期未改正的，责令停业整顿，依照《中华人民共和国安全生产法》的有关规定处以罚款；造成重大安全事故，构成犯罪的，对直接责任人员，依照刑法有关规定追究刑事责任：

（一）未设立安全生产管理机构、配备专职安全生产管理人员或者分部分项工程施工时无专职安全生产管理人员现场监督的；

（二）施工单位的主要负责人、项目负责人、专职安全生产管理人员、作业人员或者特种作业人员，未经安全教育培训或者经考核不合格即从事相关工作的；

（三）未在施工现场的危险部位设置明显的安全警示标志，或者未按照国家有关规定在施工现场设置消防通道、消防水源、配备消防设施和灭火器材的；

（四）未向作业人员提供安全防护用具和安全防护服装的；

（五）未按照规定在施工起重机械和整体提升脚手架、模板等自升式架设设施验收合格后登记的；

（六）使用国家明令淘汰、禁止使用的危及施工安全的工艺、设备、材料的。

第六十三条 违反本条例的规定，施工单位挪用列入建设工程概算的安全生产作业环境及安全施工措施所需费用的，责令限期改正，处挪用费用20%以上50%以下的罚款；造成损失的，依法承担赔偿责任。

第六十四条 违反本条例的规定，施工单位有下列行为之一的，责令限期改正；逾期未改正的，责令停业整顿，并处5万元以上10万元以下的罚款；造成重大安全事故，构成犯罪的，对直接责任人员，依照刑法有关规定追究刑事责任：

（一）施工前未对有关安全施工的技术要求作出详细说明的；

（二）未根据不同施工阶段和周围环境及季节、气候的变化，在施工现场采取相应的安全施工措施，或者在城市市区内的建设工程的施工现场未实行封闭围挡的；

（三）在尚未竣工的建筑物内设置员工集体宿舍的；

（四）施工现场临时搭建的建筑物不符合安全使用要求的；

（五）未对因建设工程施工可能造成损害的毗邻建筑物、构筑物和地下管线等采取专项防护措施的。

施工单位有前款规定第(四)项、第(五)项行为,造成损失的,依法承担赔偿责任。

第六十五条 违反本条例的规定,施工单位有下列行为之一的,责令限期改正;逾期未改正的,责令停业整顿,并处10万元以上30万元以下的罚款;情节严重的,降低资质等级,直至吊销资质证书;造成重大安全事故,构成犯罪的,对直接责任人员,依照刑法有关规定追究刑事责任;造成损失的,依法承担赔偿责任:

(一)安全防护用具、机械设备、施工机具及配件在进入施工现场前未经查验或者查验不合格即投入使用的;

(二)使用未经验收或者验收不合格的施工起重机械和整体提升脚手架、模板等自升式架设设施的;

(三)委托不具有相应资质的单位承担施工现场安装、拆卸施工起重机械和整体提升脚手架、模板等自升式架设设施的;

(四)在施工组织设计中未编制安全技术措施、施工现场临时用电方案或者专项施工方案的。

第六十六条 违反本条例的规定,施工单位的主要负责人、项目负责人未履行安全生产管理职责的,责令限期改正;逾期未改正的,责令施工单位停业整顿;造成重大安全事故、重大伤亡事故或者其他严重后果,构成犯罪的,依照刑法有关规定追究刑事责任。

作业人员不服管理、违反规章制度和操作规程冒险作业造成重大伤亡事故或者其他严重后果,构成犯罪的,依照刑法有关规定追究刑事责任。

施工单位的主要负责人、项目负责人有前款违法行为,尚不够刑事处罚的,处2万元以上20万元以下的罚款或者按照管理权限给予撤职处分;自刑罚执行完毕或者受处分之日起,5年内不得担任任何施工单位的主要负责人、项目负责人。

第六十七条 施工单位取得资质证书后,降低安全生产条件的,责令限期改正;经整改仍未达到与其资质等级相适应的安全生产条件的,责令停业整顿,降低其资质等级直至吊销资质证书。

第六十八条 本条例规定的行政处罚,由建设行政主管部门或者其他有关部门依照法定职权决定。

违反消防安全管理规定的行为,由公安消防机构依法处罚。

有关法律、行政法规对建设工程安全生产违法行为的行政处罚决定机关另有规定的,从其规定。

第三节 公路工程施工企业安全管理制度

一、我国的安全管理体制

目前,我国的安全管理体制是“企业负责,行业管理,国家监察和群众监督,劳动者遵章守纪”。

企业负责,也就是说,各项安全工作活动的具体开展、安全技术措施的采取和落实及由此发生的费用等由企业负责实行和承担,安全事故的损失及法律责任也由企业承担。简言之,也就是企业负责实干并承担法律责任,企业负责对国家安全管理的方针、政策、法规及强制性标准进行贯彻、执行、落实。

行业管理，也就是各级政府中的行业主管部门（例如交通、化工、电力、建设工程、冶金、煤炭等行业主管部门）按照国务院授予的权限分工负责对本行业的安全生产进行管理，对管辖范围内企业的安全生产进行指导、检查和管理。例如，制定行业部门安全管理规章及标准等。

国家监察，是指国家政府设置安全生产监察机构，按照国务院授予的权力依法对管辖范围内的企业及单位等社会组织的安全状态及其对国家安全管理法律、法规贯彻、落实、执行的情况进行检查和监督。对违反国家安全管理法律、法规的行为给予惩治和纠正，以保证安全管理法律、法规的贯彻执行。国家的安全生产监察具有执法的性质。

群众监督，是指企业员工个人、社会公众及工会等群众组织对企事业单位的管理当局等执行安全管理法律、法规，开展安全管理活动、落实安全措施的情况给予监督，这是一种站在员工切身利益的立场上，维护员工权益，保证员工人身安全和职业健康，对管理者行为的监督。员工有权要求管理当局采取安全措施，有权抵制违章指挥，有权拒绝冒险作业，有权对管理当局提出安全建议。

劳动者遵章守纪，是指作业人员应遵守安全法规及企业内部安全管理制度和规定，按安全管理的规定和安全操作规程进行施工作业，在施工活动中听从指挥，遵守纪律，不得违章操作、冒险作业或擅自行动作业。

二、公路工程施工企业安全管理制度的概念

制度是要求大家共同遵守的办事规程或行为准则。

企业是从事工业、商业、服务、金融等行业经营以获取利润为目的的社会经济组织单位。企业应依法设立，自主经营，独立核算，自负盈亏。

公路工程施工企业，是指从事公路建设工程施工的经营单位。它向社会提供的最终产品是合格的公路工程。在公路工程施工生产过程中，需要投入各种施工所需的技术工种、特殊作业工种等人工，也需要投入各种所需的材料及各种施工机械和机具，需要开展生产（进度）、技术质量、物资、财务成本、安全等诸方面的管理工作。

企业管理离不开制度管理。国家需要依法治国，企业需要依制度管理企业。制度管理是法制思想在企业管理中的体现，是一种管理哲学，是一种有效的管理方法，是一种实用的管理手段。公路工程施工安全管理需要建立健全企业内部的安全管理制度。

公路施工企业内部安全管理制度，是由企业内部安全管理职能部门在国家安全管理法律、法规的指导下修订，也可经职工代表大会民主产生，经企业内部管理当局（董事会或经理层）认可后在企业内部颁布执行。由企业组织内部成员共同遵守的安全管理活动的行为规范，是企业贯彻落实国家安全管理法规的具体体现。主要包括：安全生产责任制、安全教育与培训制度、安全检查制度、安全技术管理制度、安全事故调查处理与报告制度、意外伤害保险制度、生产安全事故应急救援制度、施工现场消防责任制度等。安全管理制度较之安全法规更加切合企业自身的工作实践和特点，更便于企业具体操作执行。安全管理制度应该比国家颁布的安全管理法规对企业的安全工作提出了更高的要求，法律、法规提出了起码应做到的，也是企业安全工作的最低限，但是企业内部的安全管理制度应该比法律、法规的要求更细、更严、更具体、更全面。法律、法规不可能对每一个企业的每一项安全管理工作都作

出具体的规定，但企业内部的安全管理制度却能够做到，也应该做到。

三、安全生产责任制

国务院颁布的《建设工程安全生产管理条例》明确了建设单位等的安全责任，这里仅讲企业内部的安全生产责任制。

企业安全生产责任制是明确企业内部各工作岗位安全责任的制度，其内容主要包括内部各岗位在企业安全工作方面的职责、应承担的具体工作事项、工作程序（即工作步骤、信息沟通及联系的方式等）、岗位安全目标、工作标准及考核办法、承担的责任等。所谓各岗位，包括企业主要负责人岗位、负责生产或施工的副职岗位、企业技术总负责人岗位、安全专职负责人岗位、企业中层正职管理人员岗位、安全员岗位、班组长岗位、操作工人岗位等。

安全生产责任制的主要作用是将企业的安全目标及为实现安全目标需要开展的各项安全管理的计划活动，组织活动，领导、指挥与控制活动，执行与实施活动等，分解落实到各个岗位、各个人员，实现安全事项有人管、安全实施有人干、安全责任有人担，从而避免有人没事干、有事没人干、遇事推诿扯皮的现象，做到“千斤重担大家挑，人人头上有指标”、“正职负责”、“责任到人”、“层层落实”、“专管成线，群管成网”，从总经理到操作工各层次“竖向到底”，从各职能部门到各基层单位“横向到边”，各岗位都有明确的安全工作责任。

安全生产责任制是企业内部安全管理制度中的核心制度，没有责任制作基础，其他制度难以落实。

安全生产责任制，可以单独编制和设立，也可以将其耦合于各岗位的综合岗位责任制之中，在各岗位的综合岗位责任制中，列出其安全责任条款。

企业内部安全生产责任制，由企业内部结合自身的具体情况修订。各企业的安全生产责任制条款存在一定的差别，没有固定的模式，但其核心内容有一定的共性。现编制数例，以供参考。

公司总经理安全生产责任制

（一）努力学习、领会和掌握国家安全生产的方针、政策、法律、法规及标准，并负责在本公司的经营生产工作中贯彻、执行、落实这些方针、政策、法规及标准，对本公司的安全管理及安全责任全面负责。

（二）负责组织和领导公司的安全管理工作，建立健全本公司安全管理体系，包括设置专兼职安全管理机构，配备专兼职安全管理人员，组织编制本公司安全管理的各项工作制度，并进行审核、批准与公布，负责领导这些制度的贯彻与执行，推动公司安全管理活动的全面开展。

（三）负责组织和领导本公司全局性的安全决策及安全计划工作，提出公司年度安全管理总目标。正确处理和协调安全与生产、安全与财务、安全与计划等部门及工作之间的关系。保证安全工作所需资金，为执行安全决策与计划创造条件，推动公司安全工作与其他工作协调发展。

（四）适时或定期组织召开公司全局性安全工作会议。讨论、决策和处理公司安全管理工作中的重大问题。保证公司安全工作的正常开展和顺利进行。

（五）负责制定公司级副职的安全生产岗位责任制，并向各副职解释和交底。

（六）负责制定公司专职安全管理机构的岗位责任制，并向分管安全的公司副职及该机构负责人交底。

（七）及时决策各公司级副职提出的以及其他应由总经理决策的安全问题，推动公司安全管理工作不断进步、发展和提高。

（八）负责对公司级副职的安全管理工作进行检查、监督、控制和评价，并给予指导、支持、控制、激励或批评、处罚。

（九）领导处理公司出现的安全事故、决定或授权启动事故应急救援预案。

（十）代表公司与所属各单位签订《安全生产责任书（状）》。

（十一）接受上级主管部门的安全培训。

（十二）有权提名生产安全副经理人选，有权批准安全管理机构设置，有权聘任或解聘中层安全管理人员，有权批准本公司安全管理制度，有权批准本公司安全预算，有权或授权启动本公司事故应急救援预案。

生产（或施工）副总经理安全生产岗位责任制

（一）学习和掌握国家安全管理的方针、政策、法规和标准，并在公司安全生产工作中贯彻执行。

（二）在总经理的领导下，具体负责公司的安全生产管理，承担安全生产直接领导责任。在公司安全生产工作中贯彻、执行、落实公司的安全管理制度，承担并保证实现分管的安全管理目标。

（三）在分管范围内，组织和领导安全管理职能部门及公司中层管理机构中的有关人员，编制安全生产管理制度，并进行审签，审签后上报公司总经理批准。

（四）负责公司安全生产的日常领导工作，适时或定期深入各项目施工现场。调查了解各项目工地的安全生产（施工）管理状况，及时收集和掌握各项目工地安全管理信息。听取各项目经理及项目技术负责人的工作汇报和意见，及时提出有针对性的指导意见。

（五）在权限范围内及时决策各项目经理提出的安全生产管理问题，支持各项目经理的安全生产管理工作。帮助解决安全生产管理工作中的困难，保证各项目工地安全生产的顺利进行。对超出权限的问题及时向总经理汇报和请示。

（六）在分管工作中坚持“管生产必须管安全”的原则及“五同时”原则。坚持在抓好生产的同时抓好安全工作，在计划、布置、检查、总结、评比生产的同时，计划、布置、检查、总结、评比安全工作。

（七）在分管范围内贯彻执行“安全第一、预防为主”的方针，定期组织开展安全检查工作，及时发现和消除安全隐患。

（八）负责分管范围内安全管理的计划、组织、领导、控制工作，积极开展各项安全管理活动。

（九）及时组织安全事故的调查、分析与处理，并及时向总经理报告。

（十）有权提议公司安全生产管理的机构设置和提名分管范围内的中层管理人员正副职人选，有权协调和指挥分管范围内的中层管理人员，有权使用安全管理资金并报总经理批准，有权审签公司安全生产计划，并报总经理批准。

项目经理安全生产责任制

（一）在公司领导班子的指导下，全面负责分管工程项目的安全管理工作，承担工程项目安全管理责任，确保实现与公司约定的分管工程项目的安全目标。

（二）在分管工程项目的安全施工工作中，贯彻执行国家安全管理的法律、法规、强制性行业标准、项目所在地的地方性法规及公司的安全管理工作制度。

（三）组织建立健全工程项目的安全保证体系，包括工程项目专兼职安全管理机构、安全管理工作制度、安全管理资源（人力、设备、材料、资金）保证等。

（四）负责工程项目工地安全管理日常工作的领导，审核分管工程项目的施工组织设计；审批项目安全技术措施计划并组织落实；组织临时或定期的安全检查，作好检查记录，及时发现和消除安全隐患；组织开展工地安全教育；提高职工安全意识及安全操作技术水平，特别要重视对新员工、招聘民工、复岗工人的安全教育；禁止违章作业；做好项目工地职工的劳动保护工作。对项目生产施工负责人、施工班组长以及项目技术负责人等进行协调、指挥和控制，推动工程项目安全管理各项工作的开展。

（五）配合或组织和领导施工项目工地的安全事故的调查、分析和处理，坚持“四不放过”原则，并及时向主管领导报告。

（六）坚持“安全第一、预防为主”的方针和“管生产必须管安全”的原则。在项目工地的施工管理中把安全放在第一重要的位置，采取得力的有针对性的安全管理措施和安全技术措施预防事故的发生。在计划、布置、检查、总结、评比生产（施工）的同时，计划、布置、检查、总结和评比安全工作。

（七）组织和领导施工现场的安全技术交底。

（八）有权审查工程项目施工组织设计，并报项目总监理工程师审签，同时报送公司有关领导审查备案。有权审签工程项目的安全管理计划和安全技术措施计划，有权提名项目经理班子的其他人选，有权提名或选聘项目工地的生产和安全的主管人员，有权决定工程项目的生产安全管理组织结构，有权对工程项目工地的所属人员进行协调、指挥、控制和评价，有权使用本项目的安全管理专项资金。

架子工安全生产责任制

（一）牢记“安全生产，人人有责”的安全理念，树立“安全第一、预防为主”的指导思想，积极参加安全生产竞赛活动，接受安全教育，努力学习本工种应知应会的专业知识及架子工安全操作规程，提高熟练程度和操作水平。

（二）遵守公司安全管理制度和本工种安全操作规程，不违章操作，不酒后作业，不冒险作业，听从安全管理人员的指导，按章操作，精力集中。

（三）上班作业要戴好安全帽，高处作业时系好安全带，搭设安全网。安全帽、安全带、安全网在使用前要进行检查，不合格的不能使用。

（四）认真履行施工交验制度。搭设的脚手架、井架、垂直运输架、安全网等要认真进行自检，在自检的基础上交付安全管理人员专检，检验合格后方可交付使用。

（五）在施工作业中，严格执行安全技术施工方案和安全技术交底，不得随意变更。

（六）按要求及时整改安全检查中发现的安全隐患。

（七）及时报告安全事故，参与事故调查分析，总结经验教训。

（八）有权拒绝违章指挥，有权拒绝冒险作业，有权提出合理化建议，有权报告事故隐患，有权要求完善安全防护措施。

另有安全员岗位安全生产责任制、作业班长岗位安全生产责任制、项目技术负责人岗位安全生产责任制等，不再逐项列举。

四、安全教育与培训制度

(一)安全教育与培训制度的概念

对于安全教育与培训,相关部门制定了相关制度。如劳动部颁发的《企业职工劳动安全卫生教育管理规定》(劳部发[1995]第405号)和建设部颁布的《建筑业企业职工安全培训教育暂行规定》(建教[1997]83号)等文件。相应地,企业应遵从国家制度的要求,制定自身的安全教育与培训制度。

企业安全教育与培训制度,是企业对员工开展安全思想意识教育与安全知识技能培训的一种制度,是企业开展安全教育与培训活动的行为准则和规范。将安全教育与培训纳入制度管理,能促进企业安全教育与培训活动的经常化和规范化。

对员工的安全教育与培训是企业安全管理工作中的一项思想建设与素质建设工作,是安全管理的一项基础性工作,对消除人的不安全行为及物的不安全状态等安全隐患具有重要作用。

(二)安全教育与培训的特征

1. 安全教育与培训的长期性

安全教育与培训的长期性:一是指这是一项将伴随员工一生的工作。每一位员工从参加工作开始到退休都要不断接受新的安全教育与培训,在一生的工作中,转岗、转行、提职、转换工作场地环境,都要接受安全教育与培训。二是指安全教育与培训将伴随工程项目施工的全部过程,一个施工项目从开工到竣工,都必须经常性地开展安全教育与培训。三是指安全教育与培训将伴随施工企业的一生。一个施工企业从依法注册设立至解体都要经常开展安全教育与培训。

2. 安全教育与培训的全员性

一个施工企业,上至公司法人代表、董事长、总经理,下至每一位操作层员工,都必须接受安全教育与培训,经考核合格后,才能持证上岗工作。

3. 安全教育与培训的专业性

安全教育与培训需针对不同的培训对象培训不同的内容。其内容涉及党和国家的方针政策、法律、法规、企业内部的规章制度以及各专业工种的专业技术知识,涉及机械、电气、化工、建筑等专业知识。因此,它具有很强的专业性。

(三)安全教育与培训的对象

安全教育与培训的对象有:企业高层管理人员(也就是企业的领导人和决策层的高级管理人员)、企业执行层(中层)管理人员、专职安全管理人员、操作层员工及特种工种作业人员、刚参加工作的新员工、转岗复岗人员等。按照国务院颁布的《厂长、经理职业安全卫生管理资格认证规定》(劳安字[1990]25号)等文件规定,上述各类人员均需经过职业安全卫生资格培训,获得资格认证,持证才能上岗工作。

(四)安全教育与培训的内容

安全教育与培训的内容应根据培训对象的不同有所侧重,主要包括:以国家的"安全第一、预防为主"等安全方针政策为内容的安全思想意识教育;以国家安全法律、法规、强制性标准为内容的安全法制教育;以本企业基本情况、工作性质、施工工艺、机械装备、生产组织、施工特点、安全管理制度及安全用电、机械设备安全操作及防火、防爆、防毒、防高空堕落、防土方等倒塌，正确检查使用劳保用品、事故施救方法、危险源识别等知识为内容的安全知识教育；以各特种工种（如起重工、电工、电焊工、架子工、爆破工、塔吊司机、打桩机等工程机械操作工）及其他工种的安全操作规程为内容的安全技能培训等。一般来说，对企业主要负责人及高级管理人员的安全教育与培训，政策、法规、管理方面的内容偏多，安全技术与安全操作知识偏少。对基层操作工人的安全教育与培训，安全操作知识偏多，而政策、法规、管理方面的知识偏少。对中层执行层管理人员的安全教育与培训，其内容可在上述两者中折中选择。

（五）安全教育与培训的时间

按照《建筑业企业职工安全培训教育暂行规定》（建设部建教［1997］83 号）文件规定，企业法人代表、项目经理每年的学习培训时间不少于 30 学时，安全专职管理和技术人员每年不少于 40 学时，其他管理人员和技术人员每年不少于 20 学时，特殊工种作业人员每年不少于 20 学时，其他工种每年不少于 15 学时，待岗、转岗、换岗人员重新上岗前学习一次不少于 20 学时。新员工上岗三级安全教育的时间，公司级不少于 15 学时，项目部不少于 15 学时，班组不少于 20 学时。

安全教育与培训开展的具体时间，应结合企业的具体情况确定，可以定期开展，也可以适时开展。一般来说，在新员工上岗前，考取资格证前，节假日放假后的复工前，职工的转岗复岗前，新工地的开工前，班组施工生产的每日上班前，开展安全教育与培训效果会更好一些，也可以定期专门举行。

（六）安全教育与培训的形式

安全教育与培训所采取的形式可以根据企业及工作的具体情况灵活采用。例如，可以举办学习班、培训班、派出委培、参加政府主管部门举办的学习班，以及每年、每月、每周、每日定期举行的年会、月会、周会、每日的班前会，或者编办企业安全生产月报、周报、黑板报，或者举办安全生产知识竞赛、演讲、演习、安全技能比赛，以及在公司和工地张贴、悬挂安全标志、标语、宣传画。如施工现场的“五牌一图”、施工生活区的“两栏一报”，也可以编制文艺节目进行表演或制作录音、录像进行播放。企业通常采用的安全教育与培训的形式有新工人的“三级安全教育”、“转换施工场地的安全教育”、“变换工种安全教育”、“特种作业安全教育”、“班前安全活动交底”、“周一安全活动”、“季节性施工安全教育”、“节假日安全教育”、“特殊情况安全教育”、“经常性安全教育”、“发生事故后的安全教育”等。

（七）安全教育与培训的组织

安全教育与培训一般由企业人力资源部门、安全管理专职部门、工会及施工用人中基层部门配合组织进行，也可以由其中一个部门单独组织开展。需要多个部门配合开展的需报经企业主要领导同意，并由其协调安排。

（八）安全教育与培训的管理

企业应对员工的安全教育与培训进行认真有序的管理。

首先，企业的安全管理专职机构应对员工的安全教育与培训作出计划，结合企业的人力资源部门摸清企业员工已受教育培训的基本情况，例如员工的年龄结构、文化结构、职称结构、工种结构、人数，已接受培训人员和未接受培训人员的比例，有证人员和无证人员的比例，各层次管理人员的比例，管理人员和操作人员的比例，企业施工生产对人员的需要与企业现有人力资源状况之间的差异。在此基础上，制订企业员工安全教育与培训计划。

其次，安全管理部门应对员工接受安全教育与培训的情况建立档案，将每一位员工接受安全教育与培训的次数、时间、经历、考试考核是否合格等信息记入档案，为以后开展安全教育培训提供决策依据。

（九）企业内部安全教育与培训制度简介

施工企业应当修定并落实执行自身的安全教育与培训制度。一般由企业负责安全管理的专职部门的专业人员依据国家相关政策法规结合企业自身的实际情况起草编制，报经主管领导和负责领导审批后形成制度。其主要内容是将企业需要开展的安全教育与培训工作的人员组织、时间安排、教学内容与过程、考核办法、成绩记录与评价、费用支付等进行规范。制度形成后，还可以按一定的程序进行适时修订。

五、安全检查制度

（一）安全检查制度的概念

安全检查制度包括：政府设立安全检查行政主管部门，对管辖范围内的企事业单位及其他社会组织的安全管理实行检查制度；企事业单位等社会组织内部的安全管理部门对生产施工部门或其他部门，上级对下级或操作者个人对自身的操作实行安全检查制度。

政府安全检查部门对管辖范围内的社会组织的安全监督具有执法性质，依法对违反安全卫生法律、法规、标准的行为采取行政强制措施。

企事业单位及其他社会组织内部的安全检查是指安全检查人员深入基层或生产施工现场，检验或查看被检查人或被检查组织单位安全活动的实际状况和结果，衡量和评价其执行安全管理法律、法规、标准、制度、上级决议和指示、安全技术措施等的符合程度和有效程度，以便了解实际情况，发现问题、不足、隐患或成绩、经验，为下一步采取安全决策提供依据的一种安全管理活动。它既是对被检查者的检验监督，也是对被检查者的促进，既包括上级管理人员对下级所属单位和个人的检查，安全管理专职部门对本企业所属各基层单位的专业检查，也包括基层单位自身或操作者个人自身的自我检查。

本节所讲的安全检查制度，主要指施工企业开展安全检查活动的规章、规范等活动准则。

（二）安全检查的作用

（1）通过安全检查，发现存在问题，为采取有针对性的有效措施提供依据。

通过安全检查可以发现如重视不够、措施不力、思想麻痹、敷衍塞责、违章操作、无证上岗等人的不安全因素，以及安全防范措施，安全技术措施缺乏或不良、机器设备带病工作等物的不安全状态，能及时发现事故隐患。这样就为及时采取有针对性的措施消除隐患打下信息基础。

（2）开展安全检查活动，可以增强员工的安全意识，提高企业的安全管理水平。

在开展安全检查活动时，检查人员在检查前要核对检查的事项（检查的地点、检查的人物、衡量标准等），并作出计划。检查中需要使用正确的检查方法，进行认真细心的检查，作出检查记录。检查后还要回顾、总结、报告、制定整改措施。被检查人员为应对安全检查要完善安全管理制度、安全管理记录、现场安全设施，学习安全知识，提高安全技能等，在这些活动中，员工的安全意识会进一步加强，安全管理的业务技能和企业安全管理的水平会进一步提高。

(3)开展安全检查活动有利于提高安全管理的实际效果。

在安全检查活动中,无论是检查人员还是被检查人员都要对相关安全管理法律、法规、标准、制度及领导指示等的要求和自己安全实施的状况进行对比分析,就有关情况、经验教训、思想认识等进行交流。有时还要将检查评比的结果予以公布,进行表扬奖励或批评处分等。这将有利于安全法规及制度的宣传贯彻和执行,有利于总结经验教训,有利于相互学习,有利于提高安全管理的实际效果。

(三)安全检查的内容

安全检查的主要内容有:查安全思想意识强弱,查领导重视程度,查安全制度建立健全及执行情况,查安全措施是否完善得力,查现场存在的安全隐患,查对已发现的安全问题、安全隐患及安全事故的整改,查对安全事故的处理,查对安全管理的组织,查安全管理效果,简称"查思想、查领导、查制度、查措施、查隐患、查整改、查事故、查组织、查管理"。实际执行检查时,可以将上述9个方面的内容再进一步细化,每一项中再列出若干项目,形成安全检查项目体系。

(四)安全检查的组织形式

安全检查的组织形式,按检查范围分可以是拉网式的全面检查,也可以是突出重点的专项检查;按检查开展的时间分,可以是定期进行的例行检查,也可以是适时开展的临时检查;按检查人和被检查人的社会关系分,可以是上级对下级的指导监督性检查,也可以是组织或个人自觉组织开展的自我检查,还可以是两个平级单位的相互检查;按检查人的职责性质分,可以是上级对下级的行政管理责任性检查,也可以是由安全专职部门开展的专业管理业务性检查。

(五)安全检查的方法

安全检查的目的是了解、掌握被检查单位和个人的安全现状与安全动态方面的信息,是一个对信息的认知过程,其方法主要有看、问、听、析、议、评。

看,是指检查者对被检查现场的观察。检查者应深入被检查现场细心查看被检查人安全管理的现状。如内部安全管理组织机构是否建立,安全管理规章制度是否建立健全,安全记录资料是否认真规范,人员是否持证上岗,现场操作是否遵守规程,消防设施是否齐备,性能是否良好,安全技术措施是否正确、完善、得力,有效机器设备性能是否良好,有无带病工作,现场环境是否文明,有无潜在危险,材料堆放是否处于安全状态、是否存在安全隐患及对已发现隐患的整改情况等,都可以通过"看"来了解和掌握相关信息。

问,是指检查人员就需要了解的现场问题,向现场知情人员进行询问。在检查现场,有很多需要了解的情况是眼睛看不到的,这就需要问。例如,现场已开展安全活动的过程,安全事故发生的经过,管理人员的素质和能力,员工对安全管理的看法、态度及合理化建议,现场员工认知的危险源及事故隐患,员工的安全意识强弱,安全经费是否能得到保证等,都需要用"问"的方法来了解。

听,是指检查人员深入基层,认真听取现场人员的工作汇报,听取他们对本单位开展安全管理活动的情况介绍和说明,听取他们的意见、要求和建议,听取他们对有关情况的反映。对机器的运转需要声音鉴别的,也可以用"听"的方法鉴别机器是否带病工作。

析,是指检查人员应对看到的情况和听到的情况进行分析。分析是人脑的一种功能,是一个逻辑推理的思维过程,以获得对事物的深层次认知,起到辨别真伪,由表及里、由现象到本质、由局部到全局、由孤立到联系，从而认识事物的本质、联系及规律的作用。检查人员通过对所了解情况的分析，可以认识到存在问题和隐患的深层原因，对被检查单位的领导重视程度、员工的安全觉悟程度、安全管理的水平等问题作出基本衡量和判断。

议，是指检查中必要的讨论。若在检查中发现疑难问题，可以应用组织讨论的方法去解决，如职责牵涉多方难以区分清楚的问题、技术措施复杂牵涉多个工种或需多个单位配合实施的问题等。

评，是指检查后应对被检查单位或个人执行安全管理法规、制度、决议等，开展安全管理取得的效果给予及时准确的评价，肯定成绩、优点和经验，指出问题、缺点、不足和隐患。也可开展自评、互评和评比，辅以适当奖惩。

（六）安全检查应注意的事项

1.检查前应做好检查准备

安全检查的负责人或检查人在检查前应做好检查准备，明确检查的目的、范围、事项、重点，对检查中需要使用的标准、仪器、工具、记录等做好准备。

2.检查过程中应细心认真

检查工作应细心认真地进行，避免走马观花，敷衍塞责。例如，对被检查单位的领导重视程度，可以从其安全资金拨付的多少、是否及时，建立的机构是否健全，布置和参加安全会议的多少，参加安全检查的次数，处理安全问题的决策的正确程度等细节去考察衡量。

再如，检查一个单位或个人安全意识的强弱，可以从安全教育与培训是否及时全面、质量是否良好，安全纪律是否严格，"三宝"、"四口"、"五边"（"三宝"是指安全帽、安全带、安全网；"四口"是指在建工程的预备洞口、电梯井口、通道口、楼梯口；"五边"是指在建工程的楼面临边、屋面临边、阳台临边、升降口临边、基坑临边）的安全设置是否完善可靠，现场安全标志是否齐全、醒目，标准、制度是否完整、切实可行等细节去检查衡量。"三宝"应该质量可靠、正确、切实可行。在建设过程中，因设施尚不完善，容易出现高空坠落事故，应设立警示标志，完善防护设施，一般来说，边设扶杆、口挂网。

再如，查隐患，应从人的不安全行为和物的不安全状态两个方面细心检查。包括劳动保护用品是否穿戴应用，如安全帽、安全带、电工的绝缘手套及绝缘鞋、电焊工的手套及面罩等；是否有无证上岗、违章作业、冒险作业、酒后作业、攀坐不安全位置等；易燃、易爆物品的运输、保管、储存是否有可靠的防护设施；电源附近、起重机下是否有防护标志和防护设施。隐患的整改是否做到了定人员、定时间、定措施等。

3.检查中对发现的问题应做好检查记录

检查人应在检查中做好检查记录或填写检查记录表格或按检查标准对被检查事项做出评分。其中这些表格和记录应预先根据有关标准由企业印制。

4.检查后应与有关各方及时沟通检查信息

检查人员在现场检查后，应及时整理汇总检查资料，就需要向上级汇报的问题写出检查报告，就需要本级决策的问题拿出决策方案，就需要下级整改或实施的问题提出指导意见或建议，并及时将有关信息传达给有关各方。

5.坚持查改结合

对安全检查中发现的安全隐患及存在的问题，应及时安排整改，并定时间、定人员、定措施，落实整改措施。

（七）安全检查制度示例

现将某施工企业的安全检查制度经修改后予以展示，以供参考。

1. 宗旨

为贯彻落实国家“安全第一、预防为主”的安全管理方针和“管生产必须管安全”的安全管理原则，减少、避免或杜绝安全事故的发生，保护员工和外来人员的身心健康，依据《建筑施工安全检查标准》，特制定本制度。

2. 定期检查的组织领导与时间安排

（1）每年 12 月中旬或下旬开展一次全公司的安全大检查，检查范围包括公司总部及各项目工地，由公司总经理组织动员并参加，负责生产安全的副总经理负责执行，公司生产部部长、副部长，公司安全部部长、副部长具体负责实施。其他各部部长及副部长，各项目部经理、副经理及技术负责人积极配合落实。

（2）各项目部工地除应进行经常性的安全检查外，还应在每季度第一月的上旬开展一次全面性安全检查，由各项目经理组织落实，由公司负责安全生产的副总经理监督指导。

（3）各施工队每月进行 1 ~ 2 次全面安全检查，由各施工队队长负责组织实施，主管项目经理监督指导。

（4）施工班组至少每周开展一次全面安全检查，由负责班组长组织实施，主管队长监督指导。

3. 不定期安全检查的组织领导与时间安排

（1）出现下列情况时，应开展不定期安全检查：

①节假日放假之后复工前，因不可抗力（如甲方原因、天气原因等）造成停工后的复工前。

②出现安全事故并处理之后。

③发现现场安全管理松懈时。

④其他原因导致检查必要时。

（2）不定期安全检查的组织领导由各项目工地项目经理负责组织实施，决定参加人员，确定时间安排。

4. 安全检查的内容

安全检查的主要内容有查领导、查制度、查管理、查隐患、查事故处理等。

1）查领导

查领导是否坚持“安全第一、预防为主”的安全生产方针，是否把安全工作列入重要议事日程，是否做到“五同时”，即在计划、布置、检查、总结、评比生产的同时，计划、布置、检查、总结、评比安全工作。

2）查制度

查制度指查应建立的安全管理制度和台账是否齐全，各级安全施工管理制度是否落实。

3）查管理

查管理指查安全管理目标及目标分解，查安全技术措施计划和安全施工措施的编制、交底和贯彻、执行，查安全管理基础工作，查安全检查机构的设置和人员配备，查安全网络的组织和活动效果。

4）查隐患

查隐患指查施工现场存在的隐患及整改情况，查违章违纪，查安全设施和安全标志的设置，查文明施工情况。

5）查事故处理

查事故处理是否坚持了“四不放过”原则，是否按照有关规定进行调查、分析、处理、统计和上报。

5. 对检查中发现问题的处理

对检查中发现的问题，由安全部或队安全员填写《安全施工问题通知书》分送有关单位。对重大的涉及施工现场全局的问题应同时抄报上级主管部门。

6. 检查中存在问题单位的责任

检查中发现存在安全问题的单位，接到《安全施工问题通知书》后，由其行政负责人负责受理，及时认真落实整改，并建立隐患整改登记、检查、销案、反馈制度。对因故不能及时整改的问题，要制订整改计划，定人定措施，定完成期限，并组织实施。

六、安全技术管理制度简介

（一）安全技术管理

安全技术管理是一项内容丰富、具体的工作，现已经形成一门独立的学科。

安全技术管理应包括：安全技术措施的计划、修订、设计及实施、检查和验收，安全技术规范的执行、修订、实施、检查和验收，安全技术交底的管理。

安全技术措施的计划、修订、设计及检查和验收是指，依据国务院颁布的《建设工程安全生产管理条例》第二十六条规定：施工单位应当在施工组织设计中编制安全技术措施和施工现场临时用电方案，对下列达到一定规模的危险性较大的分部分项工程编制专项施工方案，并附具安全验算结果，经施工单位技术负责人、总监理工程师签字后实施，由专职安全生产管理人员进行现场监督：①基坑支护与降水工程；②土方开挖工程；③模板工程；④起重吊装工程；⑤脚手架工程；⑥拆除、爆破工程；⑦国务院建设行政主管部门或其他有关部门规定的其他危险性较大的工程。也就是说，施工企业应在编制建设施工项目的施工组织设计时，编制相应的安全技术措施和设计临时用电方案，并对以上分部分项工程制订专项施工方案，无疑，这些施工方案不但要解决施工的技术问题，也要解决施工的安全问题。这些安全技术措施和方案在制订或设计以后，要进行现场实施。实施后需经过检查验收，确认实施合格后，方能投入使用。

安全技术规范的执行、修订、实施、检查和验收，是指针对施工现场各种人员的安全技术管理、各种机械的安全技术管理、各种工程材料方面的安全技术管理、各类分部分项工程的安全技术管理等方面，国家或行业主管部门制定了相关安全技术规范的，应贯彻落实执行国家相关安全技术规范，国家没有制定相关安全技术规范的，必要时企业应该自己修订本企业的安全技术规范。这些安全技术规范应该在各专业、各工种施工前制订完善，并经过实施、检查和验收，在施工过程中应用和执行。

安全技术交底，是指企业安全管理人员或安全技术人员依据安全技术措施计划或方案、设计图纸、安全规范、标准、施工组织设计等的要求，在施工作业开始前，面对施工作业班组或作业人员进行的安全技术方面的指导、安排和交代,是安全技术管理工作中具有实质意义的重要环节,是落实安全技术措施和安全管理事项的重要手段。

安全技术交底的目的是使施工作业班组和人员对施工工程作业的特点、过程、技术质量要求、安全技术措施、安全注意事项、危险源、安全要求等有一个详细、深入、清楚的认识,以便为避免事故的发生做好预防工作。

(二)安全技术管理的制度

由以上安全技术管理的内容不难看出,安全技术管理制度应包括安全技术措施管理制度、安全技术规范管理制度和安全技术交底制度。

1. 安全技术措施管理制度

1)必须制订安全技术措施的业务范围

(1)在各施工项目的施工组织设计中,应制订本项目的安全技术措施和施工现场临时用电方案。

(2)下列分部分项工程达到一定规模时,应制订专项安全施工方案:①基坑支护与降水工程;②土方开挖工程;③模板工程;④起重吊装工程;⑤脚手架工程;⑥拆除、爆破工程;⑦国务院建设行政主管部门或其他有关部门规定的其他危险性较大的工程:⑧其他危险性较大的单位工程、分部工程或分项工程(如烟囱、水塔、新工艺、新材料施工等)。

2)安全技术措施编制、实施及验收的组织管理

上述施工组织设计中的安全技术措施、施工现场临时用电方案、专项安全施工方案及重大安全技术措施,应由施工企业技术总负责人负责组织有关技术人员及安全管理人员分工配合编写制定,并由技术总负责人审定。标后施工组织设计中的安全技术措施、临时用电方案、分部分项工程的专项施工方案,还要报项目总监理工程师审批。非施工组织设计中的一般安全技术措施可由项目部自行编制和审定。

上述安全技术措施、施工现场临时用电方案及专项施工方案中的安全措施,由各项目部项目经理组织本项目部工程技术人员、安全管理人员及操作人员进行实施。实施后,由项目经理及项目技术负责人、专职负责人以及项目总监理工程师联合验收。

3)安全技术措施、安全施工方案的编制要求

安全技术措施、安全施工方案的编制要求包括针对性、及时性、明晰性、可靠性。

(1)针对性。

针对性要求制订的安全技术措施或安全施工方案要针对现场施工的实际情况;针对现场施工的实际环境,实际施工方法,实际使用的机械工具,实际操作人员水平,实际应用的材料、配件、设备,实际工程的性质、特点等。

(2)及时性。

及时性要求安全技术措施制订实施及安全施工方案的制订应于施工前完成,在施工的内容、方法、环境改变时,还应及时修订。

(3)明晰性。

明晰性也就是可理解性。明晰性要求编制的安全技术措施及安全施工方案应便于理解,有图纸、有说明、有数据,便于实施。

(4)可靠性。

可靠性要求制订的安全技术措施科学合理、严密可靠,确实起到规避安全风险的作用。

2. 安全技术规范管理制度

安全技术规范管理是指企业在编制、设计、实施、验收安全技术措施时及对人员、材料、设备、环境、器具等各因素的安全管理工作中应执行国家或行业主管部门颁布的相关标准和规范。规范上要求有的,不能省漏不设;规范上严细的,不能粗疏;执行安全技术标准和规范不能敷衍塞责、偷工减料,应严肃认真、不折不扣、落到实处。

目前,我国的安全技术标准和规范已基本形成体系,涵盖了施工用电、高处作业、机械使用、脚手架、龙门架、井架拱架拆装、起重吊装、模板工程、钢筋工程、混凝土工程、钢结构工程、桥梁工程、隧道工程、路面路基工程、拆除工程等,分部分项工程及人员、材料、设备和环境各方面的安全管理。不少企业在执行安全技术标准规范,实施安全技术措施实践中创造了成功的做法,积累了典型经验。这些都是安全技术管理的宝贵财富,对安全技术管理具有重要的指导意义。

安全技术规范管理制度要求企业的安全管理人员和工程技术人员学习、掌握安全技术标准与规范,在制订安全技术措施、施工方案及施工过程中和人员、材料、设备、环境各因素的安全管理工作中严格执行安全技术标准和规范,切实把安全技术标准和规范的要求贯彻落实到企业安全技术管理和施工实践中去,对因不执行或没能很好地执行安全技术标准和规范导致的安全事故承担责任。

3. 安全技术交底制度

1)安全技术交底的概念和目的

安全技术交底的概念和目的前已述及,此处不再赘述。

2)安全技术交底的组织和管理

安全技术交底的组织和领导工作应根据安全技术交底的重要程度及技术复杂程度由企业安全管理组织体系中各级主要负责人分工负责。其中,重大安全技术措施、重要部位的安全技术措施、施工组织设计中的安全技术措施以及由企业总工程师组织修订的安全技术措施,应由企业总工程师亲自向项目经理部经理及技术负责人交底,而且应采取书面交底的形式。然后由项目经理及项目技术负责人向作业班组、作业人员交底,也可以采用交底会议的形式。即由企业总工程师组织项目经理、项目技术负责人、项目分管安全生产的副经理及专职安全管理人员、有关作业班组人员、企业安全管理部门的负责人员以及安全技术措施修订人员参加交底会议。会上由总工程师或安全技术措施的修订人员向与会人员交底。一般的安全技术措施或由项目部自行修订的安全技术措施,应由项目经理或项目分管安全生产的副经理或项目技术负责人组织安全技术措施的修订人员向作业班组或作业人员当面交底。

安全技术措施的交底、交接双方,应办理签字认可手续。

安全技术交底的图纸、文字说明等资料,最少应一式两份,交接双方各保存一份,待交底内容及相关工程施工完毕后收回,归档保存。

安全技术交底的接受方,必须按交底的内容与要求履行实施和施工,不得擅自变更交底的内容与要求。如有不同意见可以提议修改,在没有修改前仍要执行原交底的内容和要求。交底方应充分考虑接受方的意见,决定是否修改原交底的内容。

安全技术交底的交底方在向接受方交底后，应对接受方履行交底的情况进行跟踪，以保证安全技术交底的履行质量。若安全技术交底的内容和要求，接受方需要履行的时间较长的，必要时，交底方还可以重复交底。在重复交底中强化施工作业人员的安全意识，进一步完善交底的内容和要求。

3）安全技术交底的形式

安全技术交底的形式有书面交底和口头交底，一般应采用书面交底的形式或书面交底加口头说明的形式。口头交底仅适用于危险性小、技术简单的交底。但不论哪一种形式，都要做好书面的交底记录，以便明确责任。交底记录应妥善保管，履行完成后，归档保存。

4）安全技术交底文件的编制要求

安全技术交底文件的内容是对现场安全技术措施实施和现场施工的指导与要求，因此对它的编制要求和对安全技术措施的编制要求一样，要具有针对性、及时性、明晰性和可靠性。

5）安全技术交底的分类

安全技术交底一般按交底内容针对的对象来分类，具体可分为：

(1)针对项目工程、单项工程、单位工程、分部分项工程的安全技术交底。例如：施工企业总工程师对项目部所做的项目施工组织设计中安全技术措施的交底，即为针对项目工程的安全技术交底。项目部安全技术负责人对土石方作业班组或人员及基础（路基）工程施工作业班组等所做的有关土石方作业、路基施工作业安全技术交底，则为针对分部分项工程的安全技术交底。

(2)针对各工种人员的安全操作技术交底。例如：针对电工、电焊工、木工、泥瓦工、架子工、起重工、钢筋工、力工等进行的工种安全操作技术交底。

(3)针对施工机械的安全技术交底。例如：针对挖掘机、推土机、装载机、压路机、打夯机、打桩机、凿岩机、搅拌机、摊铺机、起重机、震动机械、电气设备等所做的安全技术交底。

6）安全技术交底的内容

安全技术交底的内容应由交底人员在交底前考虑现场施工作业的具体情况、施工作业的工艺环节、操作要领、危险源与危险点、人员素质、机具特征、安全技术措施的设计要求、安全技术规范的要求等因素，作出细心、周密、具体、可靠的设计与编制，应具体、明晰、适用、可靠。针对不同的工程内容、环境、人员、机具、材料应有不同的交底内容。现场施工是复杂多变的，安全技术交底的内容也是丰富多彩的，只能根据现场情况确定，没有固定的教条。一般应包以下几个方面的内容：

(1)施工现场基本情况方面的介绍。具体包括施工内容、气候条件、地理条件、生产组织、工程特点、危险源及危险点识别、施工人员、使用机器、使用材料等方面情况的介绍。

(2)需要交底的安全技术措施、安全技术标准、安全技术规范、安全操作要点、安全注意事项、安全注意的重点等安全技术方面的说明、交接和安排。

(3)对组织实施、落实、执行、检查、验收、交底的安全技术措施等的人员分工、责任、承担方面的说明、交代和安排。

以上介绍的交底内容，只是一般性的介绍，实践中可以视具体情况增减或者细化。

(4)安全技术交底示例。

某施工项目土方工挖方工程安全技术交底

(1)本施工项目土方、挖方工程基本情况。

本施工项目需挖方约10万m^3,土质为Ⅱ类土,为基槽挖土。施工位置说明见施工平面图,实际挖土时遵照画线人员的画线范围。本施工项目施工地理环境为平原市郊农村,取土区内有一支直径1 m的管道穿过,埋深1 m。另有10 kV高压线路一条,高度8 m,跨过取土区。本土方工程由本工程项目部组织施工。由公司土方工程一队在本项目部的管理下具体实施。土方工程一队参与本次施工的人员有队长1名、专职安全员1人、挖土机司机10名、推土机司机4名、力工10~15人、机械维修工1人。使用的土方工程机械有WY60挖掘机5部、红旗推土机2部,本土方工程由于弃土回填距离较近,不派用运载汽车。本挖土工程拟于9月1日开始,9月15日结束。

(2)需交底的安全技术措施。

①土方边坡,定为1:1.5,因土质松软,挖深不大,不加支撑。

②高压线下,10 m多宽的范围内禁止使用挖土机挖土。因高压线净空高度8 m,挖土机(WY60)的作业高度7.93 m,极易触及线路,高压线下的挖土使用推土机作业。

③水管道上部及两侧各1 m内的土方挖方,采用人工挖方。

④由于本挖方施工期已错过多雨季节,平时地下水位远低于挖方深度,故不考虑降水方案,如遇特殊情况,另定降(排)水措施。

⑤挖掘机司机、推土机司机需持证上岗作业,且按本工种安全操作规程进行操作,禁止无证操作和违章操作。

⑥配合挖掘机、推土机工作的清底、平地、修坡力工人员。在机械施工工作时,禁止进入挖土机的回转半径区域以内或堆土机作业运动区域内工作。确需进入上述区域的,应停止机械作业活动。待人工作业完毕离开机械作业运动区域后,机械再行开始作业。

⑦施工人员(包括临时聘用人员)需经安全教育后方可上岗。禁止酒后上岗,工作时必须集中精力,遵守纪律,听从指挥。

⑧挖掘机司机、推土机司机及机械维修人员应对施工机械进行日常性检查、维护和保养,保证机械性能良好,对需要检修的机械及时检修,不能自修的应及时报告,禁止机械带病工作。

⑨每位人员发现不安全因素,都要立即向安全管理人员报告。

(3)有关责任。

上述安全技术措施由项目经理负领导管理责任,项目安全生产副经理、技术负责人、专职安全管理人员负修订交底及监管指导责任,施工队长及队专职安全管理员负责组织实施和日常性的监督检查,现场操作人员负责严格遵守本交底的规定。

交底人:

被交底人:

年　　月　　日

七、意外伤害保险制度

《中华人民共和国建筑法》第四十八条规定:建筑职工意外伤害保险是法定的强制性保险。建设部于2003年5月23日公布了《建设部关于加强建筑意外伤害保险工作的指导意见》,其主要内容有对建筑意外伤害保险的范围、期限、金额、保险费支付、投保、索赔、安全服务等方面的规范。企业应根据该法规的要求,建立自己的意外伤害保险制度。

八、生产安全事故应急救援制度简介

生产安全事故应急救援制度,是规定生产安全事故应急救援预案的制订、演练和实施的制度。其主要内容为:

(1)县级以上地方人民政府建设行政主管部门应当根据本级人民政府的要求,制订本辖区建设工程特大生产安全事故应急救援预案。

(2)施工单位应当制订本单位的生产安全事故应急救援预案。

(3)工程项目经理部应针对现场情况制订有针对性的应急救援预案。

(4)应急救援预案是预先准备好的,以便安全事故或紧急情况发生时能立即应用的补救措施和抢搭救行动方案。因此,生产安全事故应急救援预案应当明确以下内容:

①应急救援的组织机构及人员配备。如应急救援领导小组组长、副组长,配备的保卫人员、消防人员、医护人员、汽车司机、服务人员、电工人员等。

②使用的器材、工具、物品配备。如工程车辆、救护车辆、医疗器材、消防器材、通信器材等。

③工作程序、报告程序、指挥程序等。

九、生产事故报告与调查处理制度

(一)事故的定义

事故是指人们在进行有目的活动的过程中,发生了违背人们意愿的不幸事件,使其有目的的行动暂时或永久地停止。

伤亡事故是指职工在劳动生产过程中发生的人身伤害、急性中毒事故。伤亡事故可分为因工伤亡事故和非因工伤亡事故。因工伤亡事故是指职工在本岗位劳动或虽不在本岗位劳动,但由于企业的设备和设施不安全、劳动条件和作业环境不良、管理不善以及企业领导指定到本企业以外从事本企业活动所发生的人身伤害(包括轻伤、重伤、死亡)和急性中毒事故,其中伤亡事故主体——伤亡人员,包括企业职工和非本企业职工。

(二)伤亡事故的等级

伤害程度按《企业职工伤亡事故分类标准》(GB 6441—86)分:①轻伤事故,指损失工作日低于105 d的失能伤害;②重伤事故,指损失工作日等于或大于105 d的失能伤害;③死亡事故。

依据国务院2007年4月9日颁布的《生产安全事故报告与调查处理条例》,伤亡事故按其严重程度分为一般事故、较大事故、重大事故和特别重大事故。

(1)一般事故,指造成3人以下死亡,或者10人以下重伤(包括急性工业中毒),或者1 000万元以下经济损失的事故。

(2)较大事故,指造成3人以上10人以下死亡,或者10人以上50人以下重伤,或者1 000万元以上、5 000万元以下直接经济损失的事故。

(3)重大事故,指造成10人以上30人以下死亡,或者50人以上100人以下重伤,或者

5 000 万元以上、1 亿元以下直接经济损失的事故。

(4)特别重大事故,指造成 30 人以上死亡,或者 100 人以上重伤,或者 1 亿元以上直接经济损失的事故。

国务院安全生产监督管理部门可以会同国务院有关部门制定事故等级划分的补充性规定。

(三)伤亡事故的分类

依据《企业职工伤亡事故分类标准》(GB 6441—86)的规定,伤亡事故按伤害的原因可分为以下几种:

(1)物体打击,指落物、滚石、锤击、碎裂、崩块、砸伤等造成的人身伤害,不包括因爆炸而引起的物体打击。

(2)提升、车辆伤害,指车辆挤、压、撞、倾覆等造成的人身伤害。

(3)机械伤害,指被机械设备或工具绞、碾、割、戳等造成的人身伤害,不包括车辆、起重设备引起的伤害。

(4)起重伤害,指从事各种起重作业时发生的机械伤害事故。

(5)触电,指由于电流通过人体导致的生理伤害,包括雷击。

(6)淹溺。

(7)灼伤,指由于火焰、高温物体、强酸、强磁、放射线引起的灼伤,不包括电烧伤和火灾事故中引起的烧伤。

(8)火灾。

(9)高处坠落。

(10)坍塌,指建筑物、堆置物、土石倒塌。

(11)冒顶片帮,指在通道、涵洞、矿井开挖过程中因开挖或支护不当引起的大面积顶部或侧壁倒塌。

(12)透水。

(13)放炮,指以火药爆炸方法开凿岩石、土方。

(14)火药爆炸,指在生产、运输、储存过程中发生的爆炸。

(15)瓦斯煤尘爆炸。

(16)其他爆炸,包括锅炉、压力容器、化学原因等爆炸。

(17)中毒和窒息。

(18)其他伤害,包括扭伤、跌伤、冻伤、野兽咬伤等。

(四)伤亡事故报告与调查处理程序

企业应依照国务院颁布的《生产安全事故报告与调查处理条例》的要求,修订内部的事故报告处理程序。该程序包括以下内容。

1. 事故的报告

事故发生后,现场有关人员以及负伤者应立即直接或逐级上报,并应根据事故的严重程度,报告到相应级别的政府安全管理有关部门,不准隐瞒不报。

2. 现场救援及现场保护

现场人员或现场管理人员及项目部管理人员、企业领导等有关人员得知事故发生后,应立即组织救援，抢救伤员，排除险情，制止事故扩大蔓延，且应保护好事故现场在事故发生后的原貌。确因现场救援工作需要移动现场设施物件等，应对移动前的原貌进行画图或拍照记录，作出现场标记，不得以任何理由故意破坏或伪造事故现场。

3. 事故调查

(1)事故调查组的成员组成。企业领导及企业上级有关主管部门，在得知事故发生后，除应立即组织救援外，还应立即组织事故调查组进行事故的调查，根据事故的严重程序，组织调查组成员。一般来说，轻伤事故由企业项目部经理负责，组织项目部生产、安全、技术、人事、保卫等部门的人员参加，组成调查组；重伤事故由企业负责人或其指定的人员负责，组织企业生产、安全、技术、人事、保卫、监察等部门人员参加，会同上级主管部门人员组成调查组。一般死亡事故，由县级人民政府组织调查组，指定组长；较大事故、重大事故，应按企业隶属关系上报到市级、省级政府主管部门，由市级、省级政府主管部门会同同级安全生产监督部门，以及负有安全生产监督管理职责的有关部门，组成事故调查组，由政府指定组长；特别重大事故由国务院或者国务院授权有关部门组织事故调查组进行调查。

(2)事故调查组成员条件。事故调查组成员应当具有事故调查所需的知识和专长，并与所调查的事故没有直接利害关系。

(3)事故调查的主要内容：事故发生的时间、地点、环境条件、原因，事故造成的伤亡、破坏及经济损失，与事故有关的劳动组合及有关人员在事故发生时的位置和活动情况，必要的现场拍照(包括现场物证和人身伤损情况)，现场收集与事故有关的安全管理资料，施工单位的资质证件、伤亡人员证件及用工合同件等。

4. 事故原因分析

(1)有关概念：①责任事故，指由于某人的过失造成的事故。②非责任事故，指由于不可抗力或不能预见原因发生的事故。③破坏性事故，指人为故意制造的事故。④直接原因，指直接导致事故发生的人的不安全行为或物的不安全状态。⑤间接原因，指间接导致事故发生的原因，如技术方面、培训方面、组织方面、措施方面的缺陷和错误等。⑥主要原因，指引发事故的主要因素。

(2)事故分析的步骤。依据现场调查掌握的信息，找出事故起因物、致害物，分析人的不安全行为和物的不安全状态，找出直接原因。分析确定间接原因，确定事故责任者和主要责任者。

5. 总结事故

总结事故教训，提出防范及整改措施。

6. 提交事故调查报告

报告的内容主要包括：事故单位概况，事故发生经过及救援情况，造成的人员伤亡、直接经济损失，事故发生的原因和事故性质，事故责任认定以及对责任者的处理意见，事故防范和整改措施。

7. 事故结案处理

事故的结案处理，由负责事故调查的人民政府或其授权的有关部门批复，非死亡事故可由企业处理。企业在事故处理中应坚持“四不放过”原则，并做好伤亡人员的善后工作。

第四节　施工企业安全管理的组织机构设置

一、施工企业安全管理组织机构的基本概念

施工企业安全管理组织机构是施工企业为实现安全管理的目标而按照开展安全管理工作的实际需要,依据企业规模等情况,按照合理的管理层次、管理跨度、权利划分等组织构成要素和权责相对等、才职相称、精干高效等组织原理对有关人员的一种精心安排。

二、施工企业安全管理组织机构的基本形式

施工企业安全管理组织机构设置应贯彻"一把手负责"、"抓生产必须抓安全"的原则。一般来说,施工企业安全管理的组织机构和企业的生产经营组织相结合,以生产经营管理机构为基础,组建安全生产管理机构。除专设的安全管理职能部门(如安全部、处、科)外,不再设立一套独立于生产经营之外的安全管理机构,而是采用在原有生产经营机构中增设安全管理岗位职能的组织形式(如在经理班子中增设主管安全工作副总经理职位,在各项目部增设主管安全工作项目副经理岗位,在各施工队增设主管安全副队长岗位,在各作业班组增设主管安全工作副班组长岗位等)。这样,企业的各级生产经营管理机构就具备了安全管理职能,各层次机构中的生产经营负责人就是本层次机构的安全管理负责人,各层次机构中的安全专职岗位人员就是本层次机构中履行安全管理职能的人员,这就把企业的生产经营管理机构转化为安全管理机构。这样的组织形式,优点是有利于贯彻执行"安全第一"、"管生产必须管安全"、安全与生产"五同时"的原则,有利于安全管理工作与生产经营工作的统筹兼顾和相互协调,也有利于安全管理工作的开展。但是,由于各层次的安全管理工作和各层次的生产经营管理工作同为一个机构执行实施,难免在工作时间安排上、人员精力上、事务办理上会出现一些安全工作与其他工作的冲突,导致安全意识淡化、顾此失彼等现象。为克服这些缺点,突出安全管理为"第一管理"的地位。企业往往在上述安全生产经营管理机构的基础上,组建企业高层安全管理机构——安全生产管理委员会或安全生产管理领导小组。企业规模大、人员多、业务多的设安全生产管理委员会,规模不大的企业设安全生产管理领导小组,可视管理需要而定。安全管理委员会主任或安全生产领导小组组长由企业负责人(即一把手)担任,副主任或副组长由企业高层副职人员兼任。施工生产的副总兼任第一副主任或第一副组长。企业分管技术、设备、财务、材料供应等副总兼任副主任或副组长。企业各中层机构正职(如人力资源部部长、财务部部长、工程技术部部长、各项目部经理等)兼任委员或小组成员。管委会或领导小组下设办公室。安全管理办公室主任一般由企业安全管理专职机构的正职负责人(如安全管理部部长)兼任,办公室成员由安全管理的专职人员兼任,企业规模大、分支机构多的,可在企业总部设委员会,在各分支机构设安全管理小组。这种组织机构建立起来以后,由于企业高管人员和中层机构正职都进入安全管理机构任职,这就必然会增强他们的安全责任心。一个专兼职相结合的安全管理组织网络已基本形成。一般来说,委员会主任层或组长层负责安全管理问题的决策,成员层及成员以下负责执行,办公室负责执行和协调,基层员工负责安全生产操作。安全管理组织机构的结构简图如图 6-1 所示。

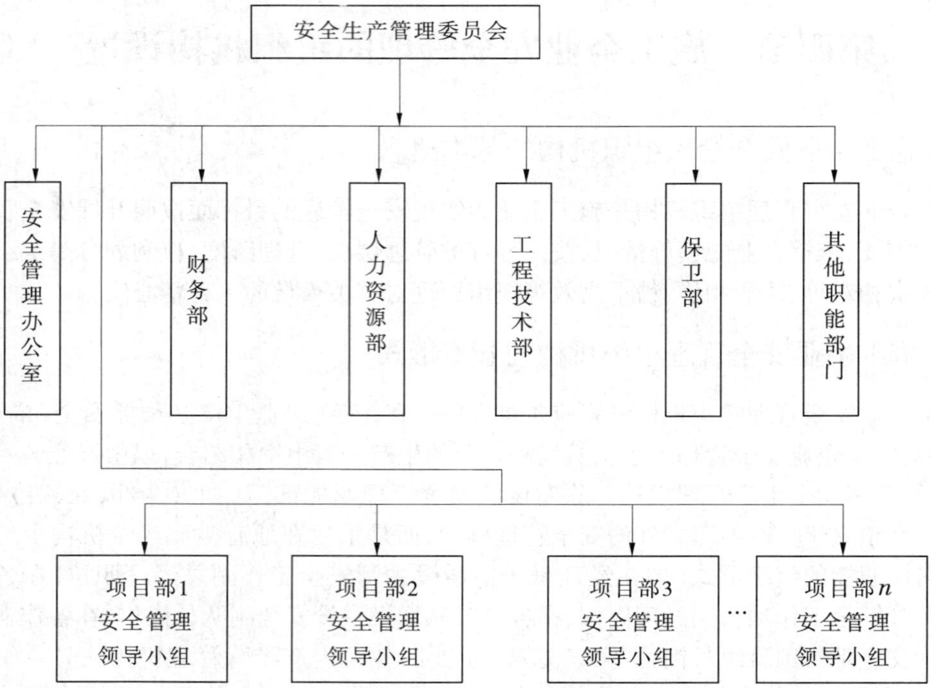

图 6-1　安全管理组织机构的结构简图

上述机构及机构中职位的设置应结合企业生产经营管理机构的设置情况及企业安全管理的需要而定。应根据安全管理的需要定机构，根据分工定职位，根据职位职能选人才，避免有职无位、有位无职、机构虚设、人浮于事的现象，且应保证最少专职安全人员人数，具体应参照《建筑施工企业安全生产管理机构设置及专职安全生产管理人员配备办法》的规定。

三、安全管理组织机构职责

根据组织机构的设置原则，在机构设置前就应该预先计划好各机构及各机构中各岗位的安全管理职责。在机构设立人员到位后应进一步细化和明确各岗位及职责。各岗位的职责可参考安全管理岗位责任制中的内容或根据企业的实际情况制定。一般情况下，应包括以下一些主要内容。

（一）安全管理委员会主任或安全管理领导小组组长职责

（1）主持本企业安全管理工作，对本企业安全管理全面负责。

（2）负责在本企业安全管理工作中贯彻执行党和国家的方针、政策、法律、法规及强制性行业标准。

（3）负责本企业安全管理的计划、组织、领导、控制等，及时组织召开安全管理工作会议，决策本企业安全管理工作中的全局性问题和重大问题。突出安全管理为“第一管理”的位置，将安全管理问题提到重要议事日程。推动本企业安全管理工作的发展。开创本企业安全管理工作的新局面，组织修订本企业安全管理整体规划和计划。批准和决定本企业安全管理组织机构，提名聘任本企业高层副职和批准聘任中层正职安全管理人员，并对他们的工作进行指导、激励、指挥、监督和控制。

(4)负责协调本企业安全管理工作和其他管理工作之间的关系,保证安全管理工作的资金需要和顺利开展。

(5)批准本企业安全管理制度。

(6)负责安全管理的人力资源保障,组织制订公司干部员工的招聘、选拔、培训、考核、晋升、奖罚等制度和计划,并组织实施,且对其进行指导、监督、检查、考核和控制,确保用人质量符合安全管理的规范要求。

(7)组织本企业安全事故的调查、分析和处理。

(8)确保实现全公司全年不出现人身伤亡事故的安全目标。

(二)安全管理委员会副主任或副组长职责

安全管理委员会副主任或副组长的职责,由于其在企业生产经营工作中分管的工作性质和内容不同,其在企业安全管理工作中的职责也有区别。各副主任或各副组长的安全管理职责一般是在其分管的生产经营工作领域内的安全管理职责。例如,在企业生产经营工作中分管企业生产施工的副总经理,一般分管企业的生产施工组织部门(如安全部、生产施工部、设备部、施工队及各项目经理部),一般在安全管理委员会中兼职副主任或在安全管理领导小组中兼职副组长,其安全管理职责主要有以下几点:

(1)在主任(或组长)的领导下,分工负责企业生产施工、设备管理工作领域中的安全管理工作,承担分管的安全管理责任。

(2)在分管工作领域中贯彻执行国家安全管理的方针政策、法规和标准。

(3)及时决策分管范围内的安全管理问题,不能决策的及时向主任(或组长)汇报。

(4)组织制订安全部、生产施工部、设备管理部、各项目管理部的安全管理工作计划,并组织实施。对所属各部门的安全管理工作进行指导、监督、指挥、检查和控制,确保各项目工地安全技术措施的实施,确保机器设备的良好状况,确保各施工现场生产施工处于安全状态。

(5)确保公司在生产施工领域中全年不出现人身伤亡事故等。

又如:企业的财务总监或财务副总也在安全管理委员会或安全管理领导小组中兼任副主任或副组长,其安全管理的主要职责有以下几点:

(1)负责公司财务部门的安全管理工作,确保财务部门人身、财产、物资及货币资金的安全。

(2)贯彻执行财务制度、货币资金管理制度、财务档案管理制度、消防制度,做好财务部门的防火、防盗工作。

(3)将公司安全管理所需资金费用纳入公司资金的预算计划,并及时做好资金筹集,确保公司安全管理费用资金来源等。

再如:企业的经营副总,也在企业安全管理委员会或安全管理领导小组兼任副主任或副组长,一般在企业生产经营工作中分管业务开展和物资供应工作。其安全职责主要有以下几点:

(1)在安全管理委员会主任或领导小组组长的领导下,负责分管工作范围内的安全管理工作,承担分管的安全管理责任。

(2)在分管工作范围内贯彻执行国家安全管理的法律、法规和强制性标准。

(3)做好安全管理的费用计划和预算,并将其纳入业务经营成本,列入招标报价。

（4）做好安全管理的物资保障工作。对企业采购的劳保用品、施工器具、机电设备、工程材料等的安全性能负领导和管理责任，组织制订公司物资采购和验收制度，把好进货关，严禁假冒伪劣产品进入企业和施工现场。

（三）安全管理委员会或领导小组办公室职责

安全管理委员会或领导小组办公室一般由企业常设的安全管理专设机构（如安全管理部（科））兼职，其主要职责有：

（1）在企业安全管理委员会或安全管理领导小组的领导下，具体负责本企业安全管理的业务工作。

（2）负责起草编制本企业安全管理工作计划，包括安全技术措施计划、安全教育培训计划、安全检查计划等。

（3）负责起草修订本企业安全管理的各项制度，包括岗位责任制安全教育与培训制度，安全检查制度，安全生产技术管理制度，消防制度，安全事故报告调查、分析、处理制度，事故应急救援制度等。

（4）负责起草修订全企业安全管理工作标准和安全技术规范。

（5）负责在本企业安全管理业务中执行国家有关法律、法规和强制性标准。

（6）执行领导决议，完成领导交办的工作。

（7）对企业各基层组织的安全管理和安全生产进行检查、指导，并提供安全管理业务咨询服务，发现安全管理问题或安全隐患及时处理或汇报。

（8）编制、修订和记录安全管理文件，管好安全管理档案。

（9）及时收集和沟通企业安全管理信息。

（四）安全管理委员会或领导小组成员职责

该成员一般由企业各中层管理机构或基层组织的主要负责人兼任。其职责也就是企业中层管理机构或基层组织的安全管理职责，应结合基层组织的工作业务修订。一般施工企业的中层管理机构或基层组织由各部（处、科）、各分公司、子公司及各临时基层组织——项目部组成。以项目部项目经理安全管理职责为例，详见本章岗位责任制中项目经理的安全责任。

由于多数企业的安全管理机构和生产经营管理机构是同一班人员，故本节不讨论安全管理机构的管理层次、管理跨度、职能部门、组织形式、组织原则、组织原理等理论问题。

第五节　安全管理的控制

一、安全管理控制的概念

施工企业安全管理控制是指施工企业的领导或安全管理人员对分管的安全管理工作的实际情况或实际效果进行了解和衡量，并与预期（计划）的安全管理目标相比较，若有偏差，则采取相应的措施加以纠正，以保证实现组织安全目标的管理活动。

二、安全管理控制的基本程序和环节

安全管理控制的基本程序和环节有：确立安全目标，制订安全计划，实施安全活动（也是执行安全计划）并取得活动结果，反馈活动结果信息，将活动结果和安全目标对比分析并找出偏差，分析偏差原因，制订纠偏措施，纠正偏差，再回到计划环节。上述环节构成控制循环。

（一）确立安全目标

1. 确立目标的原则

确立目标的原则是先进、合理。先进，是指确立的目标应具有一定的高度和难度，需要付出一定的努力才能达到，如果目标定得太低，不付出努力即可达到，这个目标就失去了先进性，不具有激励作用，不能调动员工的积极性。合理，是指确立的目标，应该经过努力可能达到，具有可行性。如果目标定得太高、太难，根本达不到，则失去了合理性，员工只能放弃努力，也起不到激励的作用。

2. 企业整体安全目标

关于企业整体安全目标，这里推荐几种提法，以供参考选用。

（1）杜绝一切人身伤亡和财产损失事故。

（2）杜绝一切人身伤亡事故，财产损失事故不超过若干万元。

（3）杜绝一切人身死亡事故和重伤事故，轻伤事故不超过若干起，财产损失事故不超过若干万元。

（4）杜绝一般以及一般以上的事故。

3. 安全目标分解和安全目标体系的确立

一般来说，企业的整体安全目标，还没有和企业内部各基层组织和基层员工的安全管理行为具体结合，还不便于内部的安全控制，还需要进行分解，将其分解为各基层组织和各基层员工具体的、可控的指标，建立起企业可考可控的安全目标体系，才便于对各基层组织和基层人员安全行为及其效果进行检查、考核和控制。

安全管理的目标体系，应结合企业各安全管理岗位、职能部门及各基层组织的岗位和职责、工作性质、工作内容进行科学合理的设置。它的主导思想是堵塞安全管理上的漏洞、限制人的不安全行为和物的不安全状态。前者是事故发生的间接原因，后者是事故发生的直接原因，也就是说，安全管理的目标体系应起到限制和避免事故发生的作用。以下提出一些安全管理目标分解和目标体系设立的基本思想，以供参考。

1）企业负责人安全管理目标

企业负责人安全管理目标包括：安全决策及时率100%，安全决策失误率0，安全资金保证率100%，执行安全法律、法规、标准合格率100%，参加安全检查不少于2次/年，组织召开并参加公司安全会议不少于4次/年，确保公司安全保证体系完好率100%，确保公司不发生人身重伤事故、一般以及一般以上事故等。

2）生产安全副总经理安全管理目标

生产安全副总经理安全管理目标可参照企业负责人安全管理目标的内容在其分管口内确定。

3）项目经理安全目标

项目经理安全目标包括：项目工地重伤及以上事故发生率0，轻伤事故每年不大于1%人次。执行法律、法规及文明施工规定达标率100%，不出现因违规被罚事项。工地暴力事件发生率0，工地安全防护设施完好率100%；安全技术措施完好率100%；安全技术交底合格率 100%，验收率 100%；安全隐患整改率 100%，合格率 100%，验收率 100%；安全防护用品保障率 100%，合格率 100%；安全制度完好率 100%，执行率 100%。上岗人员持证率 90%，安全教育覆盖率 100%，工地施工机械、工具完好率 100%，材料、备件合格率 100%。施工现场、安全围挡完好率 100%，保卫制度及保卫设施完好率 100%，文明施工达标率 100%，材料堆放及保管合格率 100%，临时宿舍完好率 100%，治安事件发生率 0，消防制度完好率 100%，执行率 100%，消防设备完好率 100%，“五图一牌”完好率 100%，生活设施、卫生保健设施完好率 100%，安全警示标志完好率 100%。

4）财务部门安全目标

财务部门安全目标包括：安全资金保证率 100%，防火防盗设施完好率 100%，财务票据、凭证、财簿、报表、档案资料完好率 100%，货币资金差错率 0%。

5）物资部门安全目标

物资部门安全目标包括：物资计划保证率 100%，物资质量合格率 100%，物资供应及时率 100%，物资保管损失率 0%，危险品运输、保管措施合格率 100%。

6）安全管理专职机构安全目标

安全管理专职机构安全目标包括：安全管理制度完好率 100%，执行率 100%；安全技术措施完好率 100%，及时率 100%，验收率 100%；安全培训覆盖率 100%，合格率 100%；安全管理标准、技术标准达标率 100%，完好率 100%；安全措施计划完好率 100%，及时率 100%；安全检查制度完好率 100%，执行率 100%；事故隐患整改率 100%，及时率 100%，验收率 100%。

7）施工作业班组安全目标

施工作业班组的安全目标主要针对施工现场人的不安全行为和物的不安全状态进行控制，依据《企业职工伤亡事故分类标准》（GB 6441—86），人的不安全行为分为 13 种类别，物的不安全状态共分为 7 个方面。

（1）人的不安全行为：①操作失误，忽视安全，忽视警告；②造成安全装置失效；③使用不安全设备；④手代替工具操作；⑤物体存放不当；⑥冒险进入危险场所；⑦攀坐不安全位置；⑧在起吊物下作业、停留；⑨在机器运转时检查、维修、保养等；⑩有分散注意力行为；⑪在必须使用防护用品作业场所，忽视其使用；⑫不安全装束；⑬对易燃易爆等危险品处理错误。

（2）物的不安全状态：①物（机器设备、工具等）本身存在缺陷；②防护保险方面的缺陷；③物的放置方法、放置位置的缺陷；④作业环境场所的缺陷；⑤外部的和自然界的不安全状态；⑥作业方法导致的物的不安全状态；⑦保护器具信号、标志和个体防护用品的缺陷。

以上人的不安全行为和物的不安全状态详细资料请查询 GB 6441—86，针对施工现场人的不安全行为和物的不安全状态，对作业班组应确定以下一些安全目标：

上岗人员持证率 95%，安全教育覆盖率 100%，班前安全活动开展率 100%，安全技术交底执行率 100%，合格率 100%，不安全行为发生率 0，安全技术措施完好率 100%，安全警示标志完整率 100%（危险标志、禁止标志、防火标志、注意标志等），机械设备、工具完好率 100%，物品材料堆放合格率 100%，安全防护装置完好率 100%。

其他尚有岗位人员安全目标，不再一一列举。

（二）安全管理的计划

计划有两层含义，一是作为动词，指组织或个人面对未来需要采取的行动进行设计、谋划、分析、选择的活动，它需要依据组织或个人的目标及外部环境、内部资源和能力进行思考；二是作为名词，指已经做好的行动方案或计划文件。

安全管理计划是指组织为达到安全目标，对未来的安全活动作出设计、分析和选择，并获得行动方案的活动过程，包括长期的、中期的、近期的、临时的，也包括高层的、中层的、基层的、个人的。安全计划的步骤大致有：①明确组织的安全目标、使命与任务；②组织外部环境条件分析，如工地自然条件、社会环境等条件；③了解和分析组织自身的资源条件，如人力资源、财力能力、技术条件、物资条件；④思考并做出多种可行的行动方案；⑤选择最优方案并做出详细计划；⑥实施计划，并进行总结、回顾和评估。

安全计划包括为开展各种安全管理活动而制订的计划，常见的有安全技术措施计划、安全培训计划、安全检查计划、安全资金与费用计划、安全物资供应计划等。

（三）安全活动

安全活动，是为实现组织安全生产目标，按照安全计划的要求而开展的各种活动，包括安全教育与培训活动、安全检查活动、安全技术措施的实施与验收活动、安全资金的筹集活动、安全施工活动、安全隐患的整改活动等，各种安全活动的终结是取得的安全成果。在安全管理活动中，需要投入各种人力、物力和财力等资源，所以这一环节也称安全投入环节。

（四）反馈成果信息

按照安全计划，实施安全投入，取得的成果如何？收到预想的成效了吗？这是管理者十分关心的问题，管理者应设计和疏通各种信息渠道，使成果信息能及时、准确、全面地反映到头脑中来。这就是控制中的信息反馈，是控制的一个重要环节。

反馈信息可以通过听取汇报、现场调查、统计报表、工作报告、计算机网络、现场记录等形式和正式的或非正式的交谈等渠道获得。各级安全管理人员应规范信息的收集、传递、加工、利用工作，形成信息沟通制度。

（五）对比分析

对比分析即将安全活动的实际成果和目标要求相比较，找出偏差的管理活动。

（六）偏差原因分析

偏差原因分析，即对形成安全活动效果和目标之间偏差原因进行查找与分析，找出形成偏差的主要原因。首先弄清是目标本身问题，还是目标执行者的人为活动不善；其次弄清是执行者个人的问题，还是组织给予的财力、物力的支持问题；最后要弄清是环境的问题，还是执行者个人的问题，若是人的问题，还要弄清是思想态度问题，还是能力问题。

（七）制度纠偏措施，进行下轮计划

查出偏差形成的主要原因后，应制订纠正偏差的措施。若为目标本身定得太高，不切合实际，则应调整目标；若为外部环境问题，则应进行积极协调；若为自然环境问题，则应在组织能力范围内予以改造；若为组织对目标执行人支持不够，则应加大组织投入给予支持；若为目标执行人思想态度问题，则应分清是非，予以疏导和激励；若为目标执行人能力问题，则应予以调换，同时在制订纠编措施时，应制订下轮的安全活动计划。

（八）实施纠偏措施

实施纠偏措施，进行下一轮的实施活动。

三、安全控制的类型

(一)主动控制

主动控制是指在偏差尚未发现时,即对偏差的发生进行控制,因此也是事前控制。主动控制需要预先分析可能引起目标偏离的各种风险因素,采取有针对性的预防偏差的措施。主动控制需要借鉴以往类似工作的经验。

主动控制的优点是能够降低偏差程度或避免偏差发生,缺点是需花费较大的投入。

(二)被动控制

被动控制是指偏差发生后的控制,因此也是事中控制或事后控制。管理人员应对安全实施活动紧密跟踪,以便及时发现偏差,及时采取纠偏措施,减小偏差的严重程度,减小偏差的影响,使安全实施活动回到目标计划的状态。

被动控制的优点是针对性强,效果显著,节约控制投资,是针对某一偏差采取的控制,是一种常用的控制方法。缺点是不能避免偏差的发生。

安全管理的控制应采用主动控制和被动控制相结合的方法。因为安全管理的方针 是"安全第一,预防为主",所以主动控制占有相当大的比重。

思考练习题

1. 结合身边故事,谈谈对安全管理的认识。
2. 在公路工程施工中应如何防止安全事故的发生?

第七章　公路工程施工安全技术

第一节　施工现场安全技术控制要点

一、测量与拆除工程

(一)施工测量的安全预防要点

(1)在密林丛草间进行施工测量时应遵守护林防火规定,严禁烟火,并需要根据不同地区的具体情况,制订和落实预防有害动植物伤害、自然环境危害以及预防迷路等的措施和办法。

(2)测量打桩要注意周围行人、车辆的动态情况,保证其安全,不得对面使锤,钢钎和其他工具不得随意抛扔。

(3)测量人员在高压线附近工作时,必须保持足够的安全距离。遇雷雨等天气情况,要停止作业,不得在高压线、大树下停留。

(4)在陡坡及危险地段测量时,应系安全带,脚穿软底轻便鞋。在桥墩等高处作业环境下测量时,应有预防测量人员高处坠落的安全措施,切忌以测量时间短等为理由,而忽视高处测量作业的安全措施。

(5)在公路、城市道路、街道等存在公共交通的区域内测量时,必须要派责任心强的人员专门负责警戒。在特殊情况下,还可以请当地公安交通管理部门派人协助,以确保交通安全。

(6)水文测量人员应穿救生衣,在陡峻的水域边缘进行观测时,也应设简易便道和安全防护措施。在通航水域进行测量时,应按照有关规定,向港航、海监等主管部门申请,办理相关手续。从事测量的船只应符合规定,配备信号装置。在通航水域中抛锚时,应按港航监督部门的规定设置信号,并委派责任心强的人员,专门负责瞭望。在夜间进行水文测量时,必须保证足够的照明。

(7)在冰上测量时,应向当地有关部门了解封冰情况,确认无危险后,还要制订出相应的应急预案,并加以落实。遇有封冰不稳定、冰融等情况,不得在冰上进行测量。

从事施工测量的单位,应该根据上述防范要点,结合本单位的实际情况,制订出全面、细化的测量作业安全管理规定和安全技术要求,并对全体测量人员进行教育,使他们了解、掌握并执行这些安全管理规定和安全技术要求。

在制订安全管理规定和安全技术要求时,还需要特别注意,防护措施的安全可靠性至少由测量现场第一负责人进行验收、确认。

(二)拆除工程的安全预防要点

(1)拆除工程必须编制专门的安全施工组织设计,其内容主要包括:拆除对象和现场情况所采取的拆除方法的安全可行性论证,拆除的具体步骤,拆除工程所需机械及材料的名称、型号、数量、品牌,施工单位的拆除投资资质等。

(2)拆除工程的安全施工组织设计,至少要经过项目总工程师批准,并指定一名领导现场指挥、监督。

(3)砍伐树木的安全预防要点:

①伐树前应将周围有碍砍伐作业的灌木和藤条砍除,并选好安全避让地点。

②伐树范围内要布置警戒人员,防止无关人员逗留、接近。

③砍伐树木不得倒向有树木方向,为使树木按预定方向倾倒,要在树木下部方向砍一剁口,其深度为树干直径的四分之一,然后从剁口上边缘的对面开锯,最后保留 2 ~ 3 cm 安全距离。

④在陡坡悬岩处砍伐树木时,必须系安全带。要制订和采取防止树木伐倒后顺坡溜滑和撞落石块伤人的措施,严禁在同一坡段上下层同时作业。

⑤砍伐树木时,应先伐小树,后伐大树,截锯和溜放地区之间,应互相保持一定的安全距离。截锯木料时,被锯树木必须被垫撑牢固。

⑥大风大雾和雨天不得进行伐树和溜放作业。

(4)拆除建(构)筑物作业的安全预防要点。

①建(构)筑物拆除前,第一,要与原产权单位联系,了解其中的情况,是否存放有易燃、易爆、有毒物质,若有,应将其妥善处理;第二,要进行安全检查;第三,要将与拆除物有连通的电线、水气管道切断;第四,四周设安全警戒线、安全护栏、警示标志。

②拆除作业应从外到内、从上到下,严禁上下同时作业。

③被拆除建(构)筑物高度超过2 m,坡度大于25°时,应该搭设结构脚手架,同时要防止拆除某一部分时,其他部分发生坍塌。

④上部拆下物料应从溜放槽中溜放,较大物件应设吊绳,不准乱投。

⑤拆除房屋时,应佩戴安全帽,穿防穿刺的硬底防滑鞋,严禁吸烟和使用明火。

⑥拆除楼房时,必须搭设架子,从上至下逐层拆除。旧有的栏杆、楼梯、楼板,不得先行拆除,承重支柱和横梁,要等其所承担的全部结构拆掉后,才能拆除。拆除混凝土楼板时,绝对不要站在楼板上敲砸楼板,以防止其折断、坠落伤人,绝对不要让信号指挥人员站在被起吊的楼板上指挥。用起重机起吊楼板等时,要认真检查被吊物件和吊环是否有断裂、损坏、腐蚀等情况,如果有,则应采取捆绑等安全措施后,方准作业。吊运时,还要密切注意,确认被吊物件与其他构件没有连接后,方可正式调运。

⑦拆除铝铁顶、石棉瓦顶房屋时,要搭设不小于30 cm 宽的脚手板,以防止踩破房顶,造成高处坠落事故。

⑧在可以采用拉倒法的拆除作业中,大绳必须完好,划定警戒线和警戒人员,拉绳人以及所有其他人员至少要站在2 倍以上墙身高度以外的地方(即该墙倒塌范围以外的地方)。

⑨拆除墙身时,注意不要几面墙同时拆,而要分向、依次拆除。拆除作业必须在墙外进行;拆除烟囱时,必须搭设脚手架,自上至下逐层拆除,拆下的砖、渣等应投入烟道内。

⑩采用爆破法进行拆除工程时,必须有经批准的控制爆破的设计文件,应严格按照建筑土石方爆破安全规程进行作业。

⑪拆除建筑物一般不采用推倒法,遇有特殊情况必须采用推倒法时,必须遵守有关规定,砍切墙根的深度不能超过墙厚的1/3,墙的厚度小于两块半砖时,绝不能掏掘。

为防止墙壁向掏掘方向倾倒,在掩掘前,要先用支撑支牢。建筑物推倒前,要发出信号。负责发信号的人员要待全体工作人员避至安全地带后,才能发出信号。

二、施工现场安全

(一)正确合理的平面布置与安全要点

(1)施工现场应有利于生产,方便职工生活,符合防洪、防火等安全要求,具备文明生产、文明施工的条件。

(2)在开工前,在施工组织设计中,必须有详细的施工平面布置图(或施工方案)。对于施工现场的临时设施,必须避开泥沼、悬崖、陡坡、泥石流、雪崩等危险区域,选在水文、地质良好的地段。

(3)施工现场内的各种运输道路、生产生活房屋、易燃易爆仓库、材料堆放,以及动力通信线路和其他临时工程均应保证符合有关安全规定的要求。

(4)施工现场的生产生活用房、变电所、发电机房、临时油库等均应设在干燥地基上,并应符合防火、防洪、防风、防爆、防震的要求。

(5)施工现场易燃材料多,如木材、木模板、脚手架木、沥青、油漆、油毡等,容易发生火灾;施工现场临时用电线路多,容易漏电起火;现场人员流动性大,交叉作业多,管理不便,火灾隐患不易发现;再者消防条件差,如发生火灾,灭火困难。因此,火灾的隐患不安全因素多,稍有疏忽就可能发生火灾。

(二)设计原则

(1)满足施工要求,场内道路畅通,运输方便,各种材料能按计划分期分批进场,充分利用场地。材料尽量靠近使用地点,减少二次搬运。

(2)电气设施路线、油库、易燃易爆品库、大型吊装设备、拌和设备以及加工场地等的布置必须符合安全消防环保的要求。

(3)现场布置紧凑,减少临时设施用地,特别要少占农田。

(4)临时建筑、设施的布置应便于职工办公、生产和生活。条件允许的,办公区、生产区、生活区应分离设置。办公区要与生产区保持距离,不宜过远或过近,福利设施应在生活区范围之内。

(5)临时建筑、施工加工场地布置时,必须充分考虑当地的气候、水文、地质等因素,选择安全可靠的位置搭建。

(6)在保证施工顺利进行的条件下,尽可能减少临时设施费用,尽可能利用施工现场附近的原有建筑物作为施工临时设施。

(三)设计内容

(1)施工现场总平面上已建和拟建的地上与地下的一切公路、桥梁、隧道、构造物及其他设施的位置和尺寸。

(2)移动式起重机(包括有轨起重设备)开行路线及垂直运输设备、设施的位置。

(3)地形等高线、测量放线标桩的位置和取舍土方的地点。

(4)各种加工场地、各种拌和设备的位置。

(5)现场运输道路。

(6)承建工程及临时设施与铁路、公路、航道相交叉部位。

(7)引入施工现场的铁路、公路、航道及临时搭建的便桥、码头等的位置。

(8)各种材料、半成品、构件的仓库和堆场。

(9)办公室、宿舍、厨房、食堂、厕所、浴室、警卫室等的位置。

(10)临时给水排水管线、供电路线、蒸汽和压缩空气管道等位置。

(11)一切安全及防火设施的位置。

(12)发电机房、油库、炸药库房等重点防火区域。

(四)施工现场安全的一般规定

施工现场道路应按照施工组织设计的施工平面布置图修建,一般用焦渣、沙子、石子做路面,并应压实、平整,道路断面的中间起拱,道路两侧应有排水设施。为避免道路堵塞,影响工作效率,甚至造成事故,办公区、生产区、生活区的道路应明显标注出边界线,并尽量布置成围绕建筑物的环形或U形,以方便进出。通往施工部位的施工便道应遵循下列要求布置:

(1)载重车辆通过较多的道路,其弯道半径一般不小于15 m,特殊情况不得小于10 m,急弯及陡坡地段应设置明显交通标志。铁路与公路交会处应由专人看管,并设信号装置和落杆。

(2)施工现场最小道路路面宽度设置如表7-1所示。

表7-1 施工现场最小道路路面宽度设置

序号	车辆类型及要求	道路宽度(m)
1	汽车单行道	≥3.0
2	汽车双行道	≥6.0
3	平板拖车单行道	≥4.0
4	平板拖车双行道	≥6.0
5	手推车	≥1.5

(3)靠近河流和陡壁处的道路,应设置护栏和明显的警告标志。

(4)场内行驶的斗车、平车的轨道应平坦顺直,纵坡不得大于3%,车辆应装制动装置,轨道终点应设置倒坡和车挡。

(5)行走式工程机械通过的道路,要按照行走式工程机械爬坡能力,参照产品说明书设置。

施工现场内的道路、临时设施、生产生活房屋、易燃易爆仓库、料场、停车场以及动力通信线路的位置均要符合防火、防洪、防风、防暴的要求。位于河流两岸的施工现场,在设置前要进行河流流量、水位和地形的调查,以保证所有的房屋、线路、机械设备、料具的堆放地点均位于最高水位之上。

易燃易爆品仓库、发电机房、变电所应采取必要的安全措施,严禁用易燃材料修建。炸药库的设置应符合国家有关规定,并经政府主管部门批准。工地的小型临时油库应远离生活区50 m以外,并设置围栏。

施工现场必须建立安全用火和消防制度。施工现场应当划分出用火作业区、易燃可燃材料场、仓库区易燃废品临时集中站和生活区等区域。

(五)防火的安全工作要点

(1)施工现场火灾的主要隐患为木屑自燃起火。例如,在桥梁施工现场,在加工木材中,如有大量木屑堆积,就会发热,积热量增多后,再吸收氧气,便可能自燃起火。

(2)熬制沥青作业时不慎起火。

(3)仓库内的易燃物触及明火就会燃烧起火,如土工合成材料、油料、木材、燃料、防护用品、油毡等。

(4)焊接作业时火星溅到易燃物上引火。

(5)电气设备短路或漏电而导致火灾。

(6)乱扔烟头引发起火,冬季在加工车间如木工间烧柴取暖引发起火,烟囱、炉灶、冬季炉火取暖,管理不善起火。

第二节　施工现场安全用电技术控制要点

公路工程施工现场临时用电与一般工业或居民生活用电相比,具有临时性、露天性、流动性和不可选择性的特点,有与一般工业用电或居民生活用电不同的规范。但是很多人在具体操作使用过程中,存在马虎、凑合、不按标准规范操作的现象,并有相当多的施工人员对电的特性不了解,对电的危险性认识不足,没有安全用电的基本知识,不懂施工现场临时用电的规范。触电造成的伤亡事故是施工现场的多发事故之一,因此凡进入施工现场的每一个作业人员必须高度重视安全用电工作,掌握必备的安全用电技术知识。

一、安全用电基本常识

(1)施工现场的电工属于特种作业工种,必须按国家有关规定经专门安全作业培训,取得特种作业操作资格证书,方可上岗作业。其他作业人员不得从事临时用电线路的安装、维修和拆除等工作。

(2)施工现场必须采用 TN－S 接零保护系统,即具有专用保护零线(PE 线)、电源中性点直接接地的 220/380 V 三相五线制系统。

(3)施工现场必须按"三级配电二级保护"设置。

(4)施工现场的用电设备必须实行"一机、一闸、一漏、一箱"制,即每台用电设备必须有自己专用的开关箱,专用开关箱内必须设置独立的隔离开关和漏电保护器。

(5)严禁在高压线下方搭设临时建筑物、堆放材料和进行施工作业;在高压线一侧作业时,必须保持至少 6 m 的水平距离,达不到上述距离时,必须采取隔离防护措施。

(6)在宿舍工棚、仓库、办公室内严禁使用电饭煲、电水壶、电炉、电热杯等较大功率电器。

(7)严禁在施工现场内乱拉乱接电源,非专职电工不准乱接或更换熔丝(保险丝),不准以其他金属丝代替熔丝。

(8)严禁在电线上晾衣服和挂其他东西等。

(9)搬运较长的金属物体,如钢筋、钢管等材料时,应注意不要碰触到电线。

(10)在邻近输电线路的桥涵结构物上作业时,不能随便往下扔金属类杂物,更不能触摸、拉动电线或电线接触钢丝和电杆的拉线。

(11)移动金属梯子和操作平台时,要观察高处输电线路与移动物体的距离,确认有足够的安全距离后,再进行作业。

(12)在地面上运送材料时,不得踏在电缆线上;停放手推车,堆放钢模板、跳板、钢筋时不要压在电缆线上。

(13)移动有电源线的机械设备,如电焊机、水泵等,必须先切断电源,不能带电搬动。

(14)当发现电线坠地或设备漏电时,切不可随意跑动和触摸金属物体,并保持 10 m 以上距离。

二、施工临时用电安全技术措施

(1)施工现场电气线路全部采用“三相五线制”(TN－S 系统)专用保护接零(PE 线)系统供电。

(2)施工现场架空线采用绝缘铜线,拖地线采用电缆线。

(3)架空线设在专用电杆上,严禁架设在树木、脚手架上。

(4)导线与地面保持足够的安全距离。导线与地面最小垂直距离:施工现场应不小于 4 m,机动车道应不小于 6 m,铁路轨道应不小于 7.5 m。

(5)若无法保证规定的用电安全距离,必须采取防护措施。如果由于在建工程位置限制而无法保证规定的用电安全距离,必须采取设置防护性遮拦及栅栏、悬挂警告标志牌等防护措施。发生高压线断线落地时,非检修人员要远离落地 10 m 以外,以防跨步电压危害。

(6)为了防止设备外壳带电发生触电事故,设备应采取保护接零,并安装漏电保护器等措施。作业人员要经常检查保护零线连接是否牢固可靠,漏电保护器是否有效。

(7)在配电箱等用电危险地方,挂设安全警示牌,如“有电危险”、“禁止合闸,有人工作”等。

三、配电箱与开关箱的安全技术措施

施工现场临时用电一般采用三级配电方式,即总配电箱(或配电室),下设分配电箱,再以下设开关箱,开关箱以下就是用电设备。配电箱和开关箱的使用安全要求如下:

(1)配电箱、开关箱的箱体材料,一般应选用钢板,亦可选用绝缘板,但不宜选用木质材料。

(2)配电箱、开关箱应安装端正、牢固,不得倒置、歪斜。固定式配电箱、开关箱的下底与地面垂直距离应大于或等于 1.3 m,小于或等于 1.5 m;移动式分配电箱、开关箱的下底与地面的垂直距离应大于或等于 0.6 m,小于或等于 1.5 m。

(3)进入开关箱的电源线,严禁用插销连接。

(4)电箱之间的距离不宜太远。分配电箱与开关箱的距离不得超过 30 m。开关箱与固定式用电设备的水平距离不宜超过 3 m。

(5)施工现场每台用电设备应有各自专用的开关箱,且必须满足“一机、一闸、一漏、一箱”的要求,严禁用同一个开关电器直接控制两台及两台以上用电设备(含插座)。

(6)开关箱中必须设漏电保护器,其额定漏电动作电流应不大于 30 mA,漏电动作时间应不大于 0.1 s。

(7)所有配电箱门应配锁,不得在配电箱和开关箱内挂接或插接其他临时用电设备,开关箱内严禁放置杂物。

(8)配电箱、开关箱的接线应由电工操作,非电工人员不得乱接。

(9)配电箱和开关箱的使用要求:

①在停、送电时,配电箱、开关箱之间应遵守合理的操作顺序。

送电操作顺序:总配电箱—分配电箱—开关箱。

断电操作顺序:开关箱—分配电箱—总配电箱。

在正常情况下,停电时首先分断自动开关,然后分断隔离开关;送电时先合隔离开关,后合自动开关。

②使用配电箱、开关箱时,操作者应接受岗前培训,熟悉所使用设备的电气性能和掌握有关开关的正确操作方法。

③及时检查、维修,更换熔断器的熔丝,必须用原规格的熔丝,严禁用铜线、铁线代替。

④配电箱的工作环境应经常保持设置时的要求,不得在其周围堆放任何杂物,保持必要的操作空间和通道。

⑤维修机器停电作业时,要与电源负责人联系停电,要悬挂警示标志,卸下保险丝,锁上开关箱。

四、手持电动机具安全使用常识

手持电动机具在使用中需要经常移动,其振动较大,比较容易发生触电事故。而这类设备往往是在工作人员紧握之下运行的,因此手持电动机具比固定设备具有更大的危险性。

(一)手持电动机具的分类

手持电动机具按触电保护分为Ⅰ类工具、Ⅱ类工具和Ⅲ类工具。

1. Ⅰ类工具(即普通型电动机具)

Ⅰ类工具的额定电压超过50 V。工具在防止触电的保护方面不仅依靠其本身的绝缘,而且必须将不带电的金属外壳与电源线路中的保护零线作可靠连接,这样才能保证工具基本绝缘损坏时不成为导电体。这类工具外壳一般都是全金属。

2. Ⅱ类工具(即绝缘结构皆为双重绝缘结构的电动机具)

Ⅱ类工具的额定电压超过50 V。工具在防止触电的保护方面不仅依靠基本绝缘,而且还提供双重绝缘或加强绝缘的附加安全预防措施。这类工具外壳有金属和非金属两种,但手持部分是非金属,非金属处有“回”符号标志。

3. Ⅲ类工具(即特低电压的电动机具)

Ⅲ类工具的额定电压不超过50 V。工具在防止触电的保护方面依靠由安全特低电压供电和在工具内部不含产生比安全特低电压高的电压。这类工具外壳均为全塑料。

Ⅱ、Ⅲ类工具都能保证使用时电气安全的可靠性,不必接地或接零。

(二)手持电动机具的安全使用要求

(1)一般场所应选用Ⅰ类手持电动工具,并应装设额定漏电动作电流不大于15 mA、额定漏电动作时间小于0.1 s的漏电保护器。

(2)在露天、潮湿场所或金属构架上操作时,必须选用Ⅱ类手持电动工具,并装设漏电保护器,严禁使用Ⅰ类手持电动工具。

(3)负荷线必须采用耐用的橡皮护套铜芯软电缆。单相用三芯(其中一芯为保护零线)

电缆;三相用四芯(其中一芯为保护零线)电缆;电缆不得有破损或老化现象,中间不得有接头。

(4)手持电动工具应配备装有专用的电源开关和漏电保护器的开关箱,严禁一台开关接两台以上设备,其电源开关应采用双刀控制。

(5)手持电动工具开关箱内应采用插座连接,其插头、插座应无损坏,无裂纹,且绝缘良好。

(6)使用手持电动工具前,必须检查外壳、手柄、负荷线、插头等是否完好无损,接线是否正确(防止相线与零线错接);发现工具外壳、手柄破裂,应立即停止使用并进行更换。

(7)非专职人员不得擅自拆卸和修理电动工具。

(8)作业人员使用手持电动工具时,应穿绝缘鞋,戴绝缘手套,操作时握其手柄,不得利用电缆提拉。

(9)长期搁置不用或受潮的工具在使用前应由电工测量绝缘阻值是否符合要求。

第三节 路基工程施工安全技术控制要点

一、场地清理

清除的丛草、树木严禁放火焚烧,以防引起火灾。

砍伐树木必须遵守下列规定:首先,所砍伐的树木必须取得园林绿化管理部门的批准。其次,伐树前,应将周围有碍砍伐作业的灌木和藤条砍除,并选好安全躲避的退路;伐树范围内应布置警戒,非工作人员不得逗留、接近;为使树木按预定方向倾倒,要在树木下部倒树方向砍一剁口,其深度为树干直径的1/4,然后再从剁口上边缘的对面开锯,最后应留2~3 cm安全距离;在陡坡悬岩处砍伐树木,应有防止树木伐倒后顺坡溜滑和撞落石块伤人的安全措施;在山坡上严禁在同一地段的上下同时作业;截锯木料时,树杈和树干垫撑必须稳固;大风、大雾和雨天不得进行伐树作业。

拆除建(构)筑物前,应制订安全可靠的拆除方案。先将与拆除物有连通的电线和水、气管道切断,并在四周危险区域内围设安全护栏,非工作人员不得进入。拆除工序应由上而下、先外后里,严禁数层同时作业。操作人员应站在脚手架或稳固的结构部位上作业。对有倒坍危险的结构物应予临时支撑加固。拆除某部位时要防止其他部位发生坍塌。拆除梁柱之前应先拆除其承托的全部结构物,严禁采用掏空、挖切和大面积推倒的拆除方法。当采用控爆法拆除大型建(构)筑物时,必须有经批准的控制爆破设计文件。

清除淤泥时,应先排除积水,并制订出相应的安全措施后方可清淤。

二、土方工程

人工挖掘土方必须遵守下列规定:开挖土方的操作人员之间,必须保持足够的安全距离,横向间距不小于5 m,纵向间距不小于3 m;土方开挖必须按自上而下顺序放坡进行,严禁采用挖空底脚的操作方法。

在靠近建筑物、设备基础、电杆及各种脚手架附近挖土时,必须采取安全防护措施。

高陡边坡处施工必须遵守下列规定:作业人员必须绑系安全带;边坡开挖中如遇地下水

涌出，应先排水，后开挖；开挖工作应与装运作业面相互错开，严禁上、下双重作业；弃土下方和有滚石危险及范围内的道路，应设警告标志，作业时坡下严禁通行；坡面上的操作人员对松动的土、石块必须及时清除，严禁在危石下方作业、休息和存放机具。

开挖挡墙基槽也应从滑坡体两侧向中部分段跳槽进行，并加强支撑，及时砌筑和回填墙背，施工中应设专人观察，并随时进行位移监测，严防塌方。

会车时应轻车让重车，通过窄路、十字路口、交通繁忙地段及转弯时，应注意来往行人及车辆。重车运行，前后两车间距必须大于 10 m；下坡时，间距不小于 15 mm，并严禁车上乘人。车道应有专人维修，悬崖陡壁处应设防护栏杆和指示灯。

大型、重型机械进场前，应查清所通过道路、桥梁的净宽和承载力是否足够，否则应先予拓宽和加固。

对进场机械要提供临时机棚或停机场地。机械在停机棚内启动时，必须保持通风。棚内严禁烟火，机械操作人员必须掌握所备灭火器材的使用方法。

在电杆附近挖土时，对于不能取消的拉线地垄及杆身，应留出土台。土台半径：电杆为 1～1.5 m，拉线为 1.5～2.5 m，并视土质决定土台边坡坡度。土台周围应搭设围护警示栏。

机械在危险地段作业时，必须设明显的安全警示标志，并应设专人站在操作人员能看清的地方指挥，驾机人员必须且只能接受指挥人员发出的规定信号，但对于任何人发出的立即停止信号均应执行。

机械在坡边、沟槽边作业时，应与边缘保持必要的安全距离，使轮胎（履带）压在坚实的地面上，并随时观察边坡的情况，发现问题要立即采取措施，保证安全。

配合机械作业的清底、平地、修坡等辅助工作应与机械作业交替进行。机上、机下人员必须密切配合，协同作业。当必须在机械作业范围内同时进行辅助工作时，应停止机械运转后，辅助人员方可进入。

挖掘机作业。发动机启动后，铲斗内、臂杆、履带和机棚上严禁站人；工作位置必须平坦稳固，车身方向应与挖掘工作面延伸方向一致，操作时进铲不应过深，提斗不得过猛；严禁铲斗从运土车的驾驶室顶上越过。向运土车辆卸土时，应降低铲斗高度，防止偏载或砸坏车厢。铲斗运转范围内严禁站人。

推土机作业。推土机上下坡时，其坡度不得大于 30°，在横坡上作业，其横坡度不得大于 10°，下坡时，宜采用后退下行，严禁空挡滑行，必要时可放下刀片作辅助制动；在陡坡、高坎上作业时，必须有专人指挥，严禁铲刀超出边坡的边缘。送土终了应先换成倒车挡后再提铲刀倒车；多机在同一作业面作业时，前后两机相距不应小于 8 m，左右相距应大于 1.5 m。两台或两台以上推土机并排推土时，两推土机刀片之间应保持 20～30 cm 间距。推土前进必须以相同速度直线行驶；后退时，应分先后，防止互相碰撞。

平地机作业。刮刀的回转与铲土角的调整以及向机外倾斜都必须在停机时进行。作业中刮刀升降量差不得过大，遇到坚硬土质需要齿耙翻松时，应缓慢下齿。不宜使用齿耙翻松坚硬旧路面。在坡道停放时，应使车头向下坡方向，并将刀片或松土器压入土中。

装载机作业。起步前应将铲斗提升到离地面 0.5 m 左右。作业时应使用低速挡。用高速挡行驶时，不得进行升降和翻转铲斗。严禁铲斗载人。铲斗满载运送时，铲斗应保持在低位，行驶道路应平坦，不得在倾斜度超过规定的场地上作业。向运输车辆上卸土时应缓慢，铲斗应处在合适的高度，前翻和回位不得碰撞车厢。

压路机作业。必须在压路机前后、左右无障碍物和人员时才能启动。压路机靠近路道牙边沿作业时，应根据路道牙高度留有必要的安全距离；两台以上压路机同时作业，其前后间距不得小于3 m，在坡道上纵队行驶时，其间距不得小于20 m；振动压路机碾压松软路基，先在不振情况下碾压1～2遍，然后再振动碾压。

三、防护工程

防护工程砌筑。边坡防护作业，必须搭设牢固的脚手架；砌石工程必须自下而上砌筑，石块破碎或改小时，不得在脚手架上进行。护墙砌筑时，墙下严禁站人，抬运石块上架，跳板应坚固，并设防滑条。架上作业时，架下不准有人操作或停留。上面进行砌筑时下面严禁勾缝作业。

砂浆搅拌机作业。搅拌机应安置稳妥、固定，开机前必须确认传动及各部装置牢固可靠，操作灵活，运转中严禁用手或木棒等伸进筒内清理筒的灰浆。作业中如发生故障，应立即切断电源，并将筒内砂浆倒出，待排除故障经试运正常后，方可再进行搅拌作业。

砂浆喷射机作业。喷射机应保持内部清洁，输送泵和喷射机人员应密切联系，协调配合，在喷嘴前5 m范围内不得站人。工作停歇时，喷嘴不得朝向有人的方向。

挡墙挖基应视土质、湿度和挖掘的深度进行放坡，坡度须符合安全要求。如无法放坡，应设置连续的围壁支撑，做到安全可靠。

人工挖基作业时，从基坑内抛上的土方应边挖边运。土台分层抛掷传运出土时，台阶宽度不得小于0.7 m，高度不得大于1.5 m。基坑上边缘暂时堆放的土方至少应距坑边0.8 m以外，堆放高度不得超过1.5 m。

第四节　路面工程施工安全控制要点

一、水泥混凝土路面施工安全技术

（一）路面基层施工一般安全技术要点

施工场地应坚实、平坦，无障碍物；路基经验收合格，形成现场资料并经监理工程师签字后，方可进行基层施工。

现场调转推土机、平地机、压路机等机械时，应设专人指挥；指挥人员应事先踏勘行驶道路，确认道路平坦、坚实、畅通；沿途的桥涵、便桥等构筑物有足够的承载力，能满足机械通行的安全要求；地面无障碍物。

材料运输应符合安全运输的要求。

消解石灰时，不得在浸水的同时边投料、边翻拌，人员应远避，以防烫伤；沿路肩堆放石灰消解时，应慢洒水或泼水，操作人员应站在上风处进行操作，并应采取防尘措施；在灰堆内消解石灰，脚下必须垫木板；向灰堆内插水管时，严禁喷水管对向人；炎热天气宜早晚作业。

装卸、撒铺及翻动粉状材料时，操作人员应站在上风侧且应佩戴口罩或其他防护用品，轻拌轻翻以减少粉尘；散装粉状材料宜使用粉料运输车运输，否则车厢上应采用篷布遮盖；装载尽量避免在大风天气下进行，否则应特别加强安全防护；在坡道上运输应缓慢行驶，控制速度，下坡前方不得有人；路堑、沟槽边卸料时，路堑、沟槽边缘不得小于1 m，车轮应挡掩牢固,槽下不得有人。

集中拌和基层材料应符合下列要求:

(1)拌和场应根据材料种类、规模、工艺要求和现场状况进行专项设计,合理布置;各机具设备之间应设安全通道。机具设备支架及其基础应进行受力验算,其刚度、强度、稳定性应满足机具运行的安全要求。

(2)拌和机具设备发生故障或检修时,必须关机、断电后方可进行,并必须固锁电源闸箱,设专人监护。

(3)拌和机具应置于坚实的基础上,安装牢固,防护装置安全有效,电气接线应符合施工用电安全技术交底的具体要求。

(4)拌和机运转时,严禁人员触摸传动机构;拌和场地应采取降尘措施,空气中粉尘等有害物含量应符合国家现行规定。

(5)拌和场应按消防安全规定配备消防器材。

碎石机作业的安全技术要点:

(1)对碎石机、电源、线路、开关等均应进行检查,必须保证符合安全要求和使用要求;线路挂设应稳定,不宜贴地面,因料场尖硬石块较多,易对电线等造成损坏。

(2)进料要均匀,不得过大,严防金属块等混入。出料口上方应设有挡板。

(3)不得从上方向碎石机口内窥视。

(4)若石料卡住进料口,应用铁钩翻动,严禁用手搬动。

(5)搬运块料和堆放要注意安全,人工用铁锤破碎大块料石时,要注意周围情况,避免伤人或畜。

(6)场内道路应经常平整,保持畅通。

稳定土拌和机作业的安全技术要点:

(1)应根据不同的拌和材料,选用合适的拌和齿,并对机械及其相关的配件进行必要的安全检查。

(2)拌和机作业时,应先将转子提起离开地面空转,然后再慢慢下降至拌和深度。

(3)在拌和过程中,不能急转弯或原地转向,严禁使用倒挡进行拌和作业。遇到底层有障碍物时,应及时提起转子,进行检查处理。

(4)拌和机在行走和作业过程中,必须采用低速,保持匀速。液压油的温度不得超过规定。

(5)停车时应拉上制动器,将转子置于地面。

场拌稳定土机械作业安全技术要点:

(1)对机械及其配套设施进行安全检查。

(2)皮带运输机应尽量降低供料高度,以减轻物料冲击。在停机前必须将料卸尽。

(3)拌和机仓壁振动器在作业中铁芯和衔铁不得碰撞,如发生碰撞应立即调整振动体的振幅和工作间隙。仓内不出料时,严禁使用振动器。

(4)拌和结束后,给料斗、储料仓中不得有存料,应及时清理干净。

(5)应经常检查搅拌壁及叶桨的紧固状况,如有松动应立即拧紧,如有损坏,必须更换。

碎石撒布机作业安全技术要点:

(1)碎石撒布机机械及其配套设施经过安全检查后,方可使用。

(2)自卸汽车与撒布机联合作业,应紧密配合,以防碰撞。

(3)撒布碎石,车速要稳定,不应在撒布过程中换挡。严禁撒布机长途自行转移。

(4)在工地作短距离转移,必须停止拨料辊及皮带运输机的转动,并应注意道路状况以防破坏机件。

(5)作业时,无关人员不得进入现场,以防碎石伤人。

(6)石料的最大粒径不得超过说明书中的规定。

洒水车作业安全技术要点:

(1)洒水车在公路上抽水时,不得妨碍交通。

(2)在有水草和杂物的水道中抽水,吸水管端应加设过滤网罩。

(3)洒水车在斜坡及弯道运行中,不得高速行驶,并避免紧急制动。

(4)洒水车驾驶室外不得载人。

摊铺和碾压施工安全技术要点:

(1)施工现场卸料应由专人指挥;卸料时,作业人员应位于安全地区;在基层施工中,各种现状地下管线的检查井(室)应随各结构层相应升高或降低,严禁掩埋。

(2)人工摊铺基层材料应由作业组长统一指挥,协调摊铺人员和运料车辆与碾压机械操作工的相互配合关系;作业人员应相互协调,保持安全作业;作业人员之间应保持 1 m 以上的安全距离;摊铺时不得扬撒。

(3)机械摊铺于碾压基层结构应符合下列要求:

①作业中,应设专人指挥机械,协调各机械操作工、筑路工之间的相互配合关系,保持安全作业。

②作业中,机械指挥人员应随时观察作业环境,使机械避开人员和障碍物,当人员妨碍机械作业时,必须及时疏导人员离开并撤至安全地方;机械运转时,严禁人员上下机械,严禁人员触摸机械的传动装置。

③沥青碎石基层施工时,应符合热拌沥青混合料面层施工安全技术交底要求。

④水泥混凝土基层施工时,应符合水泥混凝土面层施工安全技术交底要求。

⑤作业后,机械应停放在平坦、坚实的场地,不得停置于临边、低洼、坡度较大处,停放后必须熄火、制动。

⑥使用推土机、平地机、压路机等在道路及公路上行驶时,应遵循现行《中华人民共和国道路交通安全法》、《中华人民共和国道路交通安全法实施条例》的有关规定。在施工现场道路上行驶时,应遵守现场限速等交通标志的管理规定。

(二)水泥混凝土路面施工中安全技术要点

水泥混凝土路面施工中安全技术要点见表 7-2。

(三)水泥混凝土路面施工机械安全技术要点

设备启动前,应检查各电气元件是否完好,电压、电流是否在规定数值内。电器仪表应有安全防护装置,防止开关意外接通。

设备进行运转启动时,应严格按照使用说明书的规定顺序启动,禁止违章作业。应首先观察各部位有无闲置人员和工作人员处在不安全的部位,然后按响电铃,在确保安全的情况下,方可启动运转。

表 7-2　水泥混凝土路面施工中安全技术要点

工作内容	安全技术要点
一般要求	1. 混凝土路面的施工应根据合同及设计文件，施工现场所处的气候、水文、地形等环境条件，选择满足质量指标要求、性能稳定的原材料，确定配合比、设备种类和施工工艺，进行详细的施工组织设计，建立完善的施工安全保障体系。 2. 施工前，应进行安全生产教育，树立安全生产质量第一的思想。建立和健全安全生产管理体系、制度，制订安全生产操作规程，工地应有领导分管安全生产工作，班组要有负责安全生产人员，并制订具体的安全生产手册，经常检查执行情况。 3. 施工现场机电设备，应由专人看管，有专人负责修理，确保安全。 4. 现场操作人员必须按规定佩戴防护用品。有毒、易燃材料施工时，其防毒、防火等严格执行有关规定。 5. 工地应有消防设施，并应处理好污水，做好环境保护工作。 6. 混凝土路面施工时应积极采用新材料、新装备、新工艺和新技术，但是应注意采取安全措施，以确保施工安全
模板施工	1. 施工前，应对模板进行施工设计。模板及其支架的强度、刚度和稳定性应满足各施工阶段荷载的要求，能承受浇筑混凝土的冲击力、混凝土的侧压力和施工中产生的各项荷载。 2. 模板与支架宜采用标准件，需加工时，宜由有资质的企业集中生产制作，具有合格证。 3. 支模使用的大锤应坚固、安装应牢固，锤顶平整、无飞材。钢钎应顺直，顶部应平整、无飞刺。 4. 打锤时，扶钎人应在打锤人的侧面，采用长柄夹具扶钎；打锤范围内不得有其他人员，模板、支架必须设置在坚实的基础上。 5. 支设、组装较大模板时，操作人员必须站位安全，且相互呼应；支撑系统安装完成前，必须采取临时支撑设施，保持稳定。 6. 模板、支撑连接应牢固，支排杆件不得排在不稳定物体上接模板，支架不得使用腐朽、锈蚀、扭裂等劣质材料。 7. 现场加工模板及其附件等应按规格码放整齐；废料、余料应及时清理，集中堆放，妥善处置。 8. 高处安装模板必须设安全梯或斜道，上下高处或沟槽必须设攀登设施，严禁攀登模板和支架上下。 9. 吊运组装模板时，吊点应合理布置，吊点构造应经计算确定；起吊时，吊装模板下方严禁有人。 10. 装卸、搬运模板应轻抬轻放，严禁抛掷；模板支设、安装应稳固，符合施工设计要求。 11. 槽内使用砖砌体做侧模时应符合下列要求： (1)施工前，应根据槽深、土质、现场环境状况等对侧模进行验算，其强度、稳定性应满足各施工阶段荷载的要求。 (2)砌体未达到施工设计规定强度，侧模不得承受外力，作业人员不得进入槽内。 12. 模板拆除应符合下列要求： (1)模板拆除应待混凝土强度达到设计规定后，方可进行。 (2)预拼装组合模板宜整体拆除。拆除时，应按规定方法和程序进行，不得随意撬、砸、摔和大面积拆落。 (3)暂停拆除模板时，必须将已活动的模板、拉杆、支撑等固定牢固，严禁留有松动或悬挂的模板、杆件。 (4)拆除的模板应分类码放整齐。带钉的木模板必须集中码放，并及时拔钉、清理

续表 7-2

工作内容	安全技术要点
拌和混凝土	1. 现场需机械搅拌混凝土时，混凝土搅拌站搭设应符合下列要求： (1)施工前，应对搅拌站进行施工设计。平台、支架、储料仓的强度、刚度、稳定性应满足搅拌站在拌和水泥混凝土过程中荷载的要求。搅拌站搭设完成，应经检查、验收、确认合格，并形成文件后，方可使用。 (2)搅拌站不得搭设在电力架空线路下方。 (3)搅拌机等机械旁应设置机械操作程序牌。 (4)搅拌站的作业平台应坚固、安装稳固，并置于坚实的地基上。 (5)搅拌机等机电设备应设工作棚，工作棚应具有防雨(雪)、防风功能。 (6)现场混凝土搅拌站应单独设置，具有良好的供电、供水、排水、通风等条件与环保措施，周围应设围挡。 (7)搅拌机、输送装置等应完好，防护装置应齐全有效，电气接线应符合施工用电安全技术交底的要求。 (8)现场应按施工组织设计的规定布置混凝土搅拌机、各种料仓和原材料输送、计量装置，并形成运输、消防通道。 (9)现场应设废水预处理设施，搅拌站应按消防部门的规定配备消防设施。 2. 在机械操作过程中，机械操作工应精神集中，不得离岗；机械发生故障时，必须立即停机、断电；作业人员向搅拌机料斗内倾倒水泥时，脚不得蹬踩料斗；在混凝土拌和过程中，严禁人员进入储料区和卸料斗下方。 3. 需设置作业平台时，平台结构应经计算确定，满足施工安全要求，支搭必须牢固；使用前应验收，确认合格，并形成文件；使用中应随时检查，确认安全。 4. 搅拌站里的各种电气设备必须由电工引接、拆除；作业中发现漏电征兆、缆线破损等必须立即停机、断电，由电工处理。 5. 需进入搅拌筒内作业时，必须先关机、断电、固锁电源闸箱，设安全标志，并在搅拌筒外设专人监护，严禁离开岗位。 6. 搬运袋装水泥必须自上而下顺序取运。堆放时，垫板应平稳、牢固；按层码垛整齐，高度不得超过 10 袋。 7. 固定式搅拌机的料斗在轨道上移动提升(降落)时，严禁其下方有人；料斗悬空放置时，须锁固；搅拌机运转中不得将手或木棒、工具等伸进搅拌筒或在筒口清理混凝土。 8. 手推车向搅拌机料斗内倾倒砂石料时，应设挡掩，严禁撒把倒料，推车运输应平稳推行，空车让重车，不得抢道。 9. 落地材料、积水应及时清扫，保持现场环境整洁；搅拌场地内的检查井应设专人管理，井盖必须盖牢。 10. 冬期混凝土施工中需使用外掺剂时，外掺剂必须集中管理，专人领取，正确使用，余料回库，以防误食
混凝土运输	1. 应根据运距、工程量和现场条件选定适宜的混凝土运输机具；运输机具应完好，防护装置应齐全有效。使用前应检查、试运行，确认合格，方可使用。 2. 作业后应对运输车辆进行清洗，清除砂土和混凝土等黏结在料斗与车架上的脏物；污物应妥善处理，不得随意摆放。 3. 混凝土运输道路应平整、坚实；跨越河流、沟槽应架设临时便桥，并应符合下列要求： (1)施工机械、机动车与人行便桥宽度应根据现场交通量、机械和车辆的宽度，在施工设计中确定；人行便桥宽不得小于 80 cm；手推车便桥宽不得小于 1.5 m；机动翻斗车便桥宽不得小于 2.5 m；汽车便桥宽不得小于 3.5 m。 (2)便桥两侧必须设不低于 1.2 m 的防护栏杆，其底部设挡脚板；栏杆、挡脚板应安设牢固。 (3)便桥桥面应具有良好的防滑性能，钢质桥面应设防滑层；便桥两端必须设限载标志。 (4)便桥搭设完成后应经验收，确认合格并形成文件后，方可使用。 (5)在使用过程中，应随时检查和维护，保持完好

续表 7-2

工作内容	安全技术要点
混凝土浇筑与养护	1. 水泥混凝土浇筑应由作业组长统一指挥，协调运物与浇筑人员的配合关系，保持安全作业；施工前应复核雨水口顶部的高程，确认符合设计规定，路面不得积水。 2. 向模板内灌注混凝土时，作业人员应协调配合，灌注人员应听从振捣人员的指挥；灌注混凝土作业时，模板仓内照明用电必须使用 12 V 低压。 3. 沟槽深度大于 3 m 时，应设置混凝土溜槽。溜槽间节必须连接可靠，操作部位应设防护栏。不得直接站在溜槽帮上操作。溜放时作业人员应协调配合。 4. 混凝土振捣器使用前必须经电工仔细检查，确认合格后方可使用，开关箱内必须装置漏电保护器，插座插头应完好无损，电源线不得破皮漏电，操作者必须穿绝缘鞋，戴绝缘手套。 5. 预应力灌浆应严格按照规定进行，输浆管道应畅通，阀门接头应严密牢固。 6. 浇筑混凝土时应设电工值班，负责振动器、抹平机、切风机等机具的电气接线、拆卸和出现电气故障的紧急处理，保持用电安全。 7. 混凝土泵应置于平整、坚实的地面上，周围不得有障碍物，机身应保持水平和稳定，且轮胎挡掩牢固。作业中清洗的废水、废物应排至规定地点，不得污染环境，不得堵塞雨、污水排放设施。 8. 使用混凝土泵车，作业前应根据工程特点和环境状况铺设施工现场运输道路，并应符合下列要求： （1）道路应平整、坚实，能满足运输安全要求。 （2）道路宽度应根据现场交通量和运输车辆或行驶机械的宽度确定；汽车运输时，宽度不小于 3.5 m；机动翻斗车运输时，宽度不宜小于 2.5 m；手推车运输时，宽度不宜小于 1.5 m。 （3）道路纵坡应根据运物车辆情况而定，手推车不宜陡于 5%，机动车辆不宜陡于 10%。 （4）道路的圆曲线半径：机动翻斗车运输时不宜小于 8 m，汽车运输时不宜小于 15 m，板拖车运输时不宜小于 20 m。 （5）机动车道路的路面宜进行硬化处理，泵车就位地点应平坦、坚实，周围无障碍物，不得停放在斜坡上。 （6）现场应根据交通量、路况和环境状况确定车辆行驶速度，并于道路明显处设限速标志。 （7）沿沟槽铺设道路，路边沟槽边的距离应依施工荷载、土质、槽深、槽壁支护情况经验算确定，且不得小于 1.5 m，并设防护栏杆和安全标志，夜间施工和阴暗时尚需加设警示灯。 （8）公路临近河岸、峭壁的一侧必须设置安全标志，夜间和阴暗时尚需加设警示灯。 9. 水泥混凝土路面养护应符合下列要求： （1）现场预留的雨水口、检查井口等孔洞必须盖牢，并设安全标志，不得随意挪动安全标志及防护设施。 （2）养护用覆盖材料应具有阻燃性，使用完毕应及时清理，运至规定地点。 （3）作业中，养护和测量人员应选择安全行走路线；需设便桥时，必须支搭牢固，夜间照明应充足。 （4） 水养护现场应设养护用水配水管线，其敷设不得影响车辆、人员和施工安全；用水应适量，不得造成施工场地积水；拉移输水胶管应顺直，不得扭结，不得倒退行走。 （5）薄膜养护应使用对人体无损伤、对环境无污染的合格材料；储运、调配材料应符合材料使用说明书的规定；操作人员必须按照规定佩戴劳动保护用品；作业时，施工人员必须站在上风向一侧，严禁喷嘴对向人；作业现场严禁烟火。 （6）使用电热毯养护现场时，应划定作业区；周围设置护栏和安全标志，非专业人员和车辆不得入内；电热毯应在专用库房集中存放，专人管理；使用前应检验，确认完好；电气接线、拆除必须由电工负责，并应符合施工用电安全技术交底的具体要求；电热毯上下不得有坚硬、锋利物，上面不得承压重物，不得用金属丝捆绑，严禁折叠；养护完毕必须及时断电、拆除，并集中存放。 （7）蒸汽养护、操作和冬施测温人员，不得在混凝土养护坑（池）边沿站立或行走，应注意脚下孔洞与磕绊物等。加热用的蒸汽管应架高或使用保温材料包裹。 （8）覆盖物养护材料使用完毕后，应及时清理并存放到指定地点，码放整齐

设备严禁带负荷直接启动，以免造成机械事故。

设备各运转部件承受荷载，严禁超过厂家推荐的最大极限值。

驾驶台及作业现场应视野宽阔，清除一切有碍工作的障碍物。作业时无关人员不得在驾驶台上逗留。操作手不得擅自离开工作岗位。

设备检修及保养应符合下列条件：

(1)严禁在设备运转过程中进行调整或维修作业，所有的调整维修工作应在设备停稳后进行。电器维修作业时，应首先切断电源，拆除保险，挂出"有人检修"的警告标志。

(2)设备运转过程中，发现某零部件出现松动和异响时，应立即停机检查并采取有效措施。

(3)设备的全部电器操作及维护工作，均需由专门人员(持有效上岗操作证)承担，电器线路应符合国家标准规范，同时应有有效的接地和熔断装置，电源接头需充分保护，防止遭受意外损坏。

(4)严格执行每班保养(工作前、中、后进行)，一、二、三级保养，每年一次中修等保修项目。

(5)设备需要长期停用时，应按规定的标准要求，进行一次全面的保养和维修。

(6)经过长期停用的设备，需要重新使用时，应对设备进行一次全面的检查维修，特别是影响安全的部位，在确保安全的前提下，方可运行使用。

(7)在空中检查设备时，应扎紧安全带。

动力配电柜和控制台内部有高压电，非专业人员严禁开柜操作。

设备场地的有关部位，应按消防的标准要求，配备足够数量的消防器材，并保证消防器材有效。工作场地意外起火，应使用灭火器、砂或土进行覆盖。

清洁工作应在作业场地以外进行。用柴油清洗机械时，禁止接近明火。

机械停放在交通车道附近时，须在周围设置明显的安全标志，夜间设灯光信号并设专人管理。

二、沥青路面施工安全技术

沥青操作人员均应进行体检，凡患有结膜炎、皮肤病及对沥青过敏反应者，不宜从事沥青作业。

操作人员必须经安全技术培训，考核合格后方可上岗；作业人员必须佩戴齐全的防护用品，并应将其工作服及防护用品集中存放，严禁穿戴回家和进入集体宿舍。

从事沥青作业人员，皮肤外露部分均须涂抹防护药膏，工地上应配有医务人员。

沥青加热及混合料拌制，宜设在人员较少、场地空旷的地段。产量较大的拌和设备，有条件的应增设防尘措施。

块状沥青拌匀一般宜在夜间和阴天进行，尤其应避免炎热季节。搬运时宜采用小型机械装卸，不宜用手直接装运。若用手，必须有相应的防护设施。

液态沥青宜采用液态沥青车运送，使用时应符合以下要求：

(1)对沥青下出口阀门应认真检查其可靠性和密封性。

(2)用泵抽送热沥青进出油罐时，工作人员应避让。

(3)向储油罐注入沥青时，当浮标指标达到允许最大容量时，要及时停止注入。

(4)满载运行时,遇有弯道、下坡时要提前减速,避免紧急制动。油罐装载不满时,要始终保持中速运行。

采用吊耳吊装桶装沥青时应遵守下列要求:

(1)必须检查吊具,达到合格后方可使用。

(2)吊装作业应由专人指挥,沥青桶的吊索应绑扎牢固。

(3)吊起的沥青桶不得从运输车辆的驾驶室上空越过,并应稍高于车厢板,以防碰撞。

(4)吊臂旋转半径范围内不得站人。

(5)沥青桶未稳妥落地前,严禁卸、取吊绳。

人工装卸桶装沥青时,应遵守下列要求:

(1)运输车辆应停放在平坡地段,并拉上手闸。

(2)跳板应具有足够的强度,坡度不宜过陡。

(3)沥青桶不得漏油,否则应先堵漏、后搬运。

(4)放倒的沥青桶经跳板上(下)滚动装车时,要在露出跳板两侧的铁桶上各套一根绳索,收放绳索时要缓慢,并应两端同步上下。

人工运送液态沥青时,装油量不得超过容器容积的2/3。

沥青的预热与熬制可采用蒸汽、导热油、太阳能及远红外等加工工艺。

蒸汽加温沥青时,蒸汽管道应连接牢固,严加保护,在人员容易触及的部位,必须使用保温材料包扎。锅炉的安全应符合标准规定要求。

太阳能油池上面的工作梯必须具有防滑措施,严禁非工作人员攀登。

远红外加热沥青,应遵守下列规定:

(1)使用期应检查机电设备和短路过载保护装置是否良好,电气设备有无接地,经确认符合要求后,方可合闸作业。

(2)沥青油泵应进行预热,当用手能转动联轴器时,方可启动油泵送油。输油完毕后将电机反转,使管道中余油流回锅内,并立即用柴油清洗沥青泵及管道。清洗前,必须关闭有关阀门,严防柴油流入锅内。

导热油加热沥青,应遵守下列规定:

(1)加热炉在使用期必须进行耐压试验,水压力应不低于额定工作压力的2倍。

(2)对加热炉及设备应做全面检查,各种仪表应齐全完好。泵、阀门、循环系统和安全附件应符合技术和安全要求,超压、超温报警系统应灵敏可靠。

(3)必须经常检查循环系统有无渗漏、振动和异声,定期检查膨胀箱的液面是否超过规定,自控系统的灵敏性和可靠性是否符合要求,并定期清除炉管及除尘器内的积灰。

(4)导热油的管道应有防护设施。

石粉供应安全技术要点如下。

(1)球磨机作业时应遵守下列要点:

①巡检人员应随时对设备进行巡视检查,发现问题及时与设备操作人员联系,并采取相应措施。

②作业人员听到第一次开机信号后,必须迅速离开危险部位。

③作业人员必须在安全线以外进行监控操作。

④开机准备就绪,必须发出开机信号,待发出第二次信号后方可开机。

⑤作业人员应随时与本班组及相关班组人员保持联系,发现问题应及时采取措施处理。

⑥旋转部位发生故障,必须立即停机。

⑦作业结束后,必须切断电源。

(2)石粉输送作业时应遵守下列要点:

①石粉罐中存有石粉时,严禁进罐检查。

②气力输送石粉装置的气压不得超过设备使用说明书的规定值。

③螺旋输送装置的螺旋输送机、提升机在运行中严禁清理杂物。

明火熬制沥青施工安全技术要点如下。

(1)锅灶设置要点:

①支搭的沥青锅灶,应距建筑物 30 m,距电线垂直下方在 10 m 以上。周围不得有易燃易爆物品,并应备有锅盖、灭火器等防火用具。

②锅盖应采用钢质材料,严禁使用敞口锅;油锅上方搭设的防雨棚,严禁使用易燃材料。

③沥青锅的前沿(有人操作的一面)应高出后沿 10 cm 以上,并高出地面 0.8 ~1.0 m。

④舀、盛热沥青的勺、桶、壶等不得锡焊。

⑤沥青锅与烟囱的净距应大于 80 cm,锅与锅的净距应大于 2 m,火口顶部与锅边应设高度 70 cm 的隔离设施。

(2)沥青预热要求:

①打开沥青桶上的大、小盖,当只有一个桶盖时,应在其相对方向另开一孔,以便通气出油;桶内如有积水必须先予排除。

②操作人员应注意防止沥青突然喷出,如发现沥青从桶的砂眼中喷出,应在桶外的侧面,铲以湿泥涂封,不得用手直接涂封。

③烤油中如发现沥青桶口堵塞,操作人员应站在侧面用热铁棍疏通。

④烤油时必须用微火,不得用大火猛烤。

⑤卧桶烤油时的油槽应搭设牢固,流向储油锅(池)的通道要畅通。

⑥卧桶烤油时,如搭设有排灶,油桶在微火口上开始时应时时转动油桶,不得局部过分受热,当沥青开始处于流动状态时,应将油桶小口朝下、大口朝上,油从小口流入油槽。同时,应在排灶火口和油槽前,设置安全墙。

⑦桶装沥青中,往往含有成团的水,在预热后沥青流入油锅熬制前,应注意除去明水,以免入锅后引起涨锅。

(3)沥青熬制要点:

①熬油锅应清洁,不得有水和杂物。沥青应缓慢投入,以免因一次投入量过多而造成涨锅。投入量不得超过油锅容积的 2/3,块状沥青应改小并装在铁丝瓢内下锅,不得直接向锅内抛掷,以免溅油伤人;严禁烈火加热空锅时加入沥青。

②预热后的沥青宜用溜槽流下油锅,并应视油锅中涨锅情况控制油量;如用油桶直接倒入油锅,应小心搬运,桶口应尽量放低,以防被热沥青溅伤。

③在熬制沥青时,如发现漏油,必须立即熄灭炉火;舀油时,应用长柄勺,并要经常检查其连结是否牢固。

④油料脱水应缓慢加热,经常搅动,使水蒸气不断溢出消散,以免由涨锅而导致溢锅;严禁猛火加温而导致沥青溢锅,如发现有漫油迹象,应立即熄灭炉火。

⑤熬油工应随时掌握油温变化情况，当白色烟转为红、黄色烟时，应立即熄灭炉火。

⑥熬油现场临时堆放的沥青及燃料不应过多，对方位置距沥青锅炉应在 5 m 以外。

⑦经常检查熬油现场用电照明设施的情况，应保证安全、完好。

⑧熬油操作人员应穿工作服、工作鞋，戴工作帆布手套等，做好防护工作。

⑨防火器材应处于良好状态，并应有足够数量。

⑩沥青一旦着火，必须立即用锅盖将沥青锅盖上，并封炉熄火；外溢的沥青着火，必须立即用干砂、湿麻袋等灭火；严禁在着火的沥青中浇水。

洒布机(车)作业地段的安全技术要点如下：

(1)洒布现场应设专人警戒。

(2)施工现场的障碍物应清除干净。

(3)洒油时作业范围内不得有人。

(4)施工现场严禁使用明火。

喷洒沥青前，必须对检查井、闸井、雨水口采取覆盖等安全防护措施；沥青洒布前应进行试喷，确认合格；试喷时，油嘴前方 3 m 内不得有人。

需在现场设置集中式沥青混合料拌和站时，支搭拌和站应符合下列要求：

(1)施工前，应对拌和站进行施工设计；平台、支架、储料仓的强度、刚度、稳定性应满足拌和站在拌和混合料过程中荷载的要求。

(2)搅拌机、输送装置等应完好，应设置工作棚等防护设施，电气接线应符合相关技术规范。

(3)现场拌和站应单独设置，具有良好的供电、通风条件与环保措施，周围应设围挡。

(4)搅拌机等机械应设机械操作程序牌。

(5)拌和站搭设完成，应检查、验收，确认合格并形成文件后方可使用。

第五节　隧道工程施工安全控制要点

一、隧道工程施工安全总体控制要点

施工场地应作出详细的部署和安置，出渣、进料及材料堆放场地应妥善布置，弃渣场地应设置在不堵塞河流、不污染环境、不毁坏农田的地段。对风、水、电、路等设施作出统一安排，并在进洞前基本完成。

进洞前应先做好洞口工程，稳定好洞口的边坡和仰坡，做好天沟、边沟等排水设施，确保地表水不致危及隧道的施工安全。

隧道施工的各作业队、各班组间，应建立完善的交接班制度，并将施工、安全等情况记载于交接班的记录簿内。工地现场值班负责人应认真检查交接班情况。

所有进入隧道工地的人员，必须按规定佩戴安全防护用品，遵章守纪，听从指挥。

遇有不良地质地段施工时，应按照先治水、短开挖、弱爆破、先护顶、强支护、早衬砌的原则稳步前进。当设计文件中指明有不良地质情况时，应进行超前钻孔，探明情况，采取预防措施。

水底公路隧道施工必须按照水底公路隧道施工的安全技术规定执行(本安全控制要点

只限于山区公路隧道的施工)。

二、开挖、凿孔及爆破作业安全控制要点

开挖人员到达工作地点时,应首先检查工作面是否处于安全状态。详细检查支护是否牢固,顶板和两帮是否稳定,如有松动的石、土块或裂缝应予以清除或支护。

人工开挖土质隧道时,应先检查镐、锹、锄头等工具是否完好,各部连接是否牢固。操作时必须互相配合并保持必要的安全操作距离。

人工打眼时,应检查锤及锤把的连接是否牢固,锤把是否有裂缝、腐朽和歪斜,锤头及钢钎顶端有无不平和严重毛边情况,如有应予以更换。

机械凿岩时,宜采用湿式凿岩机或带有捕尘器的凿岩机。

站在渣堆上作业,应注意渣堆的稳定,防止滑坍伤人。

采用风钻钻眼,应先检查机身、螺栓、卡套、弹簧和支架是否正常完好;管子接头是否牢固,有无漏风;钻杆有无不直、带伤以及钻孔堵塞现象;湿式凿岩机的供水是否正常;杆式凿岩机的捕尘设施是否良好,不合要求者应予修理或更换。

使用带支架的风钻钻眼时,必须将支架安置稳妥。风钻卡钻时,应用板钳松动拔出,不可敲打,关风前不得拆除钻杆。

采用电钻钻眼,应检查把手胶套的绝缘和防止电缆脱落的装置是否良好。电钻钻工必须手戴绝缘手套,脚穿绝缘胶鞋。电气线路上要安装漏电保护器。电钻钻工不得用手导引回转钢钎,不应用电钻处理被夹住的钎子。

不得在工作面拆卸及修理风、电钻。

严禁在残眼中继续钻眼。

钻孔台车进洞时要有专人指挥,认真检查道路状况和安全界限,其行走速度不得超过25 m/min。台车在行走或暂停时,应将钻架和机具都收拢到放置位置,就位后不得倾斜,并应刹住车轮,放下支柱,防止移动。

洞内爆破必须统一指挥,并由经过专业培训且持有爆破操作合格证的专业爆破人员进行作业。

装药与钻孔不得平行作业。

爆破器材加工房应设在洞口以外至少50 m远的安全地点。严禁在加工房以外的地点改制和加工爆破器材。长隧道施工在洞内加工爆破器材时,其加工洞室的设置应符合国家现行的爆破安全规程的有关规定。

爆破作业和爆破器材加工人员,严禁穿着化纤衣物。

进行爆破时,所有人员应撤离现场,其安全距离为:

(1)独头巷道不少于200 m;

(2)相邻的上下坑道内不少于100 m;

(3)相邻的平行道、横通道及洞间不少于50 m;

(4)采用全断面开挖进行深孔爆破(孔深3~5 m)时,不少于500 m。

洞内每天放炮次数应有明确的规定,装药离放炮时间不得过久。

装药前应检查爆破工作面附近的支护是否牢固。炮眼内的泥浆、石粉应吹洗干净。刚打好的炮眼热度过高,不得立即装药。如遇有照明不足,发现流沙、泥流未经妥善处理,或可

能有大量溶洞水涌出时，严禁装药爆破。

洞内爆破不得使用黑色火药。

火花起爆时，严禁明火点炮，其导火索的长度应保证点完导火索后，人员能撤至安全地点，但不得短于1.2 m。一个爆破工一次点燃的根数不宜超过5根。如一人点炮超过5根或多人点炮时，应先燃计时导火索，计时导火索的长度不得超过该次被点导火索中最短导火索的1/3。当计时导火索燃烧完毕，无论导火索点完与否，所有爆破人员必须撤离工作面。

为防止点炮时发生照明中断，爆破工应随身携带手电筒，严禁用明火照明。

采用电雷管爆破时，必须按照国家现行的爆破安全规程的有关规定进行，并应加强洞内电源的管理，防止漏电引爆。装药时，可用投光灯、矿灯或风灯照明。起爆主导线宜悬空架设，距各种导电体的间距必须大于1 m。

爆破后必须经过通风排烟。相距15 min以后，才准许检查人员进入工作面，检查有无盲炮及可疑现象，有无残余炸药或雷管，顶板两帮有无松动石块，支护有无损坏与变形。在妥善处理并确认无误后，其他工作人员才准进入工作面。

当发现盲炮时，必须由原爆破人员按规定处理。

装炮时应使用木质炮棍装药，严禁火种。无关人员与机具等均应撤至安全地点。

两工作面接近贯通时，两端应加强联系与统一指挥。岩石隧道两工作面距离接近15 m（软岩为20 m）时，一端装药放炮，另一端人员应撤离到安全地点。导坑已打通的隧道，两端施工单位应协调放炮时间；放炮前要加紧联系和警戒，严防对方人员误入险区。

土质或岩石破碎隧道接近贯通时，应根据岩性适当加大预留贯通的安全距离。此时只准一端掘进，另一端的人员和机具应撤离至安全地点。贯通后的导坑应设专人看管，严禁非施工作业人员通行。

三、洞内运输中的安全控制要点

各类进洞车辆必须处于完好状态，制动有效，严禁人料混载。

进洞的各类机械与车辆，宜选用带净化装置的柴油机动力，燃烧汽油的车辆和机械不得进洞。

所有运载车辆不准超载、超宽、超高运输。装运大体积或超长料具时，应有专人指挥，专车运输，并设置显示界限的红灯，物件应捆扎牢固。

进出隧道的人员应走人道，不得与机械或车辆抢道，严禁扒车、追车或搭车。

人工装渣时，应将车辆停稳并制动。漏斗装渣时，应有联络信号。装满渣时应发出停漏信号，并及时盖好漏渣口。接渣时，漏斗口下不得有人通过。人力卸渣时，应将车辆停稳并制动，严禁站在斗车内扒渣。机械装渣时，坑道断面应能满足装载机械的安全运转要求，装渣机上的电缆或高压胶管应由专人收放，装渣机操作时，其回转范围内不得有人通过。

洞内采取有轨运输时，应符合下列要求：

（1）洞内平曲线半径不应小于车轴距的7倍，洞外不应小于车轴距的10倍。

（2）双线运输时，其车辆错车净距应大于0.4 m，车辆跨坑壁或支撑边缘的净距不应小于0.2 m。

（3）单线运输时，在一侧应设宽度不小于0.7 m的人行道，并在适当地点设错车道，错车道的长度应满足最长列车运行的需要。

(4)洞内轨道坡度宜与隧道纵坡一致，卸渣地段应设不小于1%的上坡道。

(5)在线路尽头应设置挡车装置和标志以及足够宽的卸车平台。

(6)运输线路应由专人维修、养护，线路两侧的废渣和余料应随时清理。

动力牵引的有轨运输作业，可参照煤矿安全规程的有关规定办理。

洞内采取无轨运输时，应符合下列要求：

(1)洞内运输的车速不得超过：人力车5 km/h；机动车在施工作业地段单车10 km/h，有牵引车及会车时5 km/h；机动车在非施工作业地段单车20 km/h，会车时10 km/h；

(2)车辆行驶中严禁超车。

(3)在洞口、平交道口及施工狭窄地段应设置"缓行"标志，并设专人指挥交通。

(4)凡停放在接近车辆运行界限处的施工设备与机械应在其外缘设置低压红色闪光灯，组成显示界限，以防止运输车辆碰撞。

(5)在洞内倒车与转向时，应开灯鸣号，由专人指挥。

(6)洞内卸渣场地应保持一段的上坡段，并在堆渣边缘内0.8 m处设置挡木。

(7)路面应有一定的平整度，并设专人养护。

(8)洞内车辆相遇或有行人通行时，应关闭大灯光，改用近光或小灯光。

在隧道工程外部运输爆破器材时，必须遵守国家现行的民用爆炸物品管理条例。

(1)在任何情况下，雷管与炸药必须放置在带盖的容器内分别运送。人力运送时，雷管与炸药必须分别运送，不得由一人同时运送。汽车运输时，雷管与炸药必须分别装在两辆车内运送，其间距应相隔5 m以上。有轨机动车运输时，不宜在同一列车上运送，如必须用同一列车运送，装雷管与炸药的车辆必须用三个空车厢隔开。

(2)用人力运送爆破器材时，必须由专人护送，并应直接送到工地，不得在中途停留。一人一次运送的炸药量不得超过20 kg或原包装一箱。

(3)用汽车运送爆破器材时，汽车排气口应加装防火罩，运行中应显示红灯，器材必须由爆破工专人护送，其他人员严禁搭乘。爆破器材的装载高度不得超过车厢边缘，雷管或硝化甘油类炸药的装载不得超过两层。

(4)用有轨机动车运送爆破器材时，其行驶速度不得超过2 m/s，护送人员与装卸人员只准乘在尾车内，其他人员严禁乘车。硝化甘油类炸药或雷管必须在专用、带盖的木质车厢内，车内应铺有胶皮或麻袋并只准堆放一层。

(5)在井内运送爆破器材时，必须做到：

①事先通知卷扬机驾驶员和井口上下联络人员。

②除爆破工和护送人员外，其他人员不得同罐乘坐。

③运送硝化甘油类炸药或雷管时，只准堆放一层，且不得滑动；运送其他炸药时，装载高度不得超过罐笼高度的2/3，并不高于1.2 m。

④用罐笼运输硝化甘油类炸药或雷管时，其升降速度不得超过2 m/s，运送其他炸药不得超过4 m/s，用吊桶运送爆破器材时，其升降速度不得超过1 m/s。

⑤驾驶员在操纵卷扬机时，不得使罐笼或吊桶发生振动。

⑥运送电雷管时，应装入绝缘箱内，切断洞内所有电源，并检查钢丝绳是否带电。

⑦严禁爆破器材在井口房、井底车场或在巷道内停放。

⑧在上下班或人员集中的时间内，严禁运输爆破器材。

(6)严禁用翻斗车、自卸汽车、拖车、拖拉机、机动三轮车、人力三轮车、自行车、摩托车和皮带运输机运送爆破器材。

四、对支护的安全要求

隧道各部(包括竖井、斜井、横洞及平行导洞)开挖后,除围岩完整坚硬、设计文件中规定不需支护者外,其他都必须根据围岩情况、施工方法选用有效的支护。

施工期间,现场施工负责人应会同有关人员对支护各部定期进行检查。在不良地质地段每班应设专人随时检查,当发现支护变形或损坏时,应立即整修加固,变形或损坏情况严重时,应先将施工人员撤离现场,再行加固。

洞口地段和洞内水平坑道与辅助坑道(横洞、平行导坑等)的连接处,应加强支护或及早进行永久衬砌。

洞内支护,应随挖随支护,支护至开挖面的距离一般不得超过 4 m。如遇石质破碎、风化严重和土质隧道,应尽量缩短支护至工作面的距离。施工短期停工时,应将支撑直抵工作面。

不得将支撑立柱置于废渣或活动的石头上。软弱围岩地段的立柱应加设垫板或垫梁,并加木楔塞紧。

开挖漏斗孔应加强支护,并加设盖板;供人上下孔道应设置牢固的扶梯。

采用木支撑时,应选用松、柏、杉等坚硬且富有弹性的木材,其梁、柱的梢径不得小于 20 cm。跨度大于 4 m 时,不得小于 25 cm。其他连接杆件梢径不得小于 15 cm,木板厚度不小于 5 cm。木支撑应采用简单、直立,易于拆、立的框架结构,并应保证坑道的运输净空。

安装钢支架,应遵守有关起重和高处作业等安全规则,选用适宜的小型机具进行吊装。

喷锚支护宜采用光面爆破,危石应清除,脚手架应牢固可靠,喷射手应佩戴必要的防护用品。机械各部应完好正常,压力应保持在 0.2 MPa 左右。注浆管喷嘴严禁对人放置。

当发现已喷锚区段的围岩有较大变形或锚杆失效时,应立即在该区段增设加强锚杆,其长度不小于原锚杆长度的 1.5 倍。如喷锚后发现围岩突变或围岩变形量超过设计允许值,宜用钢支架支护。

当发现测量数据有不正常变化或突变,洞内或地表位移值大于允许位移值,洞内或地面出现裂缝以及喷层出现异常裂缝时,均应视为危险信号,必须立即通知和组织作业人员撤离现场,待制订处理措施后才能继续施工。

五、对衬砌的安全要求

随着隧道各部开挖工作的前进,应及时进行衬砌或压浆,特别是洞门建筑的衬砌必须尽早施工,地质不良地段的洞口必须先完成。

衬砌使用的脚手架、工作平台、跳板、梯子等应安装牢固,不得有露头的钉子和突出的尖角。靠近通道的一侧应有足够的净空,以保证车辆、行人的安全通过。

脚手架及工作平台上的铺板,应钉铺严密。木板的端头必须搭于支点上。高于 2 m 的工作平台上应设置不低于 1.2 m 的双道护身栏杆,跳板应设防滑条。

脚手架及工作平台上所站人数及堆置的建筑材料,不得超过其计算载重量。

在 2 m 以上高处作业时,应符合国家高处作业的有关规定。

在洞内作业地段倾斜衬砌材料时，人员和车辆不得穿行。

机械转动部分应设有防护罩，使用电动机必须有接地装置，移动和修理机器及管线路时，应先停电，并切断电源、风源。

安装、拆除模板及拱架时，工作地段应由专人监护。拆下的模板不得堆放在通道上。

拆除灌注混凝土模板内支撑时，应随拆随灌。当岩层破碎、压力过大地段的支撑不能拆除时，拱圈部分应由预制混凝土柱代替木杆予以拆换。

衬砌用的石料及砌块，应采用车辆运送，装卸车或安装砌块时，宜使用小型机械提升。当砌筑高度在 1.5 m 以下时，允许使用跳板抬运，但跳板应架到与隧道平行的位置。

用石料砌筑边墙时，应间歇进行。当砌筑高度到 2 ~ 3 m 时，应停止 4 h 后，方能继续砌筑。若墙后超挖过大，回填层应逐层用干（浆）砌料填塞，以免坍塌。

压浆机在使用前应进行检查并试运转，管路连接要完好，压力要正常，操纵压浆喷嘴人员应佩戴护目镜及胶皮手套。喷浆嘴应用支架支撑牢固，压浆时，掌握喷嘴的人员必须注意喷嘴的脱落，并设法躲避。拔取时必须在撤除压力后进行。检修和清洗时，应在停止运行、切断电路、关闭风门后，方准进行。

采用模板台车进行全断面衬砌时，台车距开挖面的距离不得小于 260 m，台车下的净空应能保证运输车辆的顺利通行。混凝土灌注时，必须两侧对称进行。台车上不得堆放料具，工作台应满铺底板，并设安全栏杆。拆混凝土输送软管时，必须停止混凝土泵的运转。

严禁在洞内熬制沥青，在洞外熬制时，应远离人员、房屋集中点。

六、竖井与斜井施工安全控制要点

竖井与斜井附近，应在施工前做好修整，周围应修好排水沟、截水沟，防止地面水侵入井中，发生坍塌。竖井井口平台，应比地面至少高出 0.5 m，井口应有严密的井盖，只有当吊笼罐升降时，才准许打开井盖。

装配起爆药卷，应在距井口 50 m 以外的加工房内进行，起爆药卷应由爆破工携送下井，除起爆药卷外，不得携带其他炸药。

每次爆破之后均应由专人清除危石和掉落在井圈上的石渣，并应修整被打坏的支撑，待清修完毕后，才准进行正常工作。

当工作面附近或井筒未衬砌部分发现有落石、支撑发响或大量涌水时，工作面施工人员应立即循安全梯或使用提升设备撤出井外，并报告处理。

在吊盘上，工作人员的工具应妥善地放在工具袋内，使用时应牢固地拴在身上或其他固定物上，不得将不使用的零星工具放置在附近的支撑上。

在井口明显部位应设置醒目的安全标志及有关施工技术安全规则。井口及井底应悬挂有关信号。

竖井提升作业必须符合下列要求：

(1)井口应设防雨设施，接罐地点应设置牢固的活动栅门，由专人掌管启闭。接罐人员均应佩戴安全带，上下井的人员应服从接罐人员的指挥。通向井口的轨道应设阻止器。

(2)施工期间采用吊桶升降人员与物料时，应做到：

①吊桶必须沿钢丝绳轨道升降，保证吊桶不碰撞岩壁。在施工初期尚未设罐道时，吊桶升降距离不得超过 40 m；施工时吊盘下面不装罐道的部分也不得超过 40 m。

②运送人员的速度不得超过 5 m/s，无稳绳地段不得超过 1 m/s；运送石渣及其他的材料时不得超过 8 m/s，无稳绳地段不得超过 2 m/s；运送爆破器材时，不得超过 1 m/s。

③提升钢丝绳应用钩头与吊桶连接牢固，保证在升降时不致脱钩。

④吊桶上方必须设置保护伞。

⑤不得在吊桶边缘上坐立，乘坐人员的身体任何部位不得超出桶沿。

⑥用自动翻转式吊桶升降人员时，必须有防止吊桶翻转的安全装置，严禁用底开式吊桶升降人员。

⑦吊桶提升到地面时，人员必须从地面出车平台进出吊桶，并应在吊桶停稳和井盖门关闭以后进出吊桶，双吊桶提升时，井盖门不得同时打开。

⑧装有物料的吊桶不得乘人。

⑨吊桶载重量应有规定，不得超载。

(3)施工期间采用罐笼升降人员与物料时，应做到：

①罐顶应设置可以打开的铁盖或铁门。

②罐底必须满铺钢板，并不得有孔。如果罐底下面有阻车器的连接杆装置，必须设牢固的检查门。

③两侧用钢板挡严，内装扶手，靠近罐道部分不得装带孔钢板。

④进出口两头必须装设罐门或罐帘横杆的间隙不得大于 0.2 m，罐门不得向外开。

⑤进出装渣车的罐笼内必须装有阻车器。

⑥载人的罐笼净空高度不得小于 1.8 m，罐笼内每人应有 0.18 m^2 的有效面积，罐笼的一次容纳人数和最大载重量应明确规定，并在井口分布。

⑦提渣、升降人员和下放物料的速度不得超过 3 m/s，加速度不得超过 0.25 m/s^2。

⑧罐笼、钢丝绳、卷扬机各部及连接处，必须设专人检查，如发现钢丝绳有损，罐道和罐耳间磨损度超过规定等，必须立即更换。

⑨升降人员与物料的单绳提升罐笼必须设置可靠的防坠器，建井期间使用无防坠器的临时罐笼升降人员时，必须有安全措施。

⑩罐笼升降作业时，下面不得停留人员。

(4)检修井筒或处理事故的人员，如果需要站在罐笼或箕斗顶上工作，必须做到：

①罐笼或箕斗顶上装设保护伞和栏杆。

②佩戴保险绳。

③提升容器的速度一般为 0.3 ~0.5 m/s，最大不得超过 2 m/s。

(5)每一套提升装置，必须装有从井底接罐员给井口接罐员和井口接罐员发给卷扬机驾驶员的信号装置，井口信号装置必须同卷扬机的控制回路闭锁。只有井口接罐员发出信号后，卷扬机才能启动。除常用的信号装置外，还必须有备用信号装置。井底车场和井口之间、井口和卷扬机之间，除上述信号装置外，还必须装设直通电话或对讲机。

(6)一套提升装置供给几个洞室使用时，各洞室都必须设有信号装置和闭锁，所发出的信号必须有区别。

(7)井底车场的信号必须经由井口接罐员发出，井底车场不得直接向卷扬机发信号。只有在发送紧急停车信号时，才可直接向卷扬机驾驶员发出信号。

(8)斜井运输中，必须做到：

①斜井的牵引运输速度不得超过3.5 m/s。接近洞口与井底时，不得超过2 m/s。升降速度不得超过0.5 m/s。

②斜井的垂直深度超过50 m时应配备运送人员的车辆，使用时应做到：

ⅰ.运送人员的车辆必须有顶盖，车辆上必须装有可靠的防坠器，当断绳时能自动起作用，同时也能用手操纵。

ⅱ.运送人员的列车必须设车长跟随，车长坐在行车前方的第一辆车第一排座位上。手动放溜装置也必须在车长座位处。

ⅲ.每班运送人员前，必须检查车辆的连接装置、保险链及防坠器，运送人员前，先放一次空车，检查斜井和轨道的安全状况。

ⅳ.乘人车辆不得超过定员，乘员携带的工具不得超出车厢。

③斜井口必须设置挡车器，并设专人管理。挡车器必须经常处于关闭状态，放车时方可打开。车辆在井内行驶或停留期间，井内严禁人员通过和作业。

④斜井长度超过100 m时，应在井口下20 m和接近井底60 m左右设置第二道挡车器。

⑤井口、井下及卷扬机间应有联系信号。提升、下放与停留应各有明确的色灯和音响等信号规定。

⑥主、副井应设专职信号员，负责接发车工作。卷扬机驾驶员未得到井口信号发出的信号，不得开动。

⑦运送人员的车辆中必须装有向卷扬机驾驶员发送紧急信号的装置。

⑧斜井底停车场，应设避车洞，斜井底附近的固定机械电器设备与操作人员，均应设置在专用洞室内。

⑨车辆连挂提升时，应有可靠的连接装置和断绳保险器，挂钩均应加保险栓。

⑩车与车之间应增加连接保险钢丝绳，提升钢丝绳应有地滚承托。

(9)对钢丝绳和提升装置的安全要求：

①提升用的钢丝绳必须每天检查一次，每隔6个月试验一次。其安全系数规定为：升降人员的安全系数必须大于7，升降物料的安全系数必须大于6。其断丝面积与钢丝总面积之比，升降物料的必须小于10%，升降人员用的不得有断丝。钢丝绳直径减小百分数：提升及制动钢丝绳不得大于10%，其他钢丝绳不得大于15%。超过上述规定时，必须更换。

②钢丝绳的钢丝有变黑、锈皮、点蚀麻坑形成沟纹，外层钢丝绳松动时，必须更换。

③有接头的钢丝绳只允许在水平坑道和30°以下的斜井中运输物料使用。

④提升装置必须设下列保险装置：

ⅰ.防止过卷装置，当提升容器超过正常终端停止位置0.5 m时，必须能自动断电，并能使保险闸起作用。

ⅱ.防止过速装置，当提升容器超过最大速度15%时，必须能自动断电，并能使保险闸起作用。

ⅲ.过负荷和欠电压保护装置。

ⅳ.当最大提升速度超过3 m/s时，必须安装速度限制器，保证提升容器到达终端停止位置前的速度不超过2 m/s。如速度限制器为凸轮板，其旋转角不应小于270°。

ⅴ.闸瓦过度磨损时的报警和自动断电的保护装置。

ⅵ.提升装置必须设松绳保护并接入安全回路。

ⅶ. 箕斗提升时，必须采用定量控制，井口渣台应装设满仓信号，渣仓装满时，能报警或自动断电。

⑤升卷扬机必须装设深度指示器、开始减速时能自动报警的警铃及驾驶员不需离座即能操纵的常用闸和保险闸。

⑥常用闸和保险闸共同使用一套闸瓦时，操纵部分必须分开。双滚筒提升卷扬机的两套闸瓦的传动装置必须分开。

⑦驾驶员不准离开工作岗位，也不能擅自调节制动闸。

⑧升降人员前，应先开一次空车，以检查卷扬机的动作情况，但连续运转时，可不受此限。

⑨要提升装置必须配有正、副驾驶员，在交接班上下井的时间内，必须由正驾驶员开车，副驾驶员在旁监护。

七、隧道作业的环境标准和有关通风及防尘要求

(一)隧道作业的环境标准

(1)粉尘允许浓度：每立方米空气中，含有10%以上游离二氧化硅的粉尘必须在2 mg以下。

(2)氧气含量不得低于20%(按体积计，下同)。

(3)瓦斯(沼气)或二氧化碳含量不得超过0.5%。

(4)一氧化碳浓度不得超过30 mg/m^3。

(5)氮氧化物(换算成二氧化碳)浓度应在5 mg/m^3 以下。

(6)二氧化硫浓度不得超过15 mg/m^3。

(7)硫化氢浓度不得超过10 mg/m^3。

(8)氨的浓度不得超过30 mg/m^3。

(9)隧道内的气温不宜超过28 ℃。

(二)隧道作业中的有关通风及防尘要求

(1)隧道内空气成分每月至少取样分析一次，风速、含尘量每月至少检测一次。

(2)隧道施工时的通风，应设专人管理，应保证每人每分钟得到1.5~3 m^3 的新鲜空气。

(3)无论通风机是否运转，严禁人员在风管的进出口附近停留，通风机停止运转时，任何人员不得靠近通风软管行走和在软管旁停留，不得将任何物品放在通风管或管口上。

(4)施工时宜采用湿式凿岩机钻孔，用水炮泥进行水封爆破以及湿喷混凝土喷射等有利于减少粉尘浓度的施工工艺。

(5)在凿岩和装渣工作面上应做好防尘工作。放炮前后应进行喷雾与洒水。出渣前应用水淋透渣堆和喷湿岩壁。在吹入式的出风口，宜放置喷雾器。

(6)防尘用水的固体质含量不应超过50 mg/L，大肠杆菌不得超过3个/L。水池应保持清洁，并有沉淀或过滤设施。

八、隧道施工中有关照明、排水及防火的规定和要求

(一)有关照明的规定和要求

(1)隧道内的照明灯光应保证亮度充足、均匀、不闪烁。隧道施工应使用独立的供电线

路，在设有斜井、竖井的隧道施工中应有两路电源供电，当一路电源停电时，另一路电源应保证全部负荷的供电。照明灯的高度、功率，应根据开挖断面的大小、施工工作面的位置选用，具体可参照表7-3。

表7-3　各工作面照明度选用

编号	工作面名称	灯头间距(m)	悬挂高度(m)	灯泡功率(W)
1	隧道断面在30 m^2 以下	8	4	60
2	隧道断面在70 m^2 以下	6	4～6	60
3	隧道断面在10 m^2 以下	6	2	60
4	导洞断面在15 m^2 以下	4	2～3	60
5	正洞附近工作面	2～3	4～5	60
6	井下车场	2～3	3～5	60
7	竖井内	3		60
8	运输巷道	6～10	4～6	40～60
9	水平导坑工作面	每平方米工作面15 W		
10	垂直和斜坑道工作面	每平方米工作面25 W		
11	洞内装卸场地	每平方米工作面15 W		

(2)隧道内用电线路，均应使用防潮绝缘导线，并按规定的高度由瓷瓶悬挂牢固。不得将电线挂在铁钉和其他铁杆上，或捆扎在一起。开关外应加木箱盖，采用封闭式熔断器。如使用电缆亦应牢固地悬挂在高处，不得放在地上。

(3)隧道内各部照明电压：①开挖、支撑及衬砌作业地段为12～36 V；②成洞地段为110～220 V；③手提作业灯为12～36 V；④隧道内的用电线路和照明设备必须设专人负责检修管理，检修电器与照明设备时应切断电源；⑤在潮湿及漏水隧道中的电灯应使用防水灯口。

(二)有关排水的规定和要求

(1)在有地下水排出的隧道，必须挖凿排水沟，当下坡开挖时应根据涌水量的大小，设置大于20%涌水量的抽水机具予以排出。抽水机械的安装地点应在导坑的一侧或另开偏洞安装，并用栅栏与隧道隔离。

(2)抽水机械宜采用电力机械，不得在隧道内使用内燃抽水机。抽水机械应有一定的备用台数。

(3)隧道开挖中如预计要穿过涌水地层，且采用超前钻孔探水，查清含水层厚度、岩性、水量、水压等，为防止涌水提供依据。

(4)如发现工作面有大量涌水，应立即令工人停止工作，撤至安全地点。

(三)有关防火的规定和要求

(1)各洞、井口施工区,洞内机电洞室、料室、皮带运输机等处均应设置有效而数量足够的消防器材,并设明显标志,定期检查、补充和更换,不得挪作他用。

(2)洞口 20 m 范围内的杂草必须清除。火源应距洞口至少 30 m 以外。库房 20 m 范围内严禁烟火。洞内严禁明火作业与取暖。

(3)洞内及各洞室不得存放汽油、煤油、变压器油和其他易燃物品。清洗风动工具应在专用洞室内,并设置向外开的防火门。

九、瓦斯防治

隧道施工发现瓦斯时,应加强通风,采取防范措施。当隧道内的瓦斯浓度经通风后,仍超过 0.5% 时,必须遵守以下各条的规定。

瓦斯防治主要是消除瓦斯超限和积存,断绝一切可能引燃瓦斯爆作的火源。

隧道内严禁使用油灯、电石灯、汽灯等有火焰的灯火照明。任何人员进入隧道必须接受检查,严禁将火柴、打火机及其他可自燃的物品带入洞内。

电灯照明必须做到:

(1)电压不得超过 110 V。

(2)输电线路必须使用密闭电缆。

(3)灯头、开关、灯泡等照明器材必须采用防爆型,开关必须设置在送风道或洞口。

矿灯照明必须做到:

(1)每个洞口常备的完好矿灯总数,应大于经常用灯总人数的 10%。

(2)矿灯均需编号,常用矿灯的人员应固定灯号。

(3)矿灯如有电池漏液、亮度不足、电线破损、灯锁不良、灯头密封不严、灯头圈松弛、玻璃和胶壳破裂等情况,严禁发出。发出的矿灯,最低限度应能连续正常使用 11 h。

(4)使用矿灯的人员绝不能拆开敲打和撞击矿灯。出洞或下班时,应立即将矿灯交回灯房。

掘进工作面风流中的瓦斯浓度达到 1% 时,必须停止电钻打眼;达到 1.5% 时,必须停止工作,撤出人员,切断电源,进行处理。

放炮地点附近 20 m 以内风流中的瓦斯浓度达到 1% 时,严禁装药放炮。

电动机附近 20 m 以内风流中的瓦斯浓度达到 1.5% 时,必须切断电源,停止运行。

掘进工作面的局部瓦斯积聚浓度达到 2% 时,其附近 20 m 内必须停止工作,切断电源。

因超过瓦斯浓度规定而切断电源的电气设备,必须在瓦斯浓度降低到 1% 以下时方可开动。使用瓦斯自动检测报警断电装置的掘进工作面只准人工复电。

隧道爆破作业时,必须遵守:

(1)严禁用火花起爆和裸露爆破。

(2)爆破时,宜使用瞬发电雷管,若采用毫秒雷管,其总的延期时间不得超过 130 ms,严禁使用秒或半秒延期雷管。

(3)使用煤矿安全炸药。

(4)短隧道放炮时,所有人员必须撤出隧道洞外。长隧道单线应撤出 300 m 以外,双车道上半断面开挖撤至 400 m 以外,双车道全断面开挖应撤至 500 m 以外。

瓦斯隧道中的机具，如电瓶车、通风机、电话机、放炮器等，必须采用防爆型。

必须严格采用凿岩，洞内使用的金属锤头必须镶有不产生火花的合金。装渣使用的金属器械，不得猛力与石渣碰击，铲装前必须将石渣浇湿。

洞内装设及检修各种电气设备时，必须先切断电源。电缆互接或分路时，必须在洞外进行锡焊和绝缘包扎并热补。严禁在洞内电缆上临时接装电灯或其他设备。电缆在洞内接头时，应在特制的防爆接线盒内或有防爆接线盒的电气设备内进行连接。

有瓦斯的隧道，每个洞必须设专职瓦斯检查员。一般情况下每小时检查一次，将结果记入记录簿。检测瓦斯的检定器应每季度校对一次。

通风必须采用吹入式。通风主机应有一台备用机，并有两路电源供电。通风机停止时，洞内全体人员必须撤至洞外。

隧道内严禁一切可以导致高温与发生火花的作业。

隧道施工时必须配备必要的急救和抢救的设备及人员。施工人员必须具有防止瓦斯爆炸方面的安全知识。

十、岩石隧洞施工安全监测

岩石隧洞安全监测的对象主要是围岩、衬砌、锚杆和钢拱架及其他支撑，监测的部位包括地表、围岩内、洞壁、衬砌内和衬砌内壁等，监测类型主要是位移和压力，具体见表7-4。

表7-4　岩石隧洞监测的项目和所用仪器

监测类型	监测项目	监测仪器
位移	地表沉降	水准仪
	地表水平位移	经纬仪
	拱顶沉降	水准仪，电子水平尺
	拱脚基础沉降	水准仪，电子水平尺
	围岩位移(径向)	单点、多点位移计，三维位移计
	围岩位移(水平)	测斜仪，三维位移计
	洞周收敛	收敛计，巴塞特系统
压力	围岩内压力	压力盒，压力枕，应变计
	衬砌混凝土内压力	压力盒，压力枕，应变计
	衬砌钢筋应力	钢筋应力计，应变计
	围岩与衬砌接触压力	压力盒，压力枕
	锚杆轴力	钢筋应力计，应变片，应变计，环式测力计
	钢拱架压力	钢筋应力计，应变片，应变计，轴力计
	地下水渗透压力	渗压计
其他物理量	围岩松动圈	弹性波，形变电阻法
	前方岩体性态	弹性波，超前钻，探地雷达
	爆破震动	测震仪
	声发射	声发射检测仪

第六节　主要工序作业安全控制要点

一、对模板的安全规定和要求

（一）对模板制作的安全规定和要求

（1）制作模板时应细致选料。制作钢模不得使用扭曲严重、螺丝过多、开裂等材料。木模不得使用腐朽、扭裂和大横节疤等木材。

（2）制作钢木结合模板时，其钢木结合部位的强度、刚度应符合设计要求。

（3）制作中应随时检查工具，如发现松动、脱落现象，应立即修好。

（4）用旧木材制作模板时，应将钉子、扒钉拔掉收集好，不得随地乱扔。

（二）模板支立及拆除作业安全控制要点

（1）在基坑或围堰内支模时，应检查基坑有无塌方现象，围堰是否坚固，确认无误后，方可操作。

（2）向基坑或围堰内吊运材料和工具时，应设溜槽或绳索系放，不得抛掷。机械吊送应有专人指挥。模板要捆绑结实，基坑内的操作人员要避开吊送的料具。

（3）用人工搬运，支立较大模板时，应有专人指挥，所用的绳索要有足够的强度，绑扎牢固。支立模板时，底部固定后再进行支立，防止滑动倾覆。

（4）支立模板要按工序操作。当一块或几块模板单独竖立和竖立较大模板时，应设立临时支撑，上下必须顶牢。操作时要搭设脚手架和工作平台。整体模板合拢后，应及时用拉杆斜撑固定牢靠，模板支撑不得钉在脚手架上。

（5）用机械吊运模板时，应先检查机械设备和绳索的安全性和可靠性，起吊后下面不得站人和通行。模板下放，距地面 1 m 时，作业人员方可靠近操作。

（6）高处作业应将所需工具装在工具袋内。传递工具不得抛掷或将工具放在平台和木料上，更不得插在腰带上。

（7）在用斧锤作业时，应照顾四周和上下的安全，防止误伤他人。斧头刃口应配刃口皮套。

（8）拆除模板时，应制订安全措施，按顺序分段拆除，不得留有松动或悬挂的模板，严禁硬砸或用机械大面积拉倒。拆下带钉木料时，应随即将钉子拔掉。

（9）拆除模板不得双层作业。3 m 以上模板在拆除时，应用绳索拉住或用起吊设备拉紧，缓慢送下。

（三）对模板制作场地的安全规定和要求

（1）模板作业场地的布置。木料、钢模、模板半成品的堆放，废料堆集和场内道路的修建，应做到统筹安排，合理布局。

（2）作业场地应搭设简易作业棚，修有防火通道，配备必需的防火器具。四周应设置围栏，作业场内严禁烟火。

（3）钢模、木材应堆放平稳，原木垛高不得超过 3 m，垛距不小于 1.5 m；成材垛高一般不得超过 4 m，每增加 0.5 m 应加设横木，垛距不小于 1 m。作业场地应避开高压线路。

（4）下班前应将锯末、木屑、刨花等杂物清除干净，并要运出场地进行妥善处理。

二、对支架的安全规定和要求

(1)支架所用的桩木、万能杆件应详细检查,不得使用腐朽、劈裂、大节疤的圆木及锈蚀或扭曲严重的万能杆件和钢管等。

(2)地基承载能力应符合设计标准,否则应采取加固措施,使其达到设计要求。

(3)根据施工季节,支架工程应采取防冲刷或防冻涨安全措施。

(4)支立排架要按设计要求施工,应有足够的承载能力和稳定性,并要与支桩连接牢固,防止不均匀沉落、失稳和变形。

(5)支立排架时,应设专人统一指挥。支立排架以整排竖立为宜,排架竖立后,用临时支撑撑牢后,再竖立第二排。两排架间的水平和剪刀撑用螺丝拧紧,形成整体。

(6)用吊机竖立排架时,应用溜绳控制排架起吊时的摆动。

(7)支立排架时,不得与便桥或脚手架相连,防止支架失稳。

三、对脚手架的安全规定和要求

(1)钢管脚手架连接材料应使用扣件,接头应错开,螺栓要紧固。立杆底端需使用底座。铅丝和白麻绳不得连接钢脚手架。

(2)脚手板要满铺、绑牢,无探头板,并要牢固地固定在脚手架的支撑上。脚手架的任何部分均不得与模板相连。

(3)脚手架要设置 1.2 m 高,双道栏杆。敷设的安全设施应经常检查,确保操作人员和小型机械安全通行。

(4)脚手架上的材料和工具要堆放整齐,积雪和杂物应及时清除。有坡度的脚手板要加设防滑木条。

(5)悬空脚手架应用栏杆或撑木固定稳妥、牢靠,防止摆动摇晃。

(6)搭设在水中的脚手架,应检查受水冲刷情况,若发现松动、变形或沉陷应及时加固。在脚手架上的作业人员应佩戴救生设备。

(7)搭设钢管井架相邻的两立杆的接头应错开,横杆和剪刀撑要同时安装。滑轨必须保持垂直,两轨间距误差不得超过 10 mm。

(8)吊篮应严格按照设计要求施工。悬挂吊篮的钢丝绳围绕挑梁不得少于 3 圈,卡子不得少于 3 个。一个吊篮的保险绳索不得少于 2 根。钢丝绳不得与构造物或其他物件相摩擦。

(9)脚手架高度在 10 ~ 15 m 时,应设置一组(4 ~ 6 根)缆风绳。每增高 10 m,应再加设一组。缆风绳与地面夹角为 45° ~ 60°。缆风绳的地锚应设围栏,防止碰撞破坏。

(10)拆除脚手架时,周围应设置护栏或警戒标志,并应从上而下地拆除,不得上下双层作业。拆除的脚手杆、板应用人工传递或吊机吊送,严禁随意抛掷。

四、钢筋加工作业安全控制要点

(1)钢筋施工场地应满足作业需要,机械设备的安装要牢固、稳定,作业前应对机械设备进行检查。

(2)钢筋调直及冷拉场地应设置防护挡板,作业时非作业人员不得进入现场。

（3）钢筋切断机作业前，应先进行试运转，检查刃口是否松动，运转正常后，方能进行切断作业。切长料时应由专人把扶，切短料时要用钳子或套管夹牢，不得因钢筋直径小而集束切割。

（4）采用人工锤击切断钢筋时，钢筋直径不宜超过 20 mm，使锤人员和把扶钢筋、剪切工具人员身位要错开，并防止断下的短头钢筋弹出伤人。

五、焊接作业安全控制要点

（一）电焊作业安全控制要点

（1）电焊机应安设在干燥、通风良好的地点，周围严禁存放易燃易爆物品。

（2）电焊机应设置单独的开关箱，作业时应穿戴防护用品，施焊完毕，拉闸上锁。遇雨雪天，应停止露天作业。

（3）在潮湿地点工作，电焊机应放在木板上，操作人员应站在绝缘胶板或木板上操作。

（4）严禁在带压力的容器或管道上施焊。焊接带电设备时，必须先切断电源。

（5）储存过易燃、易爆、有毒物品的容器或通道，焊接前必须清洗干净。将所有孔口打开，保持空气流通。

（6）在密闭的金属容器内施焊时，必须开设进、出风口。容器内照明电压不得超过 36 V。焊工身体应用绝缘材料与容器壳体隔离开。施焊过程中每隔 0.5 ~ 1 h 外出休息 10 ~ 15 min，并应有安全人员在现场监护。

（7）把线及地线不得与钢丝绳、各种管道、金属构件等接触，不得用这些物件代替接地线。

（8）更换场地，移动电焊机时，必须切断电源，检查现场，清除焊渣。

（9）在高空焊接作业时，必须系好安全带。焊接作业现场周围应备有消防设备。

（10）焊接模板中的钢筋、钢板时，施焊部位下面应垫石棉板或铁板。

（二）气焊作业安全控制要点

气焊作业除应遵守电焊作业中的有关规定外，还必须根据气焊作业本身的特点做到：

（1）气焊作业应采用乙炔瓶与氧气瓶，并不得同放一处，距易燃易爆物品不得少于 10 m。严禁用明火检验是否漏气。氧气瓶和乙炔瓶应随用随领，下班后送回专用库房。

（2）氧气瓶、乙炔瓶受热不得超过 35 ℃，防止火花和锋利物件碰撞胶管。起焊枪点火时应按“先开乙炔、先关乙炔”的顺序作业。

（3）氧气瓶、乙炔瓶、压力表及焊割工具的表面，严禁沾污油脂。

（4）焊接场地距离明火不得少于 10 m。

（5）氧气瓶、乙炔瓶应设有防振胶圈，旋紧安全帽，避免碰撞、剧烈震动和强烈阳光下暴晒。

（6）点火时焊枪不得对人，正在燃烧的焊枪不得随意乱放。

（7）施焊时，场地应通风良好。施焊完毕，应将阀门关好，拧紧安全帽。

六、起重吊装作业安全控制要点

（一）起重作业的规定

（1）大型吊装工程，应在编制施工组织设计时，单独编制相应的安全施工组织设计或方案，并向参加施工作业人员进行安全技术交底。

(2)吊装作业应指派专人统一指挥，参加吊装的起重工要掌握作业的安全要求，其他人员要有明确分工。

(3)吊装作业前必须严格检查起重设备各部件的可靠性和安全性，并进行试吊。

(4)各种起重机具不得超负荷使用。

(5)钢丝绳的安全系数见表 7-5。

(6)地锚要牢固，缆风绳不得绑扎在电杆或其他不稳定的物件上。

(7)作业中遇有停电或其他特殊情况时，应将重物落至地面，不得悬在空中。

表 7-5　钢丝安全系数

用途	安全系数	用途	安全系数
缆风绳	3.5	吊挂和捆绑用	6
支承动臂用	4	千斤绳	8 ~ 10
卷扬机用	5	绳索承重绳	3.75

(二)起重机具作业安全控制要点

起重机具属于特种设备，必须执行国家现行的有关特种设备的安全监察条例、安全规程，定期进行验收、检验，各项管理和技术资料应齐全、有效，并做好登记建档工作。从事特种设备操作的人员，应具备相应的特种作业资格。

1. 卷扬机安全控制要点

(1)卷扬机的各种机件、电气元件以及安全防护设置、钢丝绳等应符合现行的国家关于卷扬机安全规程的规定。

(2)卷扬机应安装牢固、稳定，防止受力时产生位移和倾斜。操作位置必须视野开阔，联系方便。

(3)作业前应检查钢丝绳、离合器、制动器、保险棘轮、传动滑轮等，发现故障应立即排除。

(4)通过滑轮的钢丝绳不得有接头、结节和扭绕，钢丝绳在卷筒上必须排列整齐，作业中最少保留三圈。

(5)操作人员不得擅自离开岗位，作业中突然停电，应立即拉开闸刀，并将运送物件放下。

2. 轮胎式起重机和履带式起重机安全控制要点

(1)作业地面应坚实、平整，支脚必须支垫牢靠，回转半径内不得有障碍物。两台或多台起重机吊运同一重物时，钢丝绳应保持垂直，各台起重机不得超过各自的额定起重能力。

(2)吊起重物时，应先将重物吊离地面 10 cm 左右，停止检查制动器灵敏性和可靠性以及重物绑扎的牢固程度，确认情况正常后，方可继续工作。作业中不得悬吊重物行走。

(3)起升或下降重物时，速度要均匀、平稳，以保持机身的稳定，防止重心倾斜。严禁起吊的重物自由下落。

(4)在驳船上作业时，应用绳索系牢在船上，前后轮(或履带)下应用三角木块楔紧。遇有4～5级风时，应根据驳船载重吨位适当调整吊机负荷。工作完毕应将起重臂放下，制动器刹牢。

（5）配备必要的灭火器，驾驶室内不得存放易燃品。雨天作业，制动带淋雨打滑时，应停止作业。

（6）在输电线路下作业时，起重臂、吊具、辅具、钢丝绳等与输电线的距离不得小于表7-6的规定。

（7）工作完毕，应将机车停放在坚固的地面上，吊钩收起，各部制动器刹牢，操纵杆放到空挡位置。

表7-6　起重臂、吊具、辅具、钢丝绳等与输电线的最小距离

输送线路电压（kV）	最小距离（m）
1以下	1.5
1～35	3
≥60	0.01（V-50）+3

3.塔式起重机安全控制要点

（1）塔式起重机的安装、拆除应有具备相应资格的单位，按照国家现行特种设备安全监察条例的相关规定进行，并组织好检查、验收工作。

（2）塔式起重机必须装备齐各种安全防护装置，并应符合有关规定的要求。

（3）在轨道上行驶前应检查轨道和行驶车轮等的技术状况，不得有啃轨、变形、下沉等现象，轨道上不得有障碍物。

（4）起重机行走的前轮（行走方向）至轨道端部的距离不得小于5 m。工作完毕，紧缩夹轨器，并将各控制开关转到“零”位，切断电源。

4.龙门架安全控制要点

（1）龙门架的制作、拆装、拆除应由具备相应资格的单位，按照国家现行特种设备安全监察条例的有关规定制订、实施安全技术措施方案，并组织好检查、验收工作。

（2）移动式龙门架除进行静载荷试验外，还应等载在轨道上往返运行一次，以检查龙门架在移动中的变形以及轨距、轨道平整度等情况。

（3）吊起重物作水平运动时，应将重物提高到可能遇到障碍物0.5 m以上。运行时被吊重物不得左右摇摆。

（4）牵引移动的跨墩龙门架，在行走时两侧牵引卷扬机必须同时、同速启动和运行。

（5）开动和停止电动机，应缓慢平稳地操纵控制器，做向后移动时，必须待机、物完全停稳后方可操作。

5.人字桅杆和独脚桅杆安全控制要点

（1）人字桅杆和独脚桅杆应选用优质钢、木材料制作。

（2）人字桅杆两腿间的夹角不得大于45°。

（3）桅杆底脚基础要坚固，底脚要稳定牢靠。人字桅杆设置的缆风绳不少于2根，独脚桅杆设置的缆风绳不得少于4根。

(4)独脚桅杆如加设摇杆，变幅钢丝绳应在起重前固定好，调整适度。摇杆摆动幅度应用钢丝绳（或牵引卷扬机）控制。

6.手动葫芦（吊链）安全控制要点

(1)悬挂支撑点必须牢固，使用三脚架悬挂时，基础应坚实，三只架腿受力要均匀，防止活动倾覆。

(2)严禁斜拉重物。

(3)重物吊起后发生卡链时，应在重物下方支垫后进行检查修理，不得硬拉。

7.千斤顶安全控制要点

(1)顶升重物必须在重心位置。如需用千斤顶纠正偏斜物体，放置千斤顶的台座必须坚固可靠。

(2)顶升重物过程中，当千斤顶出现故障时，应在重物支垫稳固后再取出修理。

(3)用多台千斤顶起升同一重物时，动作应同步、均衡。

8.缆索吊装设备安全控制要点

(1)缆索塔架拼装时，应按设计图组拼。索鞍、跑车在组拼前，应进行全面检查。在装卸、运输及组拼中，要防止碰伤，有损伤的杆件不得使用。木塔架施工时，应优选材质，精细加工制作，连接处应采取加固措施。

(2)各种滑轮在使用前，要检查是否灵活，绳槽是否平滑。滑轮组应共同承受荷载，受力不均匀时，应进行调整。

(3)钢丝绳必须按设计荷载要求，选用合适的标准绳索。在使用当中，应经常注意检查，并做好必要的维护。

(4)塔架拼装应随塔高的增加逐步搭好脚手架。作业平台四周挂好安全网并设上下扶梯。随着塔身增高，安全网应随之上移，同时应增设辅助缆风绳，待设计缆风绳安设完成后，方可拆除。

(5)使用万能杆件或桁梁片组拼的索塔，可利用已装好的杆件搭设塔内作业平台。平台木板必须铺满、平稳、牢固。塔架节段增高时，操作人员不得攀登杆件，应通过安全梯或吊篮上下。

(6)主索道两端应设置限位器，工作完毕，收紧吊钩，并切断电源。

(7)主索道和塔架的支拆与使用应按照国家有关特种设备安全监察条例的有关规定执行，并确认安装、拆除、使用单位、人员以及设备本身的安全资格和相关手续是否符合规定。同时，还要制订支拆安全技术措施方案。作业现场应设置警示标志，并设专人（或监护船只）维护道口、航道和村屯附近的交通安全。

七、高处作业安全控制要点

(1)高处作业必须设有可靠的安全防护措施。上下需设置人行斜道、爬梯或升降电梯，通行要设置通道，并一律加设护身栏（护身栏应为双杆，高度不得低于1.2 m）；落差超过2 m的临边、孔隙口等应安设护栏或安全网；在开放型结构上施工，如在高出搭设脚手架和无防护边缘上作业以及在受限制的高处或不稳定的高处，或没有牢靠立足点的地方也必须系挂安全带（绳）等可靠的个人防护装置。

(2)从事高处作业的人员要定期或随时体检，发现有不宜登高的病症者，要立即调换工作岗位，不得从事高处作业。此外，还要及时了解从事高处作业人员的思想情况，发现因各种原因导致思想压力过大或情绪不稳定者，应及时暂停其从事高处作业或工作。

(3)严禁酒后从事高处作业，严禁在大风、雨雪等恶劣天气下从事高处作业。

(4)高处作业人员要穿防滑鞋，严禁穿拖鞋或硬底鞋。所需的材料事先准备齐全，工具应放在工具袋内。

(5)高处作业所用的梯子不得缺档和垫高，同一架梯子不得2人同时上下。

(6)高处作业与地面联系，应由专人负责，配有通信设备。

(7)运送人员和物件的各种升降电梯、吊笼属于特种设备，其产品和安装、拆除作业以及使用应严格按照国家有关特种设备安全监察条例等有关规定办理，并加强日常检查、保养，确保各项安全装置齐全、有效。

(8)严禁人员搭乘吊装、运送物件的设备上下。

八、水上作业安全控制要点

(1)在通航江河湖海上施工的安全管理工作应符合国家有关海上交通安全法、内河交通安全管理条例，以及水上水下施工作业通航安全管理规定，开工前应向当地港航监督部门报告、申请，并获得水上水下作业的许可证。

(2)施工所用的船只应经船检部门检查合格，颁发合格证书，并进行注册登记后方可使用。

(3)施工期间按规定应设置临时码头，航行、作业标志，防撞装置及救护、消防等设施。

(4)船只应设专人管理和调度，由具备驾驶证件的专人驾驶。船只航行前，应检查各部位的机械与设施是否良好，严禁带病作业。

(5)应掌握和及时了解当地的气象、水文情况，遇有大风天气应检查和加固船只的锚缆等设施。遇有雨、雾天，视线不清时，船只应显示规定的信号，必要时应停止航行或作业。

(6)定位船及作业船锚碇后，应在涉及航域范围内设置警示标志。抛锚时，锚链滚滑附近不得站人。

(7)船只靠岸后(或在两船间倒运货物时)应搭设牢固的跳板，跳板两侧加设护栏、扶手或安全网，经踏试稳定牢固，方可上下人或装卸货物。

(8)装船时，严禁超载、偏载，必要时应加配重，调整平衡。卸船时，应分层均匀卸运。

(9)打桩船、起重船施工前应了解作业区域的水深、流速、河床地质等有关情况，为船舶行驶、抛锚、定位做好安全准备工作。

(10)抛锚、就位应保持船体稳定。如用两艘船体连接，必须连接牢固，稳定可靠。

(11)使用轮胎或履带吊车在船上打桩、起重作业时，船体应按施工要求进行加固，并在吊车轮胎(或履带)下加铺垫板。

(12)牵引或在旁侧拖带作业船时，严禁超载，牵引(或拖带)用的钢丝绳必须连接牢固。

(13)交通船必须符合客运船只的标准要求，并按事先规定的固定线路行驶，按规定的载人数量渡运，严禁超员强渡。

(14)所有驾乘人员都必须穿好救生衣，船上还应备有救生设备。

(15)船行途中，乘船人不得走动或站立。

第七节　特殊季节与夜间施工安全控制要点

一、雨期施工的安全要点

由于雨期施工持续时间较长，而且大风、大雨等恶劣天气具有突然性，因此应认真编制好雨期施工的安全技术措施，做好雨期施工的各项准备工作。

（一）合理组织施工

合理组织施工指根据雨期施工的特点，将不宜在雨期施工的工程提早或延后安排，对必须在雨期施工的工程制订有效的措施。晴天抓紧室外作业，雨天安排室内工作。注意天气预报，做好防汛准备。遇到大雨、大雾、雷击和6级以上大风等恶劣天气，应当停止进行露天高处、起重吊装和打桩等作业。

（二）做好施工现场的排水

(1)根据施工总平面图、排水总平面图，利用自然地形确定排水方向，按规定坡度挖好排水沟，确保施工工地的排水畅通。

(2)应严格按防汛要求，设置连续、通畅的排水设施和其他应急设施，防止泥浆、污水、废水外流或堵塞下水道和排入河沟。

(3)若施工现场邻近高地，应在高地的边缘（现场的上侧）挖好截水沟，防止洪水冲入现场。

(4)雨期前应做好傍山的施工现场边缘的危石处理，防止滑坡、塌方威胁工地。

(5)雨期应设专人负责，及时疏浚排水系统，确保施工现场排水畅通。

（三）运输道路

(1)对路基易受冲刷部分，应铺石块、焦渣、砾石等渗水防滑材料，或者设涵管排泄，保证路基的稳固。

(2)雨期应指定专人负责维修路面，对路面不平或积水处应及时修好。

(3)场区内主要道路应当硬化。

（四）临时设施及其他准备工作

(1)施工现场的大型临时设施，在雨期前应整修加固完毕，应保证不漏、不塌、不倒、周围不积水，严防水冲入设施内。选址要合理，避开滑坡、泥石流、山洪坍塌等灾害地段。大风和大雨后，应当检查临时设施地基和主体结构情况，发现问题及时处理。

(2)雨期前应清除沟边多余弃土，减轻坡顶压力。

(3)雨后应及时对坑槽边坡和固壁支撑结构进行检查，对深基坑应当派专人进行认真测量、观察边坡情况，如果发现边坡有裂缝、疏松、支撑结构折断、走动等危险征兆，应当立即采取措施。

(4)雨期施工中遇到气候突变，发生暴雨、水位暴涨、山洪暴发或因雨发生坡道打滑等情况，应当停止土石方机械作业施工。

(5)雷雨天气不得露天进行电力爆破土石方，如中途遇到雷电，应当迅速将雷管的脚线、电线主线两端连成短路。

(6)大风大雨后作业，应当检查起重机械设备的基础、塔身的垂直度、缆风绳和附着结构，以及安全保险装置并先试吊，确认无异常方可作业。轨道式塔机，还应对轨道基础进行全面检查，检查轨距偏差、轨顶倾斜度、轨道基础沉降、钢轨不直度和轨道通过性能等。

(7)落地式钢管脚手架底应当高于自然地坪 50 mm，并夯实整平，留一定的散水坡度，在周围设置排水措施，防止雨水浸泡脚手架。遇到大雨、大雾、高温、雷击和6级以上大风等恶劣天气，应当停止脚手架的塔设和拆除作业。大风、大雨后，要组织人员检查脚手架是否牢固，如有倾斜、下沉、松扣、崩扣和安全网脱落、开绳等现象，要及时进行处理。

二、冬期施工的安全要点

(一)冬期施工的概念和特点

1. 冬期施工的概念

根据当地多年气象资料，当室外日平均气温连续 5 d 稳定低于 5 ℃时即进入冬期施工；当室外日平均气温持续 5 d 高于 5 ℃时解除冬期施工。

2. 冬期施工的特点

(1)冬期由于施工条件及环境不利，是各种安全事故多发季节。

(2)隐蔽性、滞后性。即工程是冬天干的，大多数在春季开始才暴露出来问题，因而给事故处理带来很大的难度，不仅给工程带来损失，而且影响工程的寿命。

(3)冬期施工的计划性和准备工作时间性强。这是由于准备工作时间短，技术要求复杂。往往一些安全事故的发生，都是由于这一环节跟不上，仓促施工造成的。

(二)冬期施工的安全措施

(1)机械挖掘时应当采取措施注意行进和移动过程的防滑，在坡道和冰雪路面应当缓慢行驶，上坡时不得换挡，下坡时不得空挡滑行，冰雪路面行驶不得急刹车。发动机应当搞好防冻，防止水箱冻裂。在坡附近使用、移动机械注意边坡可承受的荷载，防止边坡坍塌。

(2)蒸热法溶解冻土应防止管道和外溢的蒸汽、热水烫伤作业人员。

(3)电热法溶解冻土时应注意以下安全事项：

①此法进行前，必须有周密的安全措施；

②应由电气专业人员担任通电工作；

③电源要通过有计量器、电流、电压表、保险开关的配电盘；

④工作地点要设置危险标志，通电时严禁靠近；

⑤进入警戒区内工作时，必须先切断电源；

⑥通电前工作人员应退出警戒区，再行通电；

⑦夜间应有足够的照明设备；

⑧当含有金属夹杂物或金属矿石的冻土时，禁止采用电热法。

(4)采用烘烤法溶解冻土时，会出现明火，由于冬天风大、干燥，易引起火灾，因此应注意以下安全事项：

①施工作业现场周围不得有可燃物；

②制定严格的责任制，在施工地点安排专人值班，务必做到有火就有人，不能离岗；

③现场要准备一些砂子或其他灭火物品，以备不时之需。

(5)春融期间在冻土地基上施工应注意以下安全事项：春融期间开工前必须进行工程地质勘察，以取得地形、地貌、地物、水文及工程地质资料，确定地基的冻结深度和土的融沉类别。对有坑洼、沟槽、地物等特殊地段的建筑物场地应加点测定。开工前,对坑槽沟边坡和固壁支撑结构应当随时进行检查,深基坑应当派专人进行测量、观察边坡情况,如果发现边坡有裂缝、疏松、支撑结构折断、走动等危险征兆,应当立即采取措施。脚手架、马道要有防滑措施,及时清理积雪,外脚手架要经常检查加固。

(6)现场使用的锅炉、火坑等用焦炭时,应有通风条件,防止煤气中毒。

(7)防止亚硝酸钠中毒。亚硝酸钠是冬期施工常用的防冻剂、阻锈剂,人体摄入 10 mg 亚硝酸钠,即可导致死亡。由于其外观、味道、溶解性等许多特征与食盐极为相似,很容易误作为食盐食用,导致中毒事故,故要采取措施,加强使用管理,以防误食:

①使用前应当召开培训会,让有关人员学会辨认亚硝酸钠(亚硝酸钠为微黄色或无色,食盐为纯白色);

②工地应当挂牌,明示亚硝酸钠为有毒物质;

③设专人保管和配制,建立严格的出入库手续和配制使用程序。

(8)大雪、轨道电缆结冰和 6 级以上大风等恶劣天气,应当停止垂直运输作业,并将吊笼降到底层(或地面),切断电源。

(9)风雪过后作业,应当检查安全保险装置并先试吊,确认无异常方可作业。

(10)井字架、龙门架、塔机等缆风绳地锚应当埋置在冻土层以下,防止春季冻土融化,地锚锚固作用降低,地锚拔出,造成架体倒塌事故。

(11)塔机路轨不得铺设在冻胀土层上,防止土壤冻胀或春季融化,造成路基起伏不平,影响塔基的使用,甚至发生安全事故。

(三)冬期施工防火要求

冬期施工现场使用明火处较多,管理不善很容易发生火灾,必须加强用火管理。

(1)施工现场临时用火,要建立用火证制度,由工地安全负责人审批,用火证当日有效用后收回。

(2)明火操作地点要有专人看管。看火人的主要职责:注意清除火源附近的易燃、易爆物;不易清除时,可用水浇湿或用阻燃物覆盖。

检查消防器材的配置和工作状态情况,落实保湿防冻措施。检查木工棚、库房、车间等场所,不得用火炉取暖,周围 15 m 内不得有明火作业。施工作业完毕后,对用火地点详细检查,确保无死灰复燃,方可撤离岗位。做好保温工作,以防冻结。冬天下雪时,应及时扫除消火栓上的积雪,以免雪化后将消火栓井盖冻住。

入冬前,应做好消防水池的保温工作,随时进行检查,发现冻结时应进行破冻处理。一般方法是在水池上盖上木板,木板上再盖上不小于 40 ~ 50 cm 厚的稻草、锯末等。

入冬前,应将泡沫灭火器、清水灭火器等放入有采暖的地方,并套上保温套。

三、高温季节

(1)对职工进行防暑降温知识的宣传教育,使职工了解中暑症状,学会对中暑病人所应采取的应急措施。利用黑板报、墙报、广播、安全人员讲座与示范等形式开展教育活动。

(2)合理调整作息时间,避开中午高温时间作业。高温作业是指在高温、高湿或强烈辐射的环境下从事作业。当工作需要时,应加强防晒防暑保护措施,严格控制加班加点,高温作业人员的工作时间要适当缩短,保证工人有充足的休息和睡眠时间。

(3)对在容器内和高温条件下的作业场所，要采取通风和降温措施。

(4)对露天作业中的固定场所，应搭设歇凉棚，防止热辐射，并要经常洒水降温。

(5)对高温作业人员，需经常进行健康检查，发现有作业禁忌者，应及时调离高温作业岗位。

(6)要保证及时供应符合卫生要求的茶水、清凉含盐饮料、绿豆汤等。

(7)要经常组织医护人员深入工地进行巡回医疗和预防工作。重视年老体弱、患过中暑者和血压较高的工人身体情况的变化，及时给职工发放防暑降温的急救药品和劳动保护用品。

四、夜间施工

夜间施工的安全技术措施要点如下：

(1)夜间施工时，现场必须有符合操作要求的照明设备，施工驻地要设置路灯。

(2)施工中的小型桥涵两侧及穿越路基的管线等临时工程，应设置围栏，并悬挂红灯示警标志。

(3)大型桥梁攀登扶梯处应设有照明灯具。

(4)夜间作业船只或在通航江河上长期停置的锚船、码头船等应按港航监督部门规定，配置齐全的夜航、停泊标志灯。船只停靠码头应设照明灯。

五、防台、防汛

(一)台风的产生

台风产生于从菲律宾至赤道的北太平洋中偏西的海域上，那里一年四季水温很高，气流始终处于上升状态。在这种海域上，如果形成直径数百千米的逆时针方向旋转的旋涡(中心地带为低压区)，云的形成就会受到影响。在旋涡的中心地带，积雨云较易形成，而在旋涡的四周，积雨云的形成就会受到抑制。在积雨云的中心存在着活跃的上升气流，从海面蒸发出的水蒸气被上升气流带至高空，再进一步凝结，释放出“潜在热量”(凝结时才能释放出的热量)，这种“潜在热量”被释放后，使大气温度更加升高，进一步加强了积雨云内部的上升气流(积雨云因“潜在热量”而膨胀的这种状态被称为“第1种有条件不安定”)。

旋涡中心的积雨云不断增加后，旋涡周围海面上的空气就会被积雨云所吸引，聚集到旋涡中心来。因地球自转作用的影响，这些空气形成一种以逆时针方向旋转的螺旋状的气流，加强了原有的小旋涡。这种现象一旦得到持续，旋涡就会不断扩大，最终形成台风。在气象学上，最大风速在17.2 m/s以下的被称为“弱热带低气压”，在此之上的被称为台风。这种台风的状态被称为“第2种有条件不安定”。台风，即海面蒸发的水蒸气释放热量，使空气膨胀后形成的旋涡。海面水温愈高，释放的热量愈多，台风的威力就愈大。每年夏秋交接之际，台风都会影响我国沿海各省区市，造成不同程度的灾害，特别对施工中的公路工程的安全造成威胁。

(二)公路工程对台风的安全对策

(1)加强合作，提高研究水平。

(2)与气象部门合作，加强对台风的监测和预测。

(3)加强对台风的教育和宣传，提高认识水平。

（三）防汛的目的和工作方针

（1）目的是做好防汛抗洪工作，保障人民生命财产安全和经济建设顺利进行。

（2）工作方针是"安全第一，常备不懈，以防为主，全力抢险"。

（四）建立防汛机构和建立防汛抗洪措施

（1）防汛条例规定：石油、电力、铁路、公路、航运、工矿以及商业、物资等有防汛任务的部门和单位，汛期应当设立防汛机构，在有管辖权的人民政府防汛指挥部统一领导下，负责做好本行业和本单位的防汛工作。

（2）防汛条例规定：有防汛抗洪任务的企业应当根据所在流域或者地区的防御洪水方案，拟订本企业的防汛抗洪措施，在征得其所在地行政主管部门的同意后，报本企业的上级主管部门批准。

第八节　边通车、边施工地段的交通安全管理控制要点

一、边通车、边施工地段的交通安全管理控制要点

在改建工程中，边通车、边施工路段的安全生产除应遵守相应的规定外，还必须加强对通行车辆和施工车辆的安全管理，确保施工、交通安全。在边通车、边施工路段的两端及中途出入口处，应设专职人员指挥交通。

改建工程需挖除旧路路基、路面进行重建的路段，在施工路段的两端及其延伸一定安全距离外，应竖立显示正在施工的警告标志，标志应鲜明、醒目。标志与施工路段的距离，应根据开挖宽度、路线等级、交通流量等情况确定。改建施工作业范围的边缘，在夜间应悬挂红灯示警标志。

一侧拓宽或两侧拓宽的改建工程，原有道路的路面宜先保留，以维持交通。改建工程与通车相临的一侧或两侧，要用红白相间的栏杆等隔离设施进行隔离。大城市需用硬围挡进行隔离。

在拓宽地段，如需在原有道路上运送土石方或工程材料，宜采用机动车辆运输。采用手推车运输时，应在红白相间隔离栅或围挡内进行。

应设置专职的清洁人员，对通车路段的路面进行经常性的清扫工作，防止车辆碾飞土石伤人、雨后泥泞影响通车，防止环境遭到扬尘的破坏。道路清洁人员必须穿带有反光条纹的、具有警示标志作用的工作背心等，方可上路作业。

在原有路段上进行降坡改建的工程，有条件的可修建临时便道维持交通，也可在降坡地段半幅施工，另半幅作通车之用。

半幅通车路段，在车辆驶入（出）前方应设置指示方向和减速慢行的标志。同时，在施工作业区的两端及其延伸一定安全距离外，设置明显的路栏、隔离墩等，夜间要在路栏上加设施工标志灯。

半幅施工的路段不宜过长，一般以不超过 300 ~ 500 m 为宜。

在单车道维持通车路段上，当路段不长、交通量不大时，可在该路段的适当地点设置车辆会让处。当施工路段较长、交通量较大时，应实行交运管制。每班配置专职人员和通信设

备，指挥交通，疏导车辆。

在居民点或公共场所附近开挖沟槽时，应按公共场所设施的标准设置牢固护栏和跳板供行人通过。夜间应设置照明灯和红灯。

在原地拆除旧桥（涵），重建新桥（涵）时，应先建好通车便桥（涵）。在旧桥的两端应设置路栏，夜间应在路栏上悬挂警示灯，并在路肩上竖立通向便桥的指示标志。

二、半幅通车、半幅施工的安全管理措施

加强对通行车辆的安全管理，确保施工、交通安全。

在改道工程的施工地段的两端，竖立显示正在施工的警告标志，标志要鲜明、醒目，标志要确定施工路段的距离、开工宽度、开工路线等。

一侧施工或两侧施工的地段，要确保有足够的路面宽度，保证机车的行车安全，中间要用红白相间的栏杆等隔离设施，以保证施工作业人员的安全。

当施工路段较长时，要在该路段的适当地点设置车辆会让处，并配置专门人员和通信设备，指挥交通、疏导车辆。

半幅通车路段，在两端车辆驶入、驶出前方应设置指示方向和减速慢行的标志，同时在两端设置明显的路栏，施工作业区与行车车道之间设置红白隔离栅，晚间要在路栏上加设施工标志灯。

在原地拆除旧桥（涵）、重建新桥（涵）时，应先建好通车便桥（涵），在旧桥的两端应设置路栏，夜间应在路栏上悬挂警示灯，并在路肩上竖立通向便桥的指示标志。

半幅施工的路段不宜过长，一般以不超过 300 ~ 500 m 为宜。

与当地建设部门协商，向当地交通警察咨询防护标志的标准。

思考练习题

1. 拆除工程的安全预防要点有哪些？
2. 施工现场安全的一般规定有哪些？
3. 隧道作业中的有关通风及防尘要求有哪些？
4. 起重吊装作业安全控制要点有哪些？

第八章　施工组织设计案例

施工组织设计是指导施工活动的重要技术经济文件。施工组织设计的编制和执行，是合理组织施工过程和加强企业管理的一项重要措施。编制的施工组织设计应具有的条件如下：

(1)法律上的合法性，符合国家法律、法规、规范、规定、标准及强制性条文、设计文件、合同条件、安全第一、质量第一方针等。

(2)组织上的可能性，质量、安全、工期、技术管理体系切实可行。

(3)经济上的合理性，方案、措施经济合理。

(4)措施上的可行性，质量、安全、工期、技术、环保、消防、文明施工等措施切实可行。

(5)施工上的针对性，针对合同条件、施工现场条件、法规条件、工程的特点及难点充分考虑。

(6)实施上的可操作性，方案能否切实可行、能否执行，并保证质量、安全、工期等目标的实现。

(7)技术上的先进性，方案、措施是否先进适用，技术是否成熟，是否采用新技术、新工艺、新材料、新设备。

本章汇编了两阶段设计或三阶段设计的初步设计文件中的“施工方案”示例，施工图设计文件中的“施工组织计划”示例，投标文件中的“指导性施工组织设计”示例，公路养护大中修与旧桥加固设计文件中的“施工组织设计”示例，指导公路工程施工生产的“实施性施工组织计划”示例。

第一节　施工方案示例

施工方案为两阶段设计或三阶段设计的初步设计文件中的重要组成内容。下文以具体的案例对施工方案进行讲述。

一、工程概况

(一)概述

某国道线××至××界段不仅是国家公路网的重要组成部分，也是河北省公路网的主骨架，同时也是保定市“五纵四横”公路网中的“五纵”之一，是连接保定、满城、顺平、望都、定州、石家庄等城镇的区域干线公路。它的改建对改善道路交通现状，促进区域经济和沿线城镇化建设起到重要作用。作为京石高速公路的辅道和储备线路，它可有效分流京石高速公路主交通轴的压力，承担和应对高速公路的突发事件，保障区间交通的畅通。

(二)沿线自然地理概况

1. 地形、地貌

本工程所在地的地形、地貌为西北部丘陵区—低山区，中部过渡区—丘陵区地貌，南东部的山前冲洪积平原区。

2. 气象、水文

本工程所在地气候属暖温带大陆性季风气候，属半干旱地区。

3. 工程地质

全线地层较为简单，主要为低液限粉土、低液限黏土和砂土。

4. 水文地质

沿线河流有龙泉河、唐河、小清河和孟良河等，其中龙泉河和唐河属于季节性河流。

（三）设计标准

为充分利用旧路，本项目城镇外路段采用分离式路基断面形式，旧路作为半幅，原则上维持不动；新建半幅路基宽 12 m，路面宽 11.5 m，两侧各设 0.25 m 路缘石。

计算行车速度 100 km/h，新建桥涵设计荷载采用公路—Ⅰ级。

（四）筑路材料

（1）石料。满城县坨南石料场位于路线 K171 +600 右侧 48 km 处坨南镇。岩性为石灰岩，岩块坚硬。

（2）砂和砂砾。主要产自定州大沙河河岸，距路线 5 km，砂料为粗砂、砾砂，干净、无杂质。

（3）工程用水、用电。公路沿线水资源丰富，水质良好，电力充足。

（4）石灰。石灰窑主要分布于曲阳县，质量可达Ⅱ级。

二、工程规模

本项目路线全长 53.344 km，主要工程数量见表 8-1。

表 8-1　主要工程数量

项目	单位	数量	说明
路线长度	km	53.344	
路面	1 000 m^2	905.137	
路基土石方	1 000 m^3	1 762.920	
大桥	m/座	562.80/2	
小桥	m/座	112.95/6	
涵洞	m/座	40/3	
分离式立交	道	1	旧桥单侧加宽利用
通道	处	12	
主线收费站	处	2	
服务区	处	2	其中 1 处为保定外环收费站
交通工程	km	53.344	

三、施工队伍

根据本项目工程规模，按国家有关规定实行公开招标的方式，选择经验丰富的承包商实施本项目。

四、工期计划

根据本项目工程规模和项目区气候特点，安排两年工期，即2003年7月开始，2005年6月底结束。

五、施工流程

施工流程如图8-1所示。

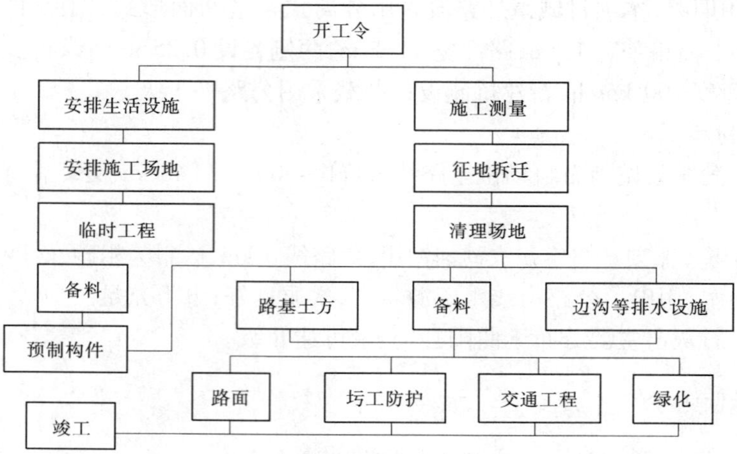

图8-1　施工流程

六、施工方案

(1)土方填、挖、运输和压实均以机械(汽车)为主。边沟和排水沟可采用小型机械挖掘，人工修整。

(2)防护及桥涵工程中的浆砌片石、块石采用人工施工。

(3)钢筋混凝土圆管涵、盖板涵盖板、小桥及通道上部空心板及其他小型构件采用集中预制，运输至现场后起吊安装，大、中桥上部采用就地预制安装。

(4)路面面层、基层采用集中拌和机械摊铺碾压。

(5)路面标线采用专业划线车施工。标志牌、防撞护栏、标志等外购，现场安装。

(6)植被防护可采用播撒草籽或移植草皮实现。绿篱、灌木和花草等采用人工种植。

七、临时设施

承包商和监理工程师驻地，以及预制场、拌和场和堆料场设在距路线较近且交通便利的地方，临时占地415亩(1亩＝1/15 hm^2)。

生活及施工用水可就近取用。生活用水应消毒过滤。

在施工场地安装两台变压器，将当地电网中的10 kV高压转变为低压生活和施工用电。

取土、弃建筑垃圾等应严格按照设计要求进行，避免造成环境污染。

八、注意事项

(1)路基路面及桥涵基础等施工应尽量避开雨季及洪水季节。

(2)施工过程中注意尽量保护环境,尽可能减少噪声、水土流失、水和空气污染。竣工后应做好环境恢复工作。

第二节 施工组织计划示例

施工组织计划是施工图设计文件中的重要组成内容。现以施工图设计阶段编制施工组织计划为例,说明道路施工组织设计编制过程中一般应考虑的问题。本例讨论的重点是在编制工程进度图时如何确定施工总体安排、工期、资源需要量的平衡等问题。

一、工程概况和工程特点

本工程位于四川与陕西两省交界地区,是某国道公路的一段改建工程。该国道公路的下里坝至石碳段经过拟建水库的库区边缘,为保证水库建设的顺利进行,经上级批准,对被淹路段进行改建。

下里坝至石碳段公路改建工程,是整个库区被淹公路改建工程的一个组成部分,采用山岭重丘区三级公路标准,按两阶段设计。根据施工图设计文件,该路段的工程概况如下:

(1)改建起点在下里坝附近原公路 K55 处,路线沿清川河东岸南下,在 K56 +560 处的银子坝离开原公路,跨过清川河,然后继续南行,在石碳附近的 K58 +880 处与原公路接线。改建路段全长 3.88 km。

(2)路基宽度 7.5 m。路基土石方 111 320 m^3,其中石方 40 780 m^3,土方 70 540 m^3。浆砌块石挡土墙 955.2 m^3。

(3)路面宽度 6 m,两侧各设宽度为 0.75 m 的土路肩。路面面层为 3 cm 的三层式沥青表面处置,基层为厚 20 cm 的泥灰结碎石。

(4)全线有中桥 1 座,为 2 孔净跨 30 m 的石拱桥,桥长 80.2 延米;小桥 3 座,均为钢筋混凝土板桥,总长 60.51 延米;涵洞 8 座,长 140.4 延米,为钢筋混凝土盖板涵。

(5)其他工程,如路基防护加固工程、附属工程、临时工程等略,本例不考虑。

本改建路段为沿溪线,河流水系发育,坡陡沟深,地形复杂。河谷阶地为农田,山坡地表灌木丛生,基岩露头处可见中厚层白云质灰岩夹硅质板岩。河漫滩为中粗砂夹砾石,分布较广。

本工程桥涵等人工构造物多,路基土石方分布不均匀,多集中在 K56 +400 至 K58 +500 一带,在施工组织设计中应注意各施工点的相互干扰。沿线砂、石等建筑材料丰富;居民较多,行政、生活用房屋可资利用;新路施工基本上不影响原有公路通车(新旧公路仅在 K55 +000 至 K55 +800 这一小段重合);交通方便,这些都是施工的有利条件。

二、施工组织设计的基础资料

本例假定:施工图设计与计算正确;通过现场施工调查,掌握了沿线具体情况;经复核,各分项工程的工程量(见表 8-2)无误;其他技术文件、有关规范和新技术资料齐全。

本工程的工期：由于原有公路是运送水库施工物资的主要道路，水库蓄水后原有公路淹没，因此根据水库建设的总体安排，上级要求本工程在1989年第三季度开工，1990年底建成通车，施工工期最长只有一年半。

三、选择施工方案和施工方法

（一）施工方案

（1）整个工程的施工采用分别流水作业法。

（2）建立以下8个专业施工队：

①土石方一队。

②土石方二队。

以上两个队负责集中土石方工程的施工，采用平行顺序作业法。

③路基队：用顺序作业法施工沿线路基土石方，包括路基成型、压实、边坡清理等。

④小型构造物队：负责8座涵洞和4座挡土墙的施工，采用流水作业法。

⑤小桥队：负责3座小桥的施工，采用流水作业法。

⑥中桥队：负责1座中桥的施工，用网络分析法组织施工。

⑦路面基层队。

⑧路面面层队。

以上两队用流水线法组织施工。

（3）施工作业方向从路线终点到起点。这是因为本例大部分工程都集中在路线的中部和后面，又无行车干扰。同时，这个施工作业方向使需要利用的旧路（K55+000~K56+400）最后施工，对旧路通车的影响降低到最小程度。

（二）施工方法

本工程规模小，地方劳动力多，为了尽可能减少临时工程和调动地方的积极性，各项工程首先考虑人工施工。但对于劳动强度大、作业面小的工程，如集中土石方、桥梁工程等仍用机械施工或利用机械进行吊装的半机械化施工。各项工程的施工方法见表8-2。

四、编制工程进度图

为简化起见，只安排表8-2所列10个施工项目的具体施工进度，但在确定总工期时，仍考虑施工准备工作和收尾工作的时间。

（一）划分施工项目

根据工程性质和施工方法的不同，本工程可划分为表8-2所示的10个主要施工项目。

（二）计算劳动量

由工程量和相应的时间定额，计算得到各个施工项目的劳动量，即所需用的工日数（见表8-2）。本工程上述10个施工项目的劳动量合计为47 661工日，假定与施工图预算一致。

（三）组织专业施工队，计算施工持续时间

将10个施工项目加以适当合并，由8个专业施工队施工（在施工方案中已提出）。各施工队的工人人数，根据机具配备和劳动优化组合的原则确定。各队人数见表8-3，表中人数为实际出工的工人数，确定各队的编制人数时，还应除以计划的出工率。

表 8-2　施工方法、工程量及定额工日数量

编号	工程名称	土石类别或结构类型	施工方法	工程数量		定额时间		需用工日数	说明
				单位	数量	单位	定额值		
1	集中土方	普通土	机械	m^3	50 440	工日/1 000 m^3	5	252	推土机推运
2	集中石方	坚石	机械	m^3	37 200	工日/100 m^3	29.9	11 123	机械打眼
3	沿线土方	普通土	机械	m^3	20 100	工日/1 000 m^3	5	100	推土机推运
4	沿线石方	次坚石	人工	m^3	3 754	工日/100 m^3	57.3	2 151	
5	挡土墙	浆砌块石	人工	m^3	955.2	工日/10 m^3	14.9	1 423	
6	涵洞	钢筋混凝土盖板涵	人工	延米/座	140.8/8			3 950	
7	小桥	钢筋混凝土板桥	人工为主	延米/座	60.51/3			8 085	小型机具吊装
8	中桥	石拱桥	人工为主	延米/座	80.2/1			18 190	
9	路面基层	泥灰结碎石	人工	m^2	25 220	工日/1 000 m^2	64.2	1 619	厚度 20 cm
10	路面面层	沥青表面处治	半机械化	m^2	23 280	工日/1 000 m^2	33	768	厚度 3 cm，汽车洒油
合计								47 661	

注：1. 本表仅为主要工程的工程数量及工日数，其他工程不考虑。

2. 需用工日数为实际使用的等级工，不是折合一级工，以便安排临时生活设施。

3. 涵洞及小桥的需用工日数是按定额计算后的综合数字，计算过程略。

各施工队的作业持续时间，采用进入正常流水后的进度平均计算（工程实践中要考虑流水展开期，见本例中桥的进度安排），即用各队人数除该队应完成的劳动量。如小桥队由 30 人组成，应完成的劳动量为 8 085 工日，则该队的作业持续时间为 $8\ 085 \div 30 \approx 270$(d)；又如路面基层队的作业持续时间为 $1\ 619 \div 65 \approx 25$(d)。各施工队的作业持续时间见表 8-3。

表 8-3　各施工队的作业持续时间

编号	施工队名称	人数	投入劳动量(工日)		作业持续时间(d)		起止时间		说明
			计算值	计划安排	计算值	计划安排	开工	结束	
1	土石方一队	35	8 225	8 225	235	235	11 月下旬	8 月底	跨年度
2	土石方二队	30	3 150	3 150	105	105	4 月下旬	8 月底	1990 年
3	路基队	30	2 251	2 250	75	75	6 月中旬	9 月下旬	1990 年
4	小型构造物队	20	5 373	5 400	269	270	9 月初	7 月下旬	跨年度
5	小桥队	30	8 085	8 100	270	270	9 月初	7 月下旬	跨年度
6	中桥队	80	18 190	19 200	227	240	9 月初	6 月下旬	跨年度
7	路面基层队	65	1 619	1 625	25	25	9 月初	10 月初	1990 年
8	路面面层队	30	768	750	26	25	9 月中旬	10 月中旬	1990 年

(四)确定施工总期限

1. 有效作业天数

根据当地气象站的多年观测资料,该地区平均年降雨日数为 48 d,最高年份达到 59 d,冬季多雾,5 ~8 月的降雨日数占全年降雨日数的 55% 左右。因此,每月的有效作业天数平均为(365 -48) ÷12 =26.4(d),最不利年份为(365 -59) ÷12 =25.5(d)。国家法定休息日为 52 个星期日和 7 d 节日,每月平均法定工作日为(365 -52 -7) ÷12 =25.5(d)。

综合考虑以上情况,每月有效作业天数取为 25 d。由于在施工的一年半期间只有一个雨季,因此每月按 25 d 安排是完全能确保施工任务完成的。

2. 施工准备与结束工作时间

假设本工程的施工准备工作与收尾结束工作的时间各需 2 个月,因此正式施工时间为 14 个月,其有效作业天数为 14 ×25 =350(d)。

3. 施工实际需用的期限预计

根据各施工项目之间的合理搭接和逻辑关系,本工程有以下两条主要流水作业线:集中土石方—路基—路面、桥涵—路基—路面。从表 8-3 可知,施工持续时间最长的是小桥队,为 270 d,因此小桥—路基—路面可能是控制工期的关键线路。设各施工项目之间的间隔时间为 15 d,这条分别流水线路的作业持续时间最长为 270 +15 +15 +15 =315(d)(因为后一施工项目的作业持续时间都比前一施工项目短或相等)。

另外,中桥两端有引道,为集中土石方,因此中桥—引道填方—路面亦有可能是控制工期的关键线路,这条流水线的作业持续时间之和为 340 d。

综上所述,本工程的正式施工作业天数可控制在 350 d 以内,可在上级规定的施工工期内完成任务。

（五）安排各项工程的施工进度

1. 正式开工时间

前已述及，本工程的准备工作为2个月，正式开工时间为1989年9月1日。

2. 重点工作的施工时间安排

根据前面的分析，影响本工程工期的重点工程是中桥和集中土石方。由于组织两个土石方施工队平行作业，因此中桥工程就成为关键工程。为保证工程施工进度，首先安排中桥工程于1989年9月初开工（见图8-2）。

由于本工程规模小，为尽可能减少临时生活设施，避免短时间内人工过分集中，因此对小桥和小型构造物都只组织了一个施工队，这就使得这两个施工队的作业持续时间相对延长。为争取时间，不影响路基和路面工程的开工，决定小桥队和小型构造物队也在1989年9月初开工（见图8-2）。

3. 各项工程的施工时间安排

在具体确定施工时间时，主要考虑了以下几点：①遵守客观的施工顺序。如在任一地点都应按照桥涵构造物—土石方—路基—路面的次序施工，桥台完工后才能填筑引道和锥坡施工等。②同一地点需进行多项工程施工时应紧凑安排，以缩短工期。如中桥施工及引道填方、路面铺筑等在中桥施工段内都以满足各项工程之间的最小时间间隔进行安排，路面基层与面层之间的时间间隔由泥灰结碎石基层的养生期确定等。③注意人力和各种资源需要量的均衡。本例只考虑了劳动力需要量的均衡，如中桥完工后才安排路基队开工，土石方队完工后才安排路面基层队开工等，避免了劳动力需要量出现峰值。④在规定的施工期限内完成全部施工作业。本例的竣工时间为1990年10月中旬，全部施工时间14个月，有效工作日340 d，符合要求。⑤安排进度留有余地，便于执行时调整。本例共安排了48 700工日，比计算的定额工日数（47 661工日）多2.18%，因此本例的施工进度安排有足够的调整余地。

图8-2为按垂直坐标法绘制的本工程主要施工项目的工程进度图。

（六）关于工程进度图的说明

（1）每一施工队实际上分为若干小队或班组进行流水作业，如小桥队分为挖基坑、砌基础、墩台施工、上部构造施工、桥面铺装等班组。图中未绘出各班组的流水作业情况，以便突出各施工队之间的相互关系。

（2）由于工地处于山区，夜间照明困难，为保证施工安全，一律按一班制进行安排（中桥拱圈的连续施工除外）。

（3）劳动力的平衡只考虑工人总数，未考虑工种。整个施工期间的平均劳动力需要量为$48\ 700 \div 340 \approx 143$（人/d），需要劳动力最多时为195人/d（见图8-2）。劳动力不均衡系数为$195 \div 143 = 1.36$。

（4）图中桥涵跨径单位以m计，沿线土石方数量分段汇总标出。

五、重点工程施工进度图

现以本例的中桥工程为例说明重点工程施工进度图的编制。由于重点工程关系到整个工程施工期限的长短，因此在施工组织设计中单独编制工程进度图。

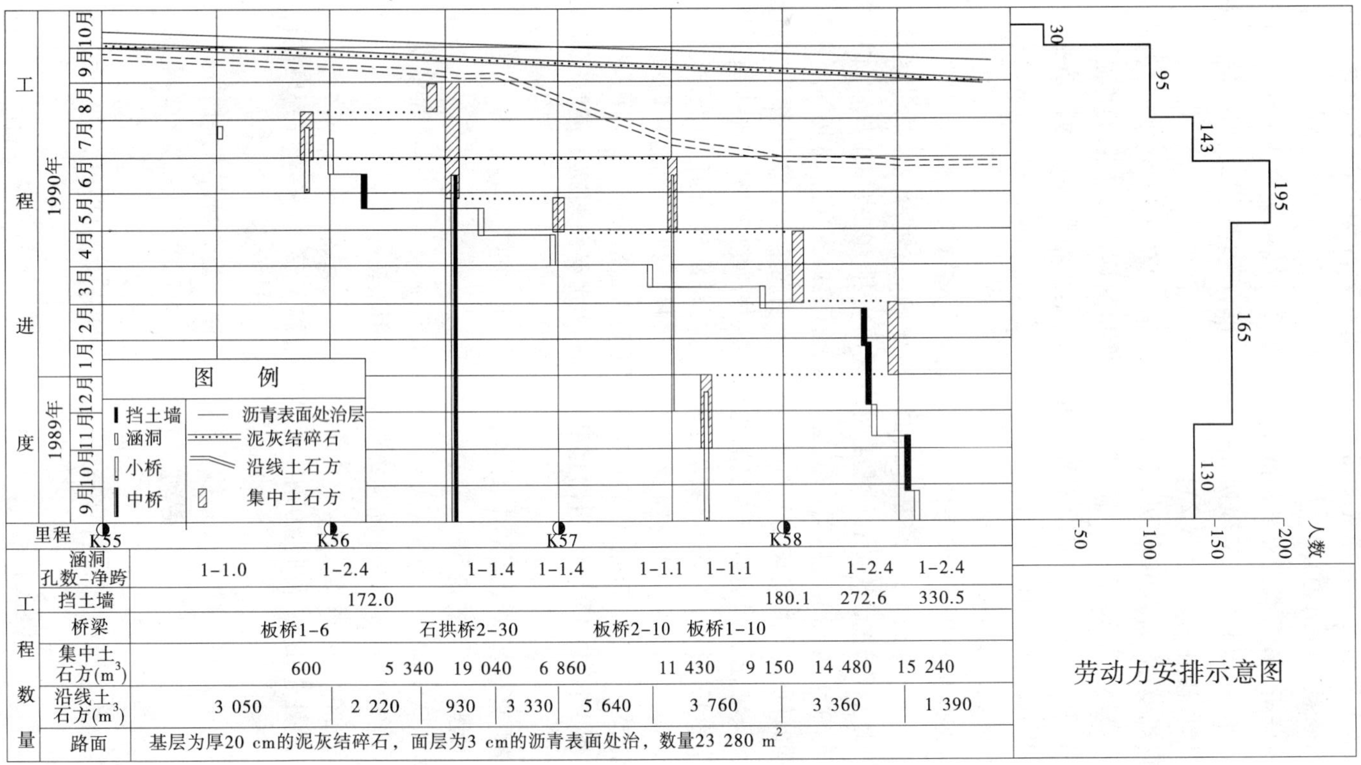
工程进度
1990年
1989年
10月
9月
8月
7月
6月
5月
4月
3月
2月
1月
12月
11月
10月
9月
图例
挡土墙
涵洞
小桥
中桥
沥青表面处治层
泥灰结碎石
沿线土石方
集中土石方
里程
K55
K56
K57
K58
工程数量
涵洞孔数-净跨
1-1.0 1-2.4 1-1.4 1-1.4 1-1.1 1-1.1 1-2.4 1-2.4
挡土墙
172.0 180.1 272.6 330.5
桥梁
板桥1-6 石拱桥2-30 板桥2-10 板桥1-10
集中土石方(m³)
600 5 340 19 040 6 860 11 430 9 150 14 480 15 240
沿线土石方(m³)
3 050 2 220 930 3 330 5 640 3 760 3 360 1 390
路面
基层为厚20 cm的泥灰结碎石，面层为3 cm的沥青表面处治，数量23 280 m²
30
95
143
195
165
130
人数
50
100
150
200
劳动力安排示意图

图8-2 工程进度图

(一)施工方案

本中桥为2孔跨径30 m的石拱桥，全长80.2延米。根据现场调查和现有施工条件，制订如下施工方案：下部构造分挖基坑、砌基础、砌墩台三道主要工序进行流水作业，每一墩台作业面即为一个施工段；桥台完工后依次砌锥坡；墩台全部完工后搭设拱架；两孔主拱圈和拱上建筑同时施工，使墩台受力平衡，保证质量；主拱圈合龙后30 d拆除拱架；最后做栏杆和桥面。按上述方案绘制施工网络计划，如图8-3所示。

(二)施工方法

以人工施工为主，辅以简易吊运机具，各工序的施工方法见图8-4。

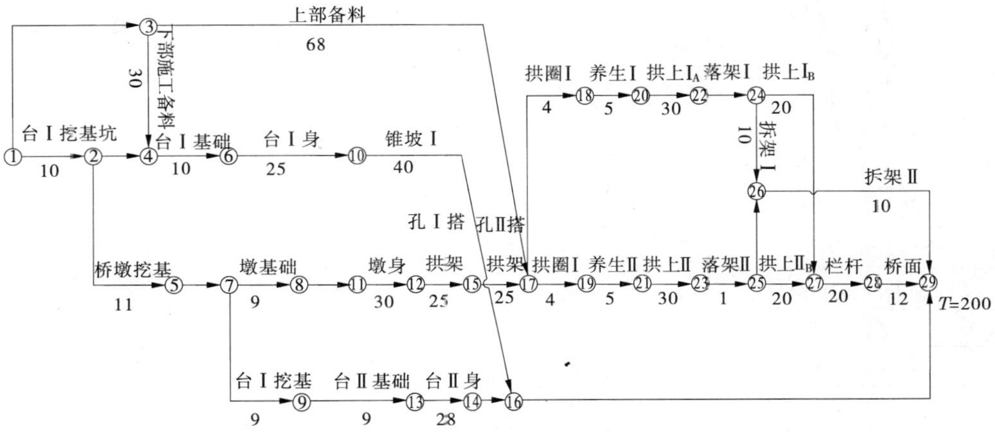

图8-3　中桥施工网络计划

编号	工序名称	施工方法	工程量		1989年				1990年					
			单位	数量	9月	10月	11月	12月	1月	2月	3月	4月	5月	6月
					25	50	75	100	125	150	175	200	225	
1	备料	机械为主	m^3	5 500	50									
2	挖基	人工	m^3	560	15									
3	砌基础	人工	m^3	409										
4	砌墩台	人工	m^3	1 575		40								
5	拱架搭、拆	人工	m^3	610					50			25		
6	砌拱圈	人工	m^3	458							50			
7	拱上建筑	人工	m^3	548								50		
8	砌锥坡	人工	m^3	1 320				15		25				
9	栏杆/桥面	半机械化	m/m^2	160/560									25	
劳动力需要量图														

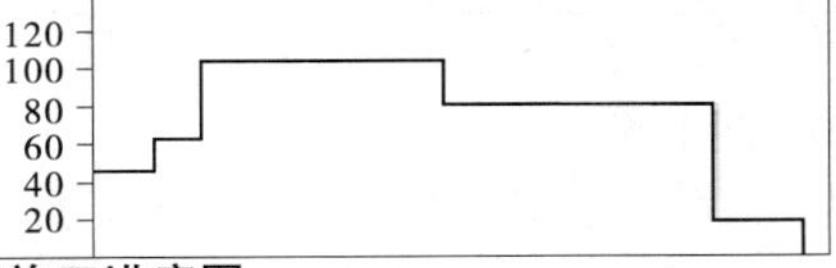

图8-4　中桥施工进度图

(三)施工进度安排

(1)计算网络图(见图8-3)中各工序的时间参数，得到总工期为240 d。为使网络图清晰起见，将各工序的全部参数列表如表8-4所示。

表 8-4　各工序时间参数

·编号	工序名称	工序代号	施工持续时间	最早可能开工时间	最迟必须开工时间	总时差	自由时差	说明
1	桥台Ⅰ挖基坑	1→2	10	0	20	20	0	表中未列出虚工序
2	桥墩挖基坑	2→5	11	10	45	35	0	
3	下部施工备料	3→4	30	0	0	0	0	
4	桥台Ⅰ砌基础	4→6	10	30	30	0	0	
5	桥台Ⅱ挖基坑	7→9	9	21	77	56	19	
6	桥台Ⅰ砌台身	6→10	25	40	40	0	0	
7	桥墩砌基础	7→8	9	40	56	16	0	
8	桥台Ⅱ砌基础	9→13	9	49	86	37	37	
9	砌锥坡Ⅰ	10→16	40	65	158	93	18	
10	桥墩墩身砌筑	11→12	30	65	65	0	0	
11	桥孔Ⅰ搭拱架	12→15	25	95	98	3	3	
12	桥台Ⅱ砌台身	13→14	28	95	95	0	0	
13	拱圈及上部施工备料	3→17	68	0	80	80	80	
14	桥孔Ⅱ搭拱架	15→17	25	123	123	0	0	
15	砌锥坡Ⅱ	16→29	40	123	200	77	77	
16	孔Ⅰ砌拱圈	17→18	4	148	148	0	0	
17	孔Ⅱ砌拱圈	17→19	4	148	148	0	0	
18	孔Ⅰ拱圈养生	18→20	5	152	152	0	0	
19	孔Ⅱ拱圈养生	19→21	5	152	152	0	0	
20	孔Ⅰ砌拱上建筑 A	20→22	30	157	157	0	0	
21	孔Ⅱ砌拱上建筑 A	21→23	30	157	157	0	0	
22	孔Ⅰ落拱架	22→24	1	187	187	0	0	
23	孔Ⅱ落拱架	23→25	1	187	187	0	0	
24	孔Ⅰ砌拱上建筑 B	24→27	20	188	188	0	0	
25	孔Ⅰ拆除拱架	24→26	10	188	218	30	0	
26	孔Ⅱ砌拱上建筑 B	25→27	20	188	188	0	0	
27	孔Ⅱ拆除拱架	26→29	10	198	230	32	32	
28	栏杆施工	27→28	20	208	208	0	0	
29	桥面系施工	28→29	12	228	228	0	0	

(2)确定各工序的施工日期。

经过优化后的施工进度安排如图 8-4 所示。从图中看到关键线路上的 18 道关键工序的施工日期与表 8-4 所列数据完全吻合,因此总工期 240 d 得到保证。中桥于 1989 年 9 月初开工,至 1990 年 6 月下旬完工,历时 9 个半月,这就是工程总进度图中确定中桥施工进度的依据(见图 8-2 和表 8-4)。

非关键工序的施工日期,根据保持劳动力均衡的原则,在其时差范围内作了调整。如挖基坑和砌基础实际上由一个施工队完成；砌筑锥坡、拆除拱架等不影响施工全局的工序，施工人数前后作了增减等。

（四）说明

（1）各工序的作业持续时间是根据现场作业面、合理的劳动组合确定的。因此，在安排施工进度时，除锥坡施工、拱架拆除这两项作业面较宽的工序外，不考虑改变人工数目而变动作业持续时间的调整方法。

（2）中桥施工用工总数为 18 190 工日，平均劳动力需要量 18 190 ÷ 240 = 76（人/d），施工期间的最大劳动力需要量为 105 人/d。劳动力不均衡系数为 105 ÷ 76 = 1.38。

（3）比较图 8-2 和图 8-4 是相互联系、密切配合的。前者表示各施工项目或分项工程的施工进度，后者表示一个施工项目或分项工程的各道工序的施工进度，可以直接用来安排施工任务。

六、施工总平面图

施工管理机构设在 K56 + 150 处的西家沟，距重点工程银子坝中桥仅 300 m。沥青基地设在骑马场，交通方便，不受施工干扰。临时房屋为主要仓库、构件加工用房，生活用房租用沿线民房。

七、主要材料、机具、设备计划

工程进度确定之后，各分项工程施工需要的材料、机具和设备的数量及其时间即可确定，将它们按季度分别汇总，得到主要材料、施工机具和设备计划。对于施工单位编制的实施性施工组织设计，还应提出相应的劳动力需要量计划。本例的主要材料计划见表 8-5。

本例主要是通过安排工程进度来说明施工组织设计的基本步骤，不是一套完整的施工组织设计文件，因此对其他的问题（如临时设施）不再叙述。

表 8-5　主要材料计划

库区改建公路下里坝—石碳段

序号	材料名称及规格	单位	数量	来源	运输方式	年度季度需要量								说明
						1989 年			1990 年					
						三季度	四季度	合计	一季度	二季度	三季度	四季度	合计	
1	原木	m^3	361		汽车	85	130	215	60	60	21	5	146	
2	水泥	t	594			121	205	326	110	110	38	10	268	
3	钢材	t	38			8	12	20	11	7			18	
4	块石	m^3	12 500	自采		1 000	3 500	4 500	3 500	3 500	1 000		8 000	
5	碎石	m^3	7 170								6 510	660	7 170	
6	石灰	t	223								223			
7	沥青	t	25								13	12	25	

第三节 指导性施工组织设计示例

指导性施工组织设计是投标文件中的重要组成内容,也是建设方(业主)评审施工方施工技术水平和施工组织能力的唯一依据。

施工投标时的编标工作大体分为两大部分,即商务性的和技术性的。技术性工作主要是编制施工组织设计和计算标价。对于施工技术条件复杂的工程项目,评标时往往更多地侧重于施工技术方案和施工组织安排。而对于标价的合理性和竞争性,不论是对于投标人还是对于招标人,都是至关重要的。

一、工程概况

某国道主干线衢州至窑上公路C合同段位于常山县境内,途经阁底、大桥头、狮子口等乡镇,起点桩号为K257+475,终点桩号为K267+000,路线全长9.525 km。本合同段内有阁底互通1处,互通连接线1处,大洋滩连拱隧道1处,大桥5座。路基宽度为26 m(连拱隧道的路基宽27 m,隧道口两侧各设50 m的路幅渐变段过渡)。

(一)工程规模

(1)路基挖方105.29万m^3,其中主线77.05万m^3,互通区18.88万m^3,互通区连接线2.67万m^3,隧道3.84万m^3,其他2.85万m^3。

(2)路基填方91.26万m^3,其中主线75.86万m^3,互通区7.57万m^3,连接线7.83万m^3。

(3)级配砂砾底基层39.47 km^2,水泥稳定砂砾基层195.34 km^2,级配碎石基层115.88 km^2,水泥稳定碎石基层323.02 km^2,水泥稳定土面层32.05 km^2。

(4)浆砌片石边沟23 428 m^3,浆砌片石护坡18 229 m^3,浆砌片石挡土墙32 460 m^3。

(5)ϕ1.5 m圆管涵609.28 m/17道,ϕ1.0 m倒虹吸215.95 m/8道,石拱涵46.37道,钢筋混凝土盖板涵198.45 m/5道,钢筋混凝土箱涵56.47 m/2道。

(6)通道、桥梁30座,其中大桥5座,即虹桥溪1~4号桥(均为9~20 m)和杨家埠大桥(4~20 m+6~40 m+7~20 m)。

(7)隧道,大洋滩连拱隧道(L=185 m)。

(二)工程主要特点

(1)本标段内路线所经地区地形变化较大,路线两端为丘陵区,中部为山岭区,连接线为滩地。

(2)本路线数次跨过虹桥溪,施工受季节性洪水影响大。

(3)本区段属中亚热带季风区,区内四季分明,温暖湿润,降水充沛。

(4)路线前段现有道路条件较差,机械设备如何顺利到场并迅速全面施工是本标段施工组织的一大重点。

(5)5座大桥下部结构施工受洪水影响,如何确保工程顺利进展是本标段施工组织的另一大重点。

(6)工程实施如何解决公路工程三大质量通病问题,是本标段施工组织的又一重点。

(7)大洋滩连拱隧道施工是本工程的难点。

（三）交通条件

常沟公路和狮东公路分别与本路线前后段基本平行，交通条件较好。

二、施工总体平面布置

根据本标段施工总体计划的要求，结合本标段沿线的地理和交通条件以及主要工程量沿线分布状况，全线分两个施工段。

（一）驻地布置

本标段项目经理部拟设置在交通便利的 K263 +600 路线右侧的姜家堡村，便于重点部位就近管理。驻地拟部分租用民房，部分自建。

项目经理部下设两个工区，工区直接承担本标段的施工任务，具体布置如下：

（1）一工区。设置在阁底互通连接线 K1 +020 路线右侧的湖头村，负责主线 K257 +475 ~ K261 +440 和阁底互通区及互通连接线的工程施工。驻地拟部分租用民房，部分自建。

（2）二工区。驻地与项目经理部设在一起，负责 K261 +440 ~ K267 +000 段的工程施工。

（二）预制场、拌和场

本标段设两个集中预制场，分别负责一、二工区的梁板预制工作。其中，一工区预制场设在互通连接线 K0 +800 ~ K1 +000 段路线右侧，计划借地 25 亩；二工区预制场设在 K264 +300 ~ K264 +550 段路基上，计划借地 15 亩，作为材料堆放场及搭设生产用房。

本标段路面基层料、面层料均集中拌和，自卸汽车分别运到各施工点。根据工程规模和交通条件，本投标人计划设置两个集中拌和场，分别负责一、二工区的混合料拌制工作；同时结合工期和工序安排，集中拌和场拟设置在预制场内，即部分梁板预制工作结束后局部拆除预制场，建立拌和场。

（三）便道、便桥

为确保工程施工顺利进行，便于施工设备迅速到达施工点，尽快全线铺开，尽早形成施工高潮，除利用现有交通条件外，根据实际施工需要，拟增设如下施工便道、便桥。

（1）在 K261 +630 路线右侧沿着山脚修筑一条长约 200 m（宽 5.0 m）的上山便道，供隧道施工使用。

（2）在 K262 +780 ~ K263 +100 路线左侧将现有小道拓宽成 5 m 的施工便道，供开山机械设备进入路基。

（3）对拟利用的现有村道进行局部加固和加宽。

（4）部分通道处临时借地接坡，确保原有道路畅通。

（5）K258 +250 路线右侧搭设 1 座 18 m 长贝雷钢便桥。

（6）K258 +590 路线右侧搭设 1 座 7 m 长钢便桥。

（7）连接线 K0 +680 路线右侧搭设 1 座 30 m 长贝雷钢便桥。

（8）K260 +580 路线左侧搭设 1 座 7 m 长钢便桥。

（9）K261 +250 路线左侧搭设 1 座 12 m 长钢便桥。

（10）K262 +060 路线右侧虹桥溪原有桥梁位置搭设 1 座 30 m 长贝雷钢便桥。

（11）K262 +155 路线左侧搭设 1 座 30 m 长贝雷钢便桥。

(12) K263 +470 路线左侧搭设1座9 m长钢便桥。

(13) K263 +810 路线左侧搭设1座9 m长钢便桥。

(14)部分与中线交叉的沟渠位置设置 ϕ1.5 m圆管涵。

(四)电力

(1)本标段拟安装变压器5台,具体如下:

①在连接线K1 +000路线右侧安装400 kVA变压器一台,供虹桥溪4号桥和杨家埠大桥桩基与下部结构以及预制场施工用电。

②在互通区E匝道K0 +450路线左侧安装160 kVA变压器一台,供互通区桥梁施工用电。

③在K261 +650路线右侧安装400 kVA变压器一台,供大洋滩连拱隧道及虹桥溪1号桥施工用电。

④在K262 +000路线右侧安装200 kVA变压器一台,供虹桥溪2号桥施工用电。

⑤在K264 +600路线左侧安装400 kVA变压器一台,供虹桥溪3号桥及预制场和拌和场施工用电。

(2)杨家埠大桥施工架设动力线约600 m。

(3)虹桥溪4号桥架设动力线约300 m。

(4)其他零星用电,采用当地就近搭线或自发电解决。

(五)生活、生产用水

生活用水采用自来水或井水,沿线河水对混凝土无侵蚀性,可作为工程用水。

(六)弃土场

本标段弃土场共有两处,拟设置在K258 +700路线左侧约100 m的山谷中(占地约10亩)和K262 +800路线左侧约500 m的山谷中(占地约13亩)。

三、设备、人员动员周期和设备、人员、材料运到施工现场的方法

如果本投标人中标,在接到业主中标通知书,并签订合同后,7 d内即可调遣有关人员进场,着手落实驻地的生产生活临时设施和电力、电信设备的安装等。同时进行路线复测及各有关材料的取样试验,报工程师批准后签署有关材料的购货合同,以及编制实施性施工组织设计。施工前期的准备工作有重点地展开,争取在进场后21 d内将先期工程所需的设备、人员和材料调入施工现场,等待工程师的开工令,使工程尽快进入施工阶段。根据工程进展情况,我们将及时进行人员、设备的调整和补充,以保证工程的进度和质量。

本投标人投入该项目所需的设备和人员,现主要集中在上海,拟通过公路运输抵达施工现场或驻地,材料亦通过公路运输到场。

四、项目施工管理目标

如果本投标人中标,将迅速组建项目经理部,同时根据本工程的特点,完善内部质量管理制度,达到"组织保障有力,项目班子精干;施工机械化,设备精良化",为项目管理目标的实现奠定扎实的基础。

(1)质量目标:确保优良工程,争创精品工程。

(2)工期目标:确保27个月内完成全部工程内容。假定开工期为2000年10月1日,则

施工期为 2000 年 10 月 1 日至 2002 年 12 月 31 日。①施工准备:2000 年 9 月至 2000 年 12 月。②路基土石方开挖:2000 年 10 月至 2001 年 12 月。③路基填筑:2000 年 10 月至 2001 年 12 月。④路面工程:2001 年 11 月至 2002 年 10 月。⑤桥涵结构工程:2000 年 11 月至 2002 年 5 月。⑥隧道工程:2000 年 11 月至 2002 年 5 月。⑦改路、改渠:2000 年 11 月至 2001 年 9 月。⑧防护排水及附属工程:2000 年 11 月至 2002 年 5 月。⑨其他工程:2000 年 10 月至 2002 年 12 月。

(3)安全生产目标:无重大责任事故发生。

(4)施工现场:文明施工。

五、主要工程项目施工方案

根据本工程的重点和难点,结合本投标人十多年来的高速公路施工经验和现场踏勘情况,以确保工程质量和进度为原则,并以充分发挥机械、设备和劳动力的效率,降低工程成本为前提,制订了如下主要工程项目的施工方案。

(一)第一施工段(K257 +475 ~ K261 +440 及阁底互通区和互通连接线)

1. 工程概况及主要特点

本施工段路基填筑 398 438 m^3,路基挖方 452 855 m^3,圆管涵 6 道,盖板涵 1 道,箱涵 1 道,大桥 2 座,中小桥 7 座,通道桥 6 座。本施工段主线长 3.965 km,互通区匝道长 2.40 km,互通连接线长 2.694 km;路基填筑最大高度为 10.08 m,最大挖深 13.94 m;桥梁 34 个墩台基础为钻孔桩基础(计 101 根),30 个墩台基础为扩大基础。

本段路线穿越丘陵地区,路线左、右侧汇水面积较大,雨季来水较快;常山港南端的连接线部分地处滩地,易受洪水冲刷和淹没;K261 +208 ~ K261 +370 路段局部沉积有湖沼积软土;主要桥梁为杨家埠大桥和虹桥溪 4 号桥。

2. 主要项目施工方案

1)路基施工

根据现有交通情况,施工机械设备拟从 3 处进入施工现场。其中一部分设备由连接线 K1 +020 处(即常沟公路 K11 +200 处)进场,一部分设备由 320 国道 K500 +100 处(即连接线终点处)进场,一部分设备通过狮东公路并经通往大洋村的机耕道进至主线 K261 +280 处。施工机械设备进场后,尽量在路基红线范围内抓紧修筑临时便道,尽早全线贯通,为结构物进场施工创造条件,同时掀起路基施工高潮。

根据实际地形及工程量分布情况,本施工段拟安排四个路基施工作业组,负责路段分别为互通连接线 K1 +650 ~ K2 +694.268 段、互通区匝道及互通连接线 K0 +000 ~ K1 +190 段、主线 K257 +475 ~ K259 +500 段、主线 K259 +500 ~ K261 +440 段。其中,互通连接线 K1 +650 ~ K2 +694.268 段路基填料拟从常山港中取用级配良好的砂砾料,其他路段基本利用山体挖方料,多余挖方料拟弃于 K258 +700 路线左侧约 100 m 的沟谷处。

针对本施工段路基实际情况,设备进场后,首先开挖路基两侧临时排水沟,疏通原有沟渠,做好改渠工作,确保排水畅通;互通连接线段路基和防护施工计划于 2001 年 3 月洪水到来前基本完成;K261 +208 ~ K261 +370 段路基填筑及早安排实施,并加强施工期稳定观测,早日进入堆载预压,确保路基质量;对于局部水塘予以抽水清淤处理,再换填合适料。

本施工段路基填筑和路堑开挖同步进行,路堑开挖由上往下分层掘进,同时利用垭口和等高线修筑临时出料便道。路基填筑分层分段施工，施工时采用立标杆并拉线控制分层厚度，先用 CA30B 振动压路机初压，再用 YZP14 重型振动压路机复压，确保路基压实度，填料粒径控制在料场进行，同时纵向分段预留台阶，刷坡与路基同步。

路基填筑计划施工期 12 个月，取时间利用系数 0.75，则平均每个工作日应完成

$$路基填筑 = \frac{398\ 438}{12 \times 30 \times 0.75} = 1\ 475.7(m^3/d)$$

路堑开挖计划施工期 12 个月，取时间利用系数 0.75，则平均每个工作日应完成

$$路堑开挖 = \frac{452\ 855}{12 \times 30 \times 0.75} = 1\ 677.2(m^3/d)$$

本施工段路基开挖和填筑施工计划配备潜孔钻机 2 台，挖掘机 5 台，自卸汽车 35 辆，推土机 4 台，压路机 4 台，平地机 1 台。

本施工段山体比较分散，每一山体开挖结束，即开始防护施工。路基填筑至一定高度后，开始边沟施工。互通连接线挡土墙施工与路基施工同步。路基排水和路堑防护基本与路基施工同步结束，路堤边坡防护基本与路面施工同步结束。

2）桥涵施工

根据现有道路情况，虹桥溪 4 号桥（连 K0 +640）、杨家埠大桥（连 K1 +420）、大洋滩桥（主 K261 +246）等一进场即可施工，其他桥涵随着便道施工推进而逐步展开。

本施工段共有 5 座桥，有钻孔桩 101 根（其中竹坞桥头桥 4 根、互通 2 号桥 15 根、虹桥溪 4 号桥 22 根、杨家埠大桥 40 根、大洋滩桥 20 根），根据地质情况，钻孔桩基础均有嵌岩，拟采用 6 台回旋钻机及 6 台冲击钻机钻孔。施工时，在地质变化处拟放缓钻孔进尺，增大泥浆比重，防止塌孔或缩颈。桥梁扩大基础及涵洞基础开挖均采用机械为主、人工为辅的方法施工。墩柱模板采用整体式钢模，确保外观顺直、光滑、美观。本施工段共有梁板 642 片，拟集中预制，用汽车分别运至现场。预制场设在连接线 K0 +800 ~ K1 +000 段路线右侧，拟设置台座 40 个（含非预应力梁板台座 4 个），底座上均铺设 6 mm 厚钢板，接缝处进行焊接并磨光处理，侧模采用整体性钢模，空心梁板芯模均采用钢质芯模。大桥及预制场混凝土均采用带有自动计量系统的混凝土拌和站拌制，通过混凝土平车或混凝土输送泵等运送混凝土。施工时堆料场实施硬化，材料堆放严格隔离，既确保内在质量，又保证文明施工。

虹桥溪 4 号桥和杨家埠大桥施工受洪水影响大，考虑应在枯水期抓紧完成。根据地质情况，杨家埠大桥水中桩基护筒拟埋设至岩层，以增强护筒的稳定性和便于保持水头，防止水流冲刷砂砾层造成塌孔，影响工程施工进度和质量；桩基及下部结构施工拟设 2 个施工作业组，其中第一组负责 0 号台至 6 号墩施工，第二组负责 7 号墩至 17 号台施工；水中系梁施工时，采用引流和围堰相结合的措施。杨家埠大桥部分梁板为 40 m T 梁，根据我们以往及在建项目的施工经验，该项施工工艺已经成熟，主要设备等均为现有，但我们仍将认真组织，确保质量。

本施工段的桥涵施工计划工期 18 个月，具体施工拟安排 8 个基础及下部结构施工作业组，2 个安装作业组，1 个预制作业组，4 个涵洞作业组。

（二）第二施工段（K261 +440 ~ K267 +000）

1. 工程概况及主要特点

本施工段路基填筑 513 913 m^3，路基挖方 600 010 m^3，圆管涵 12 道，盖板涵 1 道，石拱涵

1 道，箱涵 1 道，大桥 3 座，中小桥 2 座，分离式立交 1 座，通道桥 9 座，连拱隧道 1 座。本施工段主线长 5.56 km，狮东公路改线 0.935 km；路基填筑最大高度为 10.27 m，最大挖深 27.73 m；桥梁 33 个墩台基础为钻孔桩基础（计 152 根），25 个墩台基础为扩大基础。

本段路线前段位于垄岗坳谷地带，后段位于丘陵区；K261 +860 ~ K262 +080 段被虹桥溪环形包围；K263 +825 路段下伏灰岩，分布有溶洞；隧道进口端节理裂隙密集发育，出口端围岩完整性较差。

2. 主要项目施工方案

1）路基施工

狮东公路基本与本施工段平行，且有多条村道相连，施工机械设备进场条件较好。根据工程量分布情况，拟安排 3 个路基施工作业组，负责路段分别为 K261 +530 ~ K263 +000 段、K263 +000 ~ K264 +630 段、K264 +810 ~ K267 +000 段，其中 K261 +530 ~ K263 +000 段施工机械设备由狮东公路经村道及便道、便桥分别进至 K261 +680、K261 +980、K262 +350 及 K262 +800 等施工点，形成多个工作面；K263 +000 ~ K264 +630 段施工机械设备由狮东公路经村道分别进至 K263 +200、K264 +120 及 K264 +500 等施工点；K264 +810 ~ K267 +000 段施工机械设备经村道分别进至 K264 +810、K265 +400、K266 +000 等施工点。施工机械设备进场后，首先在路基两侧开挖临时排水沟，疏通原有水沟，做好改渠工作，保持排水畅通，并尽量在路基红线范围内抓紧修筑临时便道，尽早使全线贯通，为桥涵施工创造条件。同时，抓紧狮东公路改线施工，使改线路段尽早通车，尽量减少高速公路施工对现有交通的影响，确保高速公路正常施工。对于 K261 +860 ~ K262 +080 段，拟在洪水季节之前利用隧道出渣及山体开挖方铺筑至一定高度，减少洪水对施工的影响。

本施工段路基填筑与路堑开挖同时进行，施工方法及质量控制同第一施工段。

路基填筑计划施工期 13 个月，取时间利用系数 0.75，则平均每个工作日应完成

$$路基填筑 = \frac{513\ 913}{13 \times 30 \times 0.75} = 1\ 757(m^3/d)$$

路堑开挖计划施工期 13 个月，取时间利用系数 0.75，则平均每个工作日应完成

$$路堑开挖 = \frac{600\ 010}{13 \times 30 \times 0.75} = 2\ 051.3(m^3/d)$$

本施工段路基开挖和填筑施工计划配备潜孔钻机 3 台，挖掘机 6 台，推土机 6 台，压路机 6 台，自卸汽车 45 辆，平地机 1 台。

路基排水及防护工程同第一施工段。

2）桥涵施工

本施工段桥涵均全幅施工。其中，4 座桥有钻孔桩（即虹桥溪 1 号桥 48 根、虹桥溪 2 号桥 48 根、狮子口水库 2 号桥 24 根、虹桥溪 3 号桥 32 根），根据地质资料桩基均有嵌岩，拟采用 6 台回旋钻机和 6 台冲击钻机钻孔；扩大基础采用以机械为主、人工为辅的方法施工；墩柱模板均为整体式钢模。本施工段共有梁板 898 片，集中预制，预制场设在 K264 +300 ~ K264 +550 段路基上，拟布设台座 51 个（含非预应力梁板台座 6 个）。为保证预制场顺利建设及按期生产，该段路基进场后先行施工，并于 2001 年 1 月前全部完成。混凝土拌和设备、材料堆场及预制场、底座和模板等设置措施同第一施工段。

本施工段内虹桥溪与路线三次相交，虹桥溪 1 ~ 3 号桥下部施工受洪水季节影响大，考

虑在枯水期抓紧完成。结合现有交通条件，虹桥溪 1 号桥和 3 号桥施工设备可直接到场，2 号桥设备需经 K262 +060 路线右侧的便桥及村道到达。根据地质资料及以往施工经验，在地质变化处拟放缓钻孔进尺，增大泥浆比重，防止塌孔或缩颈。K263 +825 路段分布有溶洞，狮子口水库 2 号桥桩基工程开工前拟对桩位进行详细的地质钻探，探明溶洞分布和发育情况，及时制订解决方案。

本施工段桥涵施工计划工期 15 个月，具体施工拟安排 7 个基础及下部结构施工作业组，2 个安装作业组，1 个预制作业组，3 个涵洞作业组。

3)隧道施工

大洋滩连拱隧道全长 185 m，其中两洞口明洞段长 20 m，暗洞段长 165 m，中隔墙厚度 1.8 m。隧道位于垄岗坳谷区，最大埋深 100 m，隧道洞身穿过围岩为微风化粉砂质泥岩与石英质砂岩，节理裂隙发育，洞口围岩为残坡积含碎石亚黏土、粉砂质泥岩，遇水极易风化。围岩类别：出入口 30 m ±15 m 为Ⅱ类围岩，暗洞 124 m 为Ⅲ类围岩，另有 16 m 为Ⅳ类围岩。纵坡为单向坡，下坡 0.7%。

根据地形和现场踏勘情况，拟在 K261 +630 路线右侧沿着山脚修筑一条便道至隧道出口端，以便隧道开挖设备进至洞口。在洞口开挖之前，洞口环形截水沟等排水工作抓紧完成，防止雨水冲刷和向洞内贯流。

根据本隧道所处岩层的性质及工程特点，明洞拟按明挖施工，暗洞按先墙后拱新奥法施工，隧道掘进以出口端(窑上端)为主、进口端(衢州端)为辅。

明洞开挖前按设计进行仰坡、边坡放线，然后自上往下逐层开挖，开挖边缘采用深孔预裂爆破。明洞避开雨季施工，开挖后及时喷混凝土封闭临空面。

暗洞采用三导坑正台阶上下半断面分部施工，即将中隔墙超前导洞贯通，随后衬砌中隔墙混凝土，再进行左右侧墙超前导洞开挖和衬砌，左(右)洞拱部环形超前预支护；然后右洞先独立施工，即上部环形开挖→拱圈衬砌→下部开挖→仰拱衬砌；右洞完成后，再按右洞施工次序对左洞施工；最后进行混凝土路面及洞内装饰等施工。隧道开挖采用线形炮孔布置和光面爆破技术，气腿式风钻人工操作打眼，控制装药量，尽量减少对围岩的扰动。二次衬砌采用液压模板台车，泵送 30 号防水混凝土，喷射混凝土采用湿喷工艺。在掘进过程中，加强洞内测量和超前地质预报工作，发现问题及时向有关部门报告，以便及时商量对策。在隧道施工中，严格遵循“短进尺、弱爆破、强支护、快封闭、勤量测”的原则，根据规范和设计图纸，严格按程序施工，稳扎稳进，确保工程质量和安全。

根据隧道工程规模和施工方案，拟在洞口配置 20 m^3/min、10 m^3/min 电动空压机各 1 台，内燃空压机(12 m^3/min)2 台，安装 400 kVA 变压器 1 台(供隧道及虹桥溪 1 号桥共用)，并配备 120 kW 发电机组 2 台备用，自动计量混凝土拌和站 2 台。

隧道施工计划工期 18 个月，前两个月成洞 6 m/月，其后成洞 14 m/月。计划安排 4 个班组，即掘进班 30 人(3 班制循环作业)，安装管棚锚杆班 16 人，喷射混凝土班 6 人，混凝土衬砌班 22 人。

4)路面施工

(1)级配砂砾底基层。

阁底互通连接线及狮东公路改线路面采用该结构层，总计 7 236.5 m^3，混合料在料场集中拌和，汽车分运至施工现场，然后进行摊铺、碾压，施工时确保混合料拌和均匀、含水量适当,无离析现象。计划工期 2 个月。

(2)级配碎石底基层。

阁底互通区路面采用该结构层,计 17.382 m^3,施工方法同级配砂砾底基层,计划工期 3 个月。

(3)水泥稳定砂砾底基层。

主线路面采用该结构层,计 31 254 m^3。采用厂拌混合料,汽车分运,摊铺机摊铺。该结构层厚度为 16 cm,拟一次摊铺。混合料分别由两个工区的集中拌和场拌制。计划工期 3 个月,取时间利用系数 0.70,则平均每个工作日应完成

$$\text{水泥稳定砂砾底基层} = \frac{31\ 254}{3 \times 30 \times 0.70} = 496.1(m^3/d)$$

计划配备 WCB200B(200 t/h)拌和站 2 套,装载机 2 台,ABGT423 粒料摊铺机 2 台,压路机 2 台,自卸汽车 10 辆,洒水车 2 辆。

(4)水泥稳定碎石基层。

该结构物层总计 99 340 m^3,主线及匝道厚度 32 cm,收费处厚度 30 cm,拟分两层摊铺;互通连接线及狮东改线处厚度 20 cm,拟一次摊铺。该结构层采用厂拌混合料,除狮东改线采用立钢模人工摊铺外,其他均采用摊铺机摊铺。计划工期 8 个月,取时间利用系数 0.70,则平均每个工作日应完成

$$\text{水泥稳定碎石基层} = \frac{99\ 340}{8 \times 30 \times 0.70} = 591(m^3/d)$$

计划配备 WCB200B(200 t/h)拌和站 2 套,装载机 2 台,压路机 2 台,ABGT423 粒料摊铺机 2 台,自卸汽车 15 辆,洒水车 2 辆。

(5)水泥混凝土面板。

本结构层共 7 575 m^3,狮东公路改线及阁底互通收费站区和互通连接线采用该结构层,施工时在经检验合格的基层上立好模板(长度满足 1 d 以上面层施工需要),自检合格并报监理工程师认可后开始混凝土浇筑。路面混凝土采用 JS1000 拌和站拌和,汽车分运至施工路段,混凝土摊铺机摊铺。面层拌和场与基层拌和场设在一起,混凝土拌制严格控制水灰比。施工时,注意振捣均匀、密实,对于角度、边部采用插入式振捣器振捣,并采用真空吸水。养生期间,封闭交通,用麻袋覆盖并洒水养生或喷洒养护剂养生。面层计划工期 3 个月。

主线及互通区路面结构层有计划地逐段展开,确保提前两个月分段有序地移交。

六、各分项工程的施工程序及方法

所有分项工程在开工前,严格按照施工方案、计划和技术规范要求,逐一落实人员、设备、材料和质量、安全、环保等措施以及有关的材料样品、试样报告等,检查无误后填报开工报告交工程师审批,批准后开始施工。

(一)路基工程施工程序及方法

1. 路基填筑施工顺序

(1)填前准备工作。先进行施工测量放样,对含水量偏大的路段,在路基两侧开挖临时排水沟,必要时在路基中挖纵横排水沟,加快晾干基底土壤。按技术规范要求对表土进行清理,清理表土后,碾压地表使之达到规范标准。

(2)路基填前的试验段作业。在经过整修的路段上选几段长度不小于50 m的路基做填筑试验，以确定不同的填料、压实度、碾压方式情况下，达到设计压实度的最佳铺筑厚度和不同吨位压路机的最佳压实遍数及速度等。该项试验工作在使用该种填料前一个月完成，并报工程师批准，作为路基填筑施工时的依据。

(3)路基填筑方法。路基填筑采用水平分层、纵向分段，以机械施工为主、人工为辅的作业方法进行施工。在达到要求的路基上，将合格的路基填料运到填筑地点，其卸料顺序为先两侧后中间，派专人指挥，按规定数量均匀卸料，以免影响摊铺厚度和质量。每层路基的摊铺宽度均大于设计宽度20～30 cm，以保证路基边坡位置的压实质量和边坡整修的净宽。

(4)路基填筑施工程序。挖掘机装土（机械开采→装载机装料）→自卸汽车分运到填筑路段→推土机推平→人工整修→检查摊铺厚度并调整→用振动压路机碾压。

每填筑3～4层，即恢复中线，调整边坡位置，每层的填筑高度用红漆或胶布画在醒目的标杆上，并拉线予以控制，同时纵向分段留台阶，刷坡与路基填筑同步进行。

(5)碾压顺序。碾压遵循先低后高、先轻后重的原则，直线段由路基两侧向中心碾压，有超高的曲线段由弯道内侧向外碾压。碾压时前后两次轮迹重叠20～30 cm，并尽快压到规定的压实度（土）或固体体积率（岩渣）。

(6)对坡地或填挖交接处的路基填筑按规定要求处理，先将坡地挖成符合规定宽度的台阶，并具有一定的横坡，然后分层填筑路基填料。

(7)与结构物衔接处严格按设计施工，回填采用透水性良好且易压实的材料，每层厚度不超过20 cm，并做到均匀对称地分层填筑和压实。对距离结构物近的地方，用小型机动夯具夯实或小型振动压路机压实，严把质量关，避免工后桥头跳车。

(8)粒径和级配的控制。

路基填筑需要控制好填料的粒径。本合同段利用填方量较大，所以在路基开挖中，注意炮孔位置的布置，采用控制间距、塑料导爆管、MS雷管微差挤压爆破，以利于在爆破过程中形成大量合格粒径的细料，并在开挖现场进行人工和再爆破解小，在装车运输的过程中严格地进行挑选，挑出大粒径的石块，同时利用推土机或装载机翻拌，确保路基填料达到规定粒径和级配。推土机推平，人工整修，保证工程内、外质量。

2.路基开挖施工顺序

(1)开挖前准备工作。先进行施工测量放样，定出开挖边线，在开挖范围内清除杂草、树木等植物。

(2)开挖截水沟。按设计先进行截水沟施工，把坡面的地表水引到路基外，防止边坡流失坍塌。

(3)修开山机械和挖装机械及岩渣运输机械等上山施工便道。

(4)开挖。就近利用土方用推土机推运，远运利用土用挖掘机挖装，自卸汽车运土，人工修刷边坡。

对于石方开挖路段，采用从上至下分层爆破的方法开挖，在地形较陡、地表岩石风化破碎地段，采用松动爆破。对于石质整体性较好地段，人工清理地表，潜孔钻机钻孔，阶梯深孔松动爆破，炮位呈宽孔距、小排距、梅花形布置。采用塑料导爆管、MS雷管微差挤压爆破，为确保边坡的稳定和平顺，先采用潜孔钻机沿边坡面先行加密钻孔，实施预裂光面爆破。

根据本合同段开挖量较大、利用量大、开挖边坡质量要求高的情况，路堑岩石开挖路段均采用潜孔钻机钻孔，以梯段微差挤压爆破为主、手风钻钻孔浅孔爆破为辅，光面爆破整修边坡的爆破开挖方法，保证边坡稳定和坡面平整，提高开挖料的利用率，又有利于施工进度和施工安全。

(5)防护。路堑路基开挖完成后，及时对边坡进行防护，尤其是土方路段及时按设计要求对边坡进行防护，防止边坡土流失坍塌。

路基开挖方施工工艺流程见图8-5。

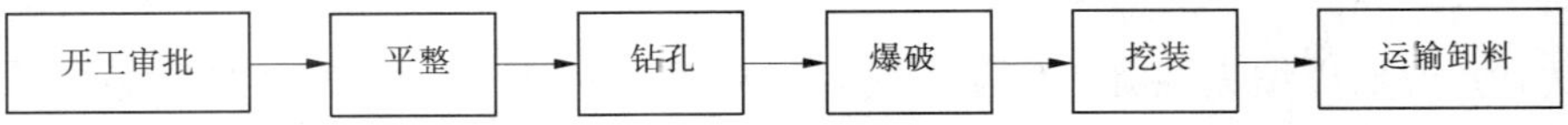

图8-5　路基开挖方施工工艺流程

3. 砌体工程施工

本合同段砌体的主要工作有地面排水沟砌筑、挡土墙砌筑、护坡、锥坡地砌筑等。

按照施工规范和招标文件的有关规定，认真做好材料的选用和施工测量等砌筑前的准备工作，采用坐浆砌筑，并立模板和挂线，外露表面用块石并修面，确保砌体符合规定尺寸和质量要求。在砌筑过程中关键掌握好砂浆的质量，并达到砌体平整、线形顺直流畅、外形美观的要求。

砌体工程施工根据相关项目实际完成情况穿插进行。

4. 涵洞施工

本合同段涵洞主要有圆管涵、盖板涵、石拱涵和箱涵四种类型，涵洞所处位置均为非软基路段，均可直接按常规方法开挖施工。涵管委托专业厂家预制，汽车分运到现场安装。施工时，应确保基础混凝土的质量，严格按正确的轴线和坡度精确地铺设，并按设计要求作好接缝和防水处理。盖板涵施工时严格控制断面尺寸，模板采用大面积的钢模，确保模板支撑牢固。石拱涵搭设拱架进行拱圈施工，拱架需做受压试验，拱架中设有合适的楔块，以便调整支架的升降，砌筑拱圈过程中随时测量和记录搭架与支架的沉降量。待砂浆强度达到要求时才能卸架，卸架时对称均衡缓慢卸落，并观测拱圈挠度和墩台变位情况。箱涵采用就地浇筑，全箱分两次浇筑，第一次浇至底板以上30 cm处，待底板混凝土强度达到设计强度70%以上后，再在底板上立模，浇筑剩余部分，采用整体钢模板，以保证光洁度，同时做好沉降缝设置。涵洞回填严格控制回填材料及方法，并分层压实，确保整体工程质量。

(二)桥梁工程施工程序及方法

1. 钻孔灌注桩施工工艺要点

(1)钻孔灌注桩位置要求正确，首先引用导线点设立桥桩控制点，用交会法放样，钢尺复核。钢筋笼依据保护桩定位正确。

(2)护筒埋深。护筒将采用可拆式钢护筒或混凝土预制护筒，直径比设计桩径大20~40 cm，入土埋深1~3 m，陆上桩高出地面0.3 m以上，水中桩高出施工水面2 m以上，并要求稳固，以利于导向钻头，保持水头，防止塌孔。

(3)钻孔。根据以往部分类似本标段地质情况的桩基施工经验，结合本标段地质情况，用冲击与冲抓钻机相互配合钻进作业及回旋钻机钻孔。在钻孔过程中根据实际地质掌握好泥浆比重，在地质交界处控制好钻进速度，经常检查成孔和垂直度，保证成孔质量。

(4)清孔。根据不同地质条件，冲抓钻机清孔采用黄泥裹抓法，反循环回旋钻机清孔采用泥浆循环吸渣法，使钻渣全部清出孔外。清孔时注意泥浆比重适当。

(5)清孔完成后，自行进行检孔器检测孔径和检查沉淀的厚度，请监理工程师验收合格后，立即进行钢筋笼安放和水下混凝土浇筑，中途不停顿，以缩短清孔后与混凝土浇筑前的时间。

(6)浇筑水下混凝土。水下混凝土应事先通过试验确定配合比，施工时严格控制原材料质量，各种材料的计量正确。确保混凝土拌制质量，使混凝土和易性好，不离析，浇筑水下混凝土时严格控制好导管的埋深，一般为 2 ~6 m，对地质变化交界处，导管尽可能埋深(但不超出规范要求)，以增大混凝土位能。灌注混凝土末期，导管上口高出桩顶或护筒内水面不小于 4 ~6 m，桩顶混凝土凿除的高度不小于 0.5 m，且顶面凿除平等，保证灌注桩质量。混凝土浇筑要集中力量进行，不得中途停顿。

(7)施工中使用的仪器、设备均配齐且应事先检修，导管做好泌水试验，防止施工过程中发生机械故障和意外事故而影响工程质量。

(8)对常见的事故以预防为主，并准备一切应急措施的设备。

2. 扩大基础的施工

1)施工准备

首先对施工现场进行场地平整，然后根据设计单位交付的经复测合格的导线点和水准点，使用全站仪和水准仪进行施工放样。定出基础轴线、边线位置及地面标高，并经工程师验收合格后，进行下一步的施工作业。

2)围堰

本标段部分扩大基础在河中，需采取围堰措施，部分扩大基础处在旱地，且地下水位比基底还低，不需采取围堰抽水等措施。在河中的扩大基础，由于河床较平坦，且流速较缓、水位较浅，可用草袋围堰方法，堰顶高度高出施工时可能出现的最高水位 50 ~70 cm。堰内面积满足基础施工的需要，围堰满足堰身强度和稳定的要求，围堰要求防水严密，尽量减轻排水工作。

3)挖基和排水

挖基施工尽量安排在枯水期或少雨季节进行。施工前按计划投入劳动力、材料、机具，根据本工程的施工期限、工地环境及地质情况，基坑拟用机械进行开挖，在机械开挖不到的部位由人工挖除，及时检验，随时进行基础砌筑。对埋深较大的基础，将采取连续作业方法一气呵成。

基坑排水采用集水坑与集水沟排水的方式，集水沟沟底低于基坑底面，集水坑深应满足抽水机吸水要求，并用竹筐围护，防止吸水龙头堵塞。配备的抽水设备能力，一般大于总渗水量的 1.5 ~2.0 倍，水泵宜搭配适当，抽水机根据基坑深度及吸程大小分别安装在适当位置。

4)基础浇筑

本标段基础浇筑模板采用拼装式模板，浇筑混凝土前，应对支架、模板、钢筋和预埋件进行检查，模板内的杂物、积水和钢筋上的污垢清洗干净，模板内面涂刷脱模剂，自检合格并报监理工程师审批后浇筑。

浇筑时，为防止混凝土离析，混凝土的倾落高度一般不超过 2 m，当倾落高度超过 2 m

时，通过串筒、溜槽等设施下落。浇筑混凝土应控制浇筑顺序，以保证基础混凝土的整体性。

3. 桥梁下部构造施工

系梁、立柱采用钢模板，水中墩利用钻孔平台上搭钢支架固定，混凝土运送搭设简易便桥和提升设施，在桩柱接头安放防漏浆的海绵或高弹橡皮防止漏浆，其他工作按常规施工，立柱混凝土浇捣一次立模、一次浇筑成型，保证立柱美观光洁。

盖梁采用贝雷桁架作支架，支架上立盖梁底模，然后扎盖梁钢筋，再立侧模，用对拉螺丝固定尺寸，支撑牢固，混凝土分层由立柱间相对向浇筑，仔细振捣、抹面、覆盖养生。

浆砌台身立好模板支架，挂线分层砌筑。砌筑时选好石料，坐浆砌筑，灌缝饱满，错缝施工。镶面石精心加工，丁顺相间，确保工程质量和外观美观。

4. 后张法预应力梁施工

1）准备工作

准备工作包括台座制作、张拉千斤顶校验等。

后张法预应力梁预制，空心板梁台座采用在混凝土底膜上铺设 6 mm 厚钢板，T 梁台座采用墩柱式台座（支座位置进行加固处理），即将底模放置在数十座由槽钢和 I 字钢组合成的墩位上，底模上铺设 6 mm 厚钢板。张拉千斤顶校验：在施工前将张拉千斤顶送到国家计量部门校验，在施工过程中也要按要求进行定期校验，以保证张拉吨位的正确性。

2）模板制作与拼装

为了保证预制质量，后张法预应力梁采用集中预制，侧模采用整体式钢模，空心板梁芯模采用钢模，分两次浇筑，先浇筑底板混凝土，后安放芯模，确保梁板的内在和外观质量。

后张法预应力空心板的模板拼装，是在钢筋制作完成，波纹管穿入并按设计坐标定位正确，端头板装好后进行的。

3）混凝土浇捣

混凝土浇捣按常规分层浇捣，振捣密实，特别要注意加强张拉端的振捣和避免触及波纹管，以免波纹管变形造成闭孔，影响预应力束穿入。

4）混凝土养生和拆模

混凝土浇捣完毕，终凝后，即可开始养生。根据施工规范，当养生混凝土达到一定强度后即可进行拆模。

5）穿束和预应力束张拉

当混凝土强度达到要求以后，预应力束穿束前用空压机清孔，然后将预应力束穿过预留孔道，即可开始张拉，张拉程序如下：

0→初应力→105% δ_K（持荷 5 min）→δ_K→锚固。

张拉采用应力和应变（伸长量）双控。

6）压浆和封头混凝土

张拉完成后立刻开始压浆，将水泥浆从压浆孔中压入预留孔道中，然后将两端用混凝土封闭，待水泥浆强度达到要求后进行编号，并出坑堆放。

5. 预应力梁板安装

根据桥梁和预制场所处的位置，本标段的预应力梁板，除部分通道桥梁板用汽车吊机直接安装外，其他梁板均采用架桥机安装。

架桥机安装程序：

(1)放样划线,精确定出梁体支座位置。复核支座平面处的混凝土顶面标高,高出的应凿低,低的应采取符合规定要求的措施。

(2)在前方各桥台墩顶及桥台路堤上设置木垛,用于支承导梁。

(3)在路堤木垛上拼装导梁,并把导梁向安装桥孔推出,以达到规定位置。

(4)导梁后端拼装行车起重机,按单元由轮胎式起重机吊上导梁组成梁体,组装完毕,进行纵、横向走行试车。

(5)预制板由拖车运到安装孔的导梁和行车起重机的吊点下,分别由行车上前后两个吊点将预制板吊起,走行到安装孔,天车横移,摆平支座,将预制板徐徐精确地安装到规定位置上。

(6)安装顺序为,在一个车道内,先安装左右两块边板,准确控制桥面横幅宽度,然后从左(或从右)按次序逐块进行安装。

一跨全部安装完毕,即把后孔桥墩上导梁支撑木垛移到新安装孔的前端,然后进行前孔梁体安装,依次类推,直至全桥安装结束。

6. 非预应力梁板的预制安装

本合同段通道小桥非预应力梁板分布较广,但根据施工的总体安排,采用常规的施工方法集中预制,以获得稳定的施工质量。

梁板采用大拖车拖运到各通道小桥的位置,用汽车吊直接吊装就位。

7. 桥面结构施工

桥面结构施工包括铰缝混凝土施工、桥面铺装混凝土施工、连续缝施工及防撞护栏施工。

1)测量放样

将导线点及水准点引上桥面,确定各结构物的平面位置,用水准仪测量各块梁板顶面实际高程,以保证铺装层的厚度及防撞护栏的标高。

2)铰缝混凝土浇筑

(1)清理梁板上及铰缝内的杂物,在企口缝底部用少量高强度等级砂浆封底,以避免铰缝混凝土漏浆。

(2)把混凝土运至现场,先用50型振捣棒振捣至密实、后用人工整平、并清除多余混凝土。

(3)浇筑完毕后进行湿养。

(4)铰缝结束后可安排梁底勾缝工作,以达到美观的要求。

3)桥面铺装

清理桥面上的杂物,绑扎桥面铺装钢筋后立模,混凝土均匀铺设,铺设的高度略高于桥面标高,采用平板振捣器振捣密实,用平整板粗平,滚筒精平,之后进行表面处理,待具一定强度后,进行覆盖洒水养生,相应拆除模板。

4)桥面连续结构

(1)常规桥面连续。

①正确制作连续缝钢筋,将相邻板锁定并塞紧端缝,绑扎钢筋,安装油浸木条,控制标高

并固定。

②待桥面混凝土达到一定强度后方可进行桥面连续混凝土施工,注意混凝土密实拉毛及养生。

(2)先简支后连续。

先简支后连续结构由预制梁段和现浇梁段组成,支座由双排改为单排,结构的受力特征为连续梁的特征,先简支后连续。上部构造的一般工艺流程为:设临时支座并安装梁板→设永久性支座及安装底模→按现浇段钢筋构造图绑扎钢筋、纵向钢筋按设计要求连接→安装预应力束波纹管→立侧模→浇筑现浇段(混凝土需加高效减水剂,采用微膨胀水泥,振捣密实)→及时养生→待现浇混凝土强度达到100%设计强度后,张拉预应力连续束→压浆→拆除临时支座→进行梁板的横向连接→铺设桥面钢筋网(钢筋网纵向钢筋连续通过现浇段)→浇筑桥面混凝土→摊铺沥青混凝土。

采用先简支后连续结构后,除严格按照规范施工外,还将特别注意以下几点:

①斜梁板端部按设计制成台阶状,以免施加连续段预应力时结合面错动。

②与现浇梁段有关的预应力束道及钢筋的位置按图示尺寸严格定位。

③抗正弯矩预应力束封锚混凝土与墩顶现浇混凝土一起浇筑,而与伸缩缝相接的梁端封锚混凝土可先行浇筑。

④采取切实措施防止空心板芯模上浮和下沉。

⑤安装时严格控制落梁位置,左右偏差不超过 ±2 mm。

⑥永久性支座与底模间的缝隙采取有效措施密封,严防漏浆。

⑦现浇段的预应力束道与预制梁段的对应束道顺接,并确保连接可靠,不漏浆。

⑧在混凝土强度达到设计要求后,张拉负弯矩区预应力的顺序为:从外侧向内侧,每次每块板张拉一根钢绞线,直至张拉结束,及时压浆。

⑨现浇段混凝土石子的粒径不大于 2 cm,混凝土强度比预制梁段高 5 MPa。水泥砂浆强度大于 35 MPa 时,方可拆除临时支座。

⑩连续外梁(板)的纵向钢筋(预制梁、板中伸出的螺纹钢筋)将彼此焊接或采用套筒压接接头,焊接应符合规范要求,套筒压接相关的钢筋长度应相应减短。

⑪钢筋密集区,如互相有冲突,则以其他钢筋弯起避开预应力筋的方式解决。

5)防撞护栏施工

(1)按图进行钢筋制作和绑扎并立模,注意预埋件的埋设和模板的固定,避免出现跑模现象,模板为定做钢模。

(2)将混凝土运到现场,采用 50 型振捣棒振捣至密实,当混凝土达到一定强度后拆模并进行养生。

(三)路面施工

1.级配砂砾底基层和级配碎石基层

该结构层采用场拌法施工,施工前,先选择一段路段进行试验,以取得各项数据,经工程师批准后,指导施工。

施工顺序:准备→施工放样→运拌和均匀的集料到现场→平地机摊铺整平→人工修整→碾压成型。

1)运输和摊铺

将拌和均匀的混合料按计算用量运送到摊铺路段上，均匀卸料，用平地机按预定标高摊平，必要时配合人工整修成型。

2)碾压

碾压按先低后高、先轻后重的原则进行，先以6～8 t双钢轮压路机碾压2～3遍，使该层达到一定的密实度和平整度，然后用振动压路机按试验路段取得的碾压次数进行碾压，使之达到规定的压实度。表面必须平整无轮迹。

2. 水泥稳定底基层、基层施工

该结构层采用粒料拌和机集中拌和，摊铺机摊铺，水泥稳定砂砾底基层作一层摊铺，水泥稳定碎石基层大部分路段分两层交叉施工。施工前选择一段路段进行试验，以取得各项数据，经工程师批准后，指导施工。

施工顺序：准备→放样、设备自动找平线→厂拌混合料→运输→摊铺机摊铺→整型→碾压→养生。

1)拌和及摊铺

各种粗、细集料和水泥按试验取得的配合比，控制含水量，经粒料拌和机拌和均匀后，用自卸车运至施工路段，由粒料摊铺机摊平，最后人工修整成型。

2)碾压

碾压按先低后高、先轻后重的原则进行，先以6～8 t双钢轮压路机碾压3～4遍，使该层达到一定的密实度和平整度，然后用振动压路机按试验取得的碾压次数进行碾压，直至达到规定的压实度。表面必须平整、无轮迹，并采取有效措施保证标高、平整度和每段成型时间符合技术规范的要求。

3)接缝处理

水泥稳定基层按单向车道整幅摊铺，每天施工完毕应设置横向工作缝，当天完成的端部放两根与压实厚度等厚、与横向宽度等宽的方木，方木的另一侧用碎石填筑一个长约3 m的过渡段，其高度略大于方木厚度，再进行碾压，使当天端部混合料碾压密实。下次施工前将方木及碎石除去，清扫干净后，开始摊铺下一段粒料，依次循环进行，直到全线完工。

4)养生

每次作业段碾压完成并经测试合格后，隔适当时间开始洒水养生，每天洒水次数视气候情况而定，整个养生期应保证该层表面潮湿，并对该路段实行交通管制。

3. 水泥混凝土路面施工

水泥混凝土路面的施工程序为：在已建基层上测量放样并立好钢模→混凝土厂拌作业→自卸车运输混凝土至现场→摊铺→振捣→真空吸水→机械整平、人工抹平→养生→割缝、灌缝→刻槽→养生。

整个过程中，着重抓好混凝土拌和、振捣、整平三个主要环节，以保证路面的优良率。

1)水泥混凝土的厂拌和运输

水泥混凝土的厂拌作业，本投标人将从材料的选择和先进的检测手段及严密的操作工艺等方面严格把关，以满足本合同段水泥混凝土的质量。

水泥混凝土的水泥、石子、黄沙的选料，首先进行以上各种原材料的分析试验，并将各项指标均达到设计要求的材料分析试验数据报工程师审批，经工程师批准后再组织进料，并进行配合比设计。各种材料做到合理堆放。

在整个拌和作业过程中还应进行各种检测工作，比如坍落度试验、混凝土离析试验等。

2）水泥混凝土的浇筑

混凝土浇筑前，应对模板高度、润滑、支撑稳定情况和基层平整、润滑情况，以及钢筋的位置和传力杆装置等进行全面检查。

本投标人拟采用插入式及平板式振捣器进行振捣，振捣时间以拌和物停止下沉，不再冒气泡并泛出水泥砂浆为准，不宜过振。平板式振捣过后再用振捣梁复振，复振目的是在进一步提浆的同时得以初步找平。振捣梁振捣时辅以人工找平，并随时检查模板，如有下沉、变形或松动，应及时纠正。

拟采用真空吸水工艺，提高混凝土在未凝结硬化前的表层结构强度，有效地提高防止表面缩裂和防冻等性能，缩短各工序的间隔时间。混凝土拌和物经振实整平后进行真空吸水，真空吸水时间以板厚的1～1.5倍（min/cm）进行控制。开机后真空度逐渐增加，当达到要求的真空度开始正常出水后，真空度保持均匀，结束吸水工作前，真空度逐渐减弱，防止在混凝土内部留下出水通道，影响混凝土的密实度。

3）混凝土板终饰

（1）做好清边整修，清除黏浆，修补掉边、缺角。终饰时严禁在面板混凝土上洒水、撒水泥粉。

（2）在混凝土经初步整修后，用3 m直尺检查平整度，对于高处用手镘法清除高出的混凝土。

（3）修整作业在混凝土仍保持塑性和具有和易性的时候进行，以确保从路表面上清除水分和浮浆。

（4）当混凝土仍具有塑性时，在混凝土表面沿横方向割纹，纹理符合设计要求。

4）接缝施工

胀缝应与路面中心线垂直，缝壁必须垂直，缝隙宽度必须一致，缝中不得有浆。

胀缝传力杆的活动端设在缝的一边，固定后的传力杆必须平行于板面及路面中心线，其误差不得大于5 mm。

缩缝采用切缝法，当混凝土强度达到设计强度的25%～30%时，采用切缝机进行切割。

5）面层施工防护措施

为确保混凝土施工质量，面层施工原则上安排在白天进行。采取预防措施，保证路面铺筑完的头6 h期间混凝土的温度不降到5 ℃以下，同时配置防雨设备，以免新浇混凝土被雨淋浇。

6）混凝土板养护

加强养护，确保质量，施工时计划用麻袋覆盖，洒水车洒水养护，或喷洒养护剂进行养护，养护期间昼夜看守，禁止车辆通行，在达到设计强度40%以后，方允许行人通行。待混凝土强度达到设计要求且具规定龄期后，做好接坡和路面的及时清扫养护工作，避免接坡处混凝土缺边、掉角和表面露骨等病害的发生。

(四)隧道施工

1. 洞口开挖

本标段洞口石质为Ⅱ类围岩,采用明挖法,为了避免对围岩的扰动,须按弱爆破、强支护的原则施工,即放小炮,少装药,并及时做好边坡和仰坡的防护工作。如采用锚喷支护确保坡面稳定,防止冲刷边坡及仰坡,而且及时进行衬砌等。

2. 洞身开挖

(1)中隔墙导洞采用上下半断面短台阶(台阶长3~5 m)开挖,全断面设置三角形格栅钢拱架,间距Ⅱ类围岩0.5 m,Ⅲ类围岩1.0 m。全断面设$\phi22$、$L=2(2.5)$m的锚杆,喷混凝土厚度10 cm。

(2)侧壁超前导洞,开挖尺寸为4.4 m×5.5 m(宽×高),采用上下半断面短台阶开挖,台阶长度不大于3 m。

侧壁导洞随开挖按设计及时安装$\phi22$中空锚杆、压浆、三角形格栅钢拱架、喷射混凝土。

(3)中部部分断面开挖,每次长度1.2 m,采用上下半断面正台阶法施工,台阶长度3~5 m。Ⅱ、Ⅲ类围岩采用上半断面环形开挖预留核心土,按设计施工将外缘成行后安装中空锚杆、压浆、Ⅰ字钢拱架、喷混凝土,形成一个骨架体,再挖核心土。

3. 出渣运输

上半断面采用人翻渣和采用手推车,下半断面配备ZL-50铲车1台,配合5 t的自卸车2~3辆出渣,设备根据具体情况增加。

4. 爆破设计

进行爆破设计应考虑以下原则:

(1)减少对围岩的扰动及降低振动强度,采取光面爆破。

(2)掏槽及底板眼按抛掷爆破设计。

(3)其他爆眼采用浅孔微振动控制爆破,在保证爆破效果的前提下,尽量减少炮眼的炸药耗量。

段最大允许装药量为

$$Q_m = R^3(VKP/K)^{3/a} \tag{8-1}$$

式中 Q_m——最大允许装药量;

R——爆源中心到振速控制点的距离;

VKP——质点振动速度控制标准,cm/s;

K——与爆破技术、地震波传播途径介质性质有关的系数;

a——爆破振动衰减系数。

(4)采用微差爆破。实践表明,采用微差爆破技术后与齐发爆破相比,平均降振率可达40%以上,微差段数越多,降振效果越好。

(5)钻孔参数确立:①炮眼深度$L=1.2\sim1.5$ m。②周边眼$E=(8\sim12)D$,D为炮眼直径);抵抗线$W=(0.8\sim1.2)E$;集中装药度$Q=0.1\sim0.4$ kg/m。③掏槽眼、底板眼爆破的段装药量,一般取段最大允许装药量的70%。④合理选择段间隔时差,选用100~200 ms。

(6)爆破器材:①炸药选用2号岩石硝铵炸药,其规格为$\phi25\times200$、$\phi32\times200$两种。

②雷管采用非电毫秒微差雷管，各雷管带塑料导管脚线 3 m、5 m、7 m。

5. 管棚施工

Ⅱ类围岩设计采用 $\phi108\times6$ 钢管，环向间距 40 cm，施工前按设计布设管棚位置，并用红油漆标注。钢管每节布长 6 m，接头采用丝口连接，长度不少于 15 cm，相邻接头错开，长度不小于 1 m。管壁四周钻两排 $\phi20$ 的压浆孔，施工时钢管沿隧道周边以 1°外插角打入围岩，采用风动 YQ-100B 型钻机导孔并顶入管棚钢管，管棚钢管安装好后，灌注 30 号水泥砂浆，注浆压力控制在 0.5 ~ 1.0 MPa，并做好施工记录。

6. 先锚后灌中空注浆锚杆

设计 $\phi25$ 先锚后灌中空注浆锚杆，采用反循环式注浆。

(1)锚杆的类型和布置必须与图纸相符，并符合技术规范要求，锚杆钻孔应圆而直，孔口岩面整平，并使岩面与钻孔方向垂直，如不垂直，安装锚杆时可用垫板调整，使托板密贴岩面。锚杆安装后外露长度不宜超过 10 cm。

(2)锚杆孔内用水泥砂浆注满。

(3)锚杆应有出厂证明书，每根锚杆的锚固力不得低于设计要求，每 300 根抽样一组进行拉拔试验，每组不少于 3 根，试验应符合国标 GBJ 186—85 的要求。

7. 钢筋网

钢筋网应随受喷面起伏铺设，与受喷面的间隙一般为 3 cm，钢筋网的喷射混凝土保护层厚度不小于 2 cm，钢筋网与锚杆或其他固定装置应连接牢固，喷射混凝土时钢筋网应不晃动。

向钢筋网喷射时，喷头应稍微倾斜，网后混凝土的流动性应大一些，以使喷射密实。

8. 喷射混凝土施工

在喷射混凝土之前，清除工作面灰尘，检查断面，润湿岩石，采用国内最新产品 KT-916 型湿喷机进行喷射，喷射距离控制在 0.8 ~ 1.2 m，喷射角度 $\alpha=90°$ 为最佳。根据不同的设计喷射厚度，分 2 ~ 3 次施工。

9. 防水层施工

隧道衬砌采用先墙后拱，施工前防水卷材按施工所需加工的长度为 4 ~ 6 m，立模前利用施工的脚手架将加工好的卷材安装并紧贴在初支岩面上，表面平顺，固定牢，混凝土施工时不致移动。防水卷材要露出本次混凝土结构面边缘不少于 0.2 m 宽，以便于下次搭接。

10. 模注混凝土施工

模注混凝土施工须严格遵守相关规范、规则，还应注意下列施工事项：

(1)灌注前清除基底虚渣、污泥、积水，确保基底稳定干净。

(2)安设拱架及模板，位置须准确，连接要紧密牢固，并预留好拱架的沉落量。

(3)特别注意模板质量和接缝处理，须严格执行规范和规定。

(4)采用液压模板台车，泵送混凝土入模，插入式振捣器振捣。

(5)洞口设置带有自动计量系统的拌和站集中拌制混凝土，混凝土运输车输送，施工时需保证混凝土泵的压送连续、不中断。

(6)立模时，衬砌中线、水平、断面尺寸和净空尺寸均须符合要求，当强度达到 2.5 MPa

时方可脱模,养护期不得少于规范规定时间。对衬砌已完成的段应继续观察其衬砌状况,及时记录并反馈给主管人员,采取相应的处理措施。

隧道泵送混凝土模注衬砌施工生产线为:

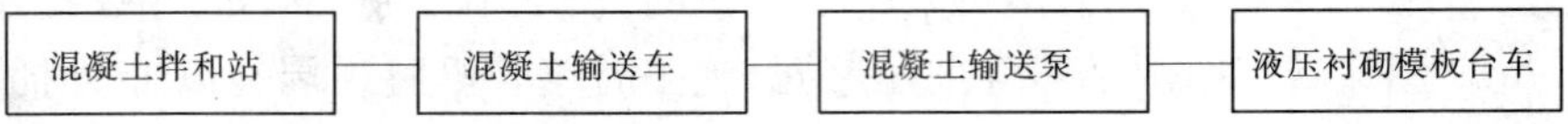

11. 加强围岩监控量测

加强对周边围岩及初期支护的监控测量,及时反馈信息,谋求设计施工的合理性、安全性和经济性,以指导施工。

爆破开挖后应立即进行工程地质与水文地质状况的观测和记录,进行地质描述。支护完成后应进行围岩表面的观察和记录,并进行裂缝的描述。

及时进行围岩初期支护的周边位移及拱顶下沉的量测,位于Ⅱ ~ Ⅲ类围岩且覆盖层厚度小于 40 m 时,应进行地表沉降量测。

量测部位和测点位置,应根据地质条件、量测项目和施工方法等确定,测点应在距开挖面 2 m 范围内,尽快安设以保证爆破后 24 h 内或下一次爆破前测读初值。

测点的测试频率应根据围岩和支护的位移速度及离开挖面的距离加以确定。

(1)测定主要项目为:①地质和支护状态;②周边位移;③拱顶下沉;④锚杆内力及抗拔力;⑤岩体内位移;⑥围岩压力及两层支护间压力;⑦钢支承内力及外力;⑧支护、衬砌内应力、表面应力及裂缝。

测试项目严格按照招标文件有关规定执行。

(2)围岩监控监测应用范围为:

①根据位移情况,了解围岩和支护的稳定状态。

②当位移速率无明显下降,而实测位移值已接近隧道周边允许相对位移或喷层表面出现明显裂缝时,应立即初强,并调整原支护设计参数。

③二次衬砌的施工应满足:

ⅰ. 各测试项目的位移速率明显收敛,围岩基本稳定。

ⅱ. 已产生的各位移已达预计总位移量的 80% ~90%。

ⅲ. 周边位移速率小于 0.1 ~0.2 mm/d,或拱顶下沉率小于 0.07 ~0.15 mm/d。

(3)量测管理。

①隧道现场监控量测成立专门量测小组,承担量测任务。

②量测小组负责测点埋设、日常量测、数据处理和仪器保养维修工作,并及时将量测信息反馈到施工设计和管理部门。

③现场监控量测应按量测计划认真组织实施,并与其他施工环节紧密配合,不得中断。

④各预埋测点应牢固可靠,易于识别并妥善保护,不得任意撤换和遭到破坏。

12. 隧道质量保证体系

1)开挖

开挖应总体根据“多打孔、弱爆破”的原则,尽量减少对围岩的扰动,并保证光面爆破的质量,尽量减少超、欠挖,如出现较大的超、欠挖,则按规范进行处理。

2)衬砌

(1)首先确定最佳配合比,保证衬砌质量。

(2)拱脚以上 1 m,墙壁以上 1 m,超挖部分全部用同级混凝土回填。

(3)衬砌应尽快浇筑,浇筑顺序从两侧拱脚向拱顶对称进行。

(4)浇筑前,必须将基底石渣、污物和基坑内积水排除干净,严禁向有积水的基坑内倾倒混凝土干拌物,墙基松软时,应做好加固处理。

(5)衬砌完成后,再用仪器进行全面检测,发现问题及时处理。

3)路面

(1)确定最佳配合比,保证混凝土质量。

(2)一次性浇筑,严格按设计和规范要求施工,严禁在刚做好的面层上洒水和撒水泥。

(3)用专用压槽拱进行压槽。

13.隧道安全保证体系

(1)爆破人员及特种岗位均持证上岗,严禁无证操作。

(2)在排除浮石及危险地段施工时,安排专人负责旁站观测,确保施工安全。

(3)进洞必须戴安全帽,听从指挥人员调遣。

(4)爆破器材有专人管理发放,并做好统计工作。

(5)洞内车辆派专人进行调度和指挥,杜绝各种交通意外事故的发生。

七、确保工程质量和工期的措施

确保工程质量是工程施工的基本前提,也是施工企业的生命,没有质量就没有效益,就没有信誉。因此,施工企业确保工程质量不仅是对业主负责,更是对企业自身负责。本投标人在近几年来所施工的工程项目,交工验收均为优良工程。"百年大计,质量第一"这一思想原则我们将始终如一地坚持,规范施工,认真依照招标文件所明确的各项施工技术规范、规则和各项质量验收评定标准去组织实施。我们对工程的质量目标为:确保优良,争创精品。为此,本投标人将借"工程质量年"之东风,严格贯彻执行 ISO 9002 质量标准的要求,同时采取如下措施。

(一)组织保障有力,项目班子精干

如果我单位中标,将在人力、物力及资金等诸方面作充分和有力保障,将选派经验丰富、素质精良的项目经理、专业技术人员、管理人员、协调人员和各类熟练工人,形成项目质量管理网络。

(二)施工机械化、设备精良化

一旦中标,将投入多台进口和国产优良品牌机械,如压路机、挖掘机、自卸车、推土机、装载机等,以及自动化和精度高的测量与试验设备,确保施工机械化和高质量。

(三)组织机构

建立和健全质量保证体系,加强管理,强化各层次的质量责任制,从抓好工序质量做起,确保分项工程质量,形成层层把关,达到工程质量创一流的目标。

(1)建立项目经理负责制的质量保证体系,在项目经理部下设工程质检科,工区设质检组,班组设质检员,形成三级质量管理网络,严把质量关。

项目经理部质检科在总工程师指导下开展工作，并设专职质检工程师 3 人。

各级施工管理人员做到认真学习合同文件、技术规范和监理规程，按设计图纸、质量标准及监理工程师指令进行施工，落实各项管理制度，严格按程序施工。各施工班组以自检为主，落实自检、互检、交接检的"三检制"。开展一次（按施工方案）三工序（复查上工序、保证本工序、服务下工序）活动，强化质量意识，教育全体施工人员，人人关心质量，人人搞好质量，使分项工程质量不合格不交验。

（2）建立一个完善的中心实验室，全面实施对工程所用的原材料或试件等进行检验和质量控制。

实验室分土工和钢筋混凝土两大部分，配备相应的设备仪器，对所检验测试的项目按有关规程认真操作，如实地提供数据资料，确保检验的真实性和及时性，为此，实验室现有的各项管理制度和岗位职责应结合本标段的实际情况予以修订完善，并切实贯彻。

物资部门对订货或采购的材料，按技术规范的有关规定报请监理工程师认可后方可办理，所进的材料必须符合质量标准，有产品合格证或质量检验证明，做到证随物到、材证相符，按有关规定需要进行复试抽验的需认真进行复检，对不合格的材料不用于工程。

（3）把质量责任制横到边、竖到底，项目经理与各主要管理人员和每位技术人员、现场施工人员、关键岗位的操作工签订质量管理目标责任书，做到责任明确、奖罚分明，真正把工程质量终身制落实到每个职工身上。

（4）加强各级施工管理人员和质检人员的培训学习工作，并认真学习贯彻招标文件、技术规范、质量标准和监理规程，除平时自学外，项目经理部针对施工实际，定期进行分层次的集中培训学习，进一步提高业务素质，使之在施工过程中更好地落实规范标准，履行职责，提高质量管理水平，把好质量关，以一流质量创一流牌子。

（5）抓好全面质量管理工作，开展 TQC 活动，成立 QC 小组，对工程施工中的技术难点和较难避免的质量问题，用全员、全过程努力的办法来解决。

（6）强化规范施工，各级质检人员挂牌上岗，并在各路段和各结构物处立牌明确质量责任人，广泛发动群众共同参与质量监督。

（7）虚心听取和接受监理工程师指导与监督，坚决执行监理工程师的各项指令，提供满足监理工程师在现场检测需要的人员、仪器设备等，搞好与监理工程师的配合工作，同心协力，创造优质工程。

（8）项目经理部定期对全线工程进行全面检查，加强过程控制，发现问题限期整改，并开展全线各施工作业组的质量竞赛，奖罚并举，项目部按质量管理目标责任书的要求每月组织一次检查和考试，奖罚兑现。

（9）积极开展创优活动。制订创优计划，分阶段按步骤落实，使工程质量切实落到实处。

（四）技术措施

（1）建立以总工程师为主的技术系统质量保证体系，从总工程师、质检科、工程科、中心实验室直到施工班组的各级技术负责人，从施工方案、施工工艺、技术措施上确保达到质量标准，从技术上对质量负责，并积极采用和推广先进的施工工艺与科技成果，提高产品质量和产品优良率。

（2）本标段配合大型振动压路机对路基进行强压，增加路基稳定，减小工后沉降。

(3)开展技术攻关。对工程施工中容易出现质量问题的环节，如混凝土表面的光洁度、桥面的平整度等，尤其是公路工程三大质量通病问题，即混凝土路面的早期破损、桥头跳车和路基不均匀沉降，我们将根据以往施工经验和教训，事先采取针对性的保障措施，努力克服质量问题。

①路面的早期破损。把好路基质量关，路基严格分层填筑，确保路基压实度，严格自检制度，在自查中若发现路基表面松散、起皮、局部弹簧、强度不满足及平整度差等缺陷，则应及时进行处理，严格做到不合格产品不进入下一道工序；合理安排施工计划，编制完善的施工组织设计，做好各结构层施工安排衔接得当，拌和场布局合理，材料堆放有序，特殊气候条件施工具备相应的对策和措施；认真进行技术交底，明确各道工序的职责和施工责任人，明确自检责任和自检人员，明确质量目标，对关键工序、采取工艺、采取的措施等给予明确的事先指导，做到事先应知、应会教育；严格控制材料的质量和试验，材料质量的好坏直接影响路面施工质量和使用质量，采购各种材料前，根据设计和规范要求做好各项试验，各项指标符合要求并报送监理工程师批复同意后，签订供货合同，同时对于进场材料严格按规定进行抽检，不合格材料不得进入施工现场；严格控制混合料级配和拌制质量，对于基层和面层混合料，采用带有自动计量系统的拌和楼，严格控制拌和时间，使混合料拌和均匀，并使施工配合比强度比设计配合比强度提高15%；精心组织安排拌和、运输、摊铺碾压三个环节的人、机、料配合，使之连续作业，施工前对各种施工机械进行调试，确保设备的正常使用；施工时严格按照程序和规范要求实施，对于混凝土面层，严格掌握好振捣、吸水、表面处理、切缝时间，加强检测，及时采取优化措施；严格实行封闭养生，按要求及时养护，保证足够的养生期，养生期间禁止一切车辆通行和其他作业，水泥混凝土面板采用湿养和养护剂养生，待混凝土强度达到设计强度后才能开放交通，养生期结束后即进行灌缝施工，按设计要求选择填缝材料。

②桥头跳车。本路段为非软基路段，治理桥头跳车这一通病主要在施工管理、工艺、质量控制上下工夫。严格施工管理制度，落实专人专管责任。按照设计和规范要求，合理安排施工计划，确定填料具体的质量要求、施工操作工艺、自检内容和要求等，并指定专人对材料质量和关键工序进行专管及自检控制。施工时回填材料一般采用砂砾料或渗水性良好的其他材料，填料的最大粒径不超过50 mm，塑性指数小于12，渗水性材料必须符合一定的级配要求，回填必须均衡、对称地分层填筑和压实，每层松铺厚度不大于20 cm，并及时碾压，对大型碾压机械作用不到的部位，如台背处及路基边缘等局部区域，采用DPU4045H型进口内燃式振动平板夯等机具进行夯实处理，同时必须做好施工现场的排水工作，以免影响路基质量。

③路基不均匀沉陷。引起不均匀沉陷的原因主要有两种：一种是由地基不均匀沉陷引起的；另一种是由路基填筑不均匀所致。施工时严格按设计要求施工，填筑从低处往高处分层摊铺碾压，对于填挖交界处，必须按要求挖台阶搭接，搭接时填筑挖处不能采用等粒径或大粒径的填料，碾压必须密实无拼痕。对于荷塘路段，荷塘里的基底处理要稳固，需排水清淤且换填透水性较好的材料。路基填筑时，严格控制材料粒径、填料级配、分层厚度及其压实度，避免由于填料中个别粒径过大，或普遍过大，或局部粗细不均匀造成路基强度不均匀，或填料孔隙率过大而引起路面不均匀沉降，尤其是路槽底面以下80 cm范围内严禁用超粒径的大石块和强度较低的土填筑。

(4)分部分项工程开工前由工程科负责，进行分层次的书面技术交底、交施工方案、交施工工艺、交设计图纸、交质量标准、交安全措施,形成施工程序化、技术标准化、质量规格化,使每个参加施工的人员做到目标明确、心中有数。

(五)确保工期的措施

(1)如果本投标人中标,在接到业主的中标通知书后,立即在本投标人的有关范围内进行思想动员,将该项目的重要意义、建设规模、总工期、质量要求等贯彻到每一个职工中去,使各部门、各岗位充分做好人员、设备、资金的准备,确保计划一条心,以饱满的精神投身于该项目的建设。

(2)加强工程计划管理。详细制订实施性的各分项计划和相应的材料、设备与劳动力安排,并在墙上用文字和图表的形式表明实际与设计进度,计划实际每旬检查一次,以检查旬计划保月计划,检查月计划保季计划,检查季计划保年计划,检查年计划保总体计划的完成。

(3)积极主动处理好与当地政府和有关部门及沿线乡村的关系,尽力争取他们的关心、支持和配合,创造良好的外部环境,使工程比较顺利地实施。

(4)施工前期准备工作有重点地展开,使部分控制工期的单项工程能尽早开工,尽量缩短施工前期准备工作时间。

(5)做好机、料等后勤保障工作,及时总结经验,不断提高工作效率,以确保按期完工。

(6)以质量、安全求速度。只有保证质量和安全,计划才能得以顺利实施,工期才有保障。

八、冬季和雨季的工作安排

(1)在工程用地范围内做好开沟排水工作,尽量做到雨停沟开,减少对施工的影响。

(2)根据工程所处地理条件和工程性质,在编制总体施工计划时,安排不受气候影响或影响较小的工程在雨季施工,不宜在雨季施工的项目尽量安排在其他季度。

(3)利用施工淡季充分做好施工机械设备的检修保养,职工培训学习,养精蓄锐,迎接施工旺季。

(4)做好防洪、防台工作,特别要安排好虹桥溪 1 ~ 4 号桥及杨家埠大桥桩基和下部构造的施工时间,尽量避开洪水季节施工,防止施工材料遭受损失和工程遭受破坏。

(5)冬季认真做好混凝土防冻工作,当气温在 0 ℃以下时不安排陆上混凝土施工和浆砌工作。

九、质量、安全保证体系

(一)质量保证体系

工程质量是百年大计,同时关系施工单位的生存。为此,应从项目经理到每个工人大家齐心共管;从开工到竣工交验的每个环节,都不能放松,形成一个具有组织、设备、制度、办法、措施、手段等一整套的保证体系。

为确保本工程的质量,在本项目的施工管理中全面贯彻 ISO 9000 质量管理和质量保证标准,依据 GB/T 19002—1994 idt ISO 9002:1994 质量体系的要求,结合我公司《质量保证手册》和《质量体系程序文件》编制了本项目质量保证体系。本质量保证体系是项目一切质量活动必须遵循的纲领性文件和行为准则,凡涉及本项目的项目经理部各级人员必须严格遵守执行。

本项目质量方针明确了公司对质量的承诺以及满足合同规定的要求;产品的质量必须满足业主的期望和目标。

1. 质量控制依据

(1)设计资料。

(2)合同文件。

(3)技术规范。

(4)部颁工程质量检验评定标准。

2. 质量控制目标

(1)各类检测及试验资料真实、齐全,原材料质量、配合比、砂浆和混凝土强度、压实度、弯沉等合格率达到100%。

(2)各分项工程一次合格率达到100%,优良率达95%以上。

(3)全部施工项目符合设计要求。各项工程内在质量合格,外表美观。

3. 质量管理措施

为确保上述目标的实现,并创造优良工程,具体拟采取以下措施:

(1)建立从上到下的质量管理体系,并在整个施工过程中开展。从始至终坚持质量管理活动,建立管理点、管理工具,采取立方图法、排列图法和因果分析法,使质量管理从静态管理进化为动态管理。

(2)抓人的工作。我们认为工程质量的好坏,在很大程度上取决于工程全体员工的工作责任心,因此必须抓紧、抓死思想教育工作,以使每个职工做到工作一丝不苟,认真细致,用人的工作质量来保证工程质量,牢固树立质量责任重于泰山的思想。

(3)做好技术交底工作。在每项工作、每道工序施工前,将有关施工技术规范、设计要求、质量控制部位及应达到的标准等编制成手册,发到各施工班组进行书面交底,并作为学习的依据,同时利用各种会议形式进行口头交底,达到人人知晓,并在施工中对照检查,做到人人遵守,互相督促;开工前将对进入合同段的全体员工进行技术规范教育,针对各工种进行技术培训,培训结束后,要进行考试,对不合格者不发给上岗证,且不得上岗。

(4)实行定期和不定期的质量检查制度。在整个上岗过程中,项目经理部每月进行一次质量检查,各工区每半月进行一次检查,特别是对一些容易影响质量的工序和主要结构部位设专人跟班检查,把影响质量的因素消灭在施工过程中,对不符合标准的工程坚决推倒重来,以确保施工工程不留下质量隐患。

(5)实行三不放过的原则。一道工序或工程完成后,如检查确认不能达到优良工程,除责成返工外,还应分析产生质量事故的原因,找出造成质量事故的责任人,并根据具体情况予以处理,总结出产生质量问题的经验教训,制订出防止事故再次发生的措施。如上述三点,即原因、责任人、防止措施未搞清楚和落实后,此次事故绝不放过,并加重处分有关工区、作业班组的领导。

(6)实行质量与经济利益挂钩的奖罚制度。在施工过程中,我们将根据工程的重要性、复杂性等因素制定一套奖罚制度,实行重奖、重罚,利用经济手段保证优良工程的实现。

(7)赋予质检工程师一票否决的权利,以充分发挥质检工程师和技术人员对质量的监控作用,凡须进入工地的一切材料,均需质检工程师检查同意后,才能进入现场和用于工程。

(8)工程采购订货时的质量控制。把原材料质量控制在采购订货前是质量预控的重要措施,先看样品和质量说明书,必要时进行相关的原材料试验工作,符合质量要求的才订货,不符合质量要求的坚决不订货,不是正式厂家的不订货,以防止伪劣产品进入工地。

(9)进库检查。原材料进库时,要检查厂家的产品合格证,并抽样自检(附自检报告),不合格产品坚决不准入库。

(10)进库保管。凡进库材料要分门别类保管,并插牌标记,易锈、怕潮、怕晒的材料应置于干燥库房。

(11)对当地砂石料采购或开采前应经试验及审批后再进行订货或开采。

(12)内部质检人员服从、支持业主和监理工程师的工作,并在工作中提供方便,共同把好质量关。

(13)应用相应的设备和方法检测试验,遵循质量控制程序,进行从原材料到工程成品的质量检查。

4. 质量管理和保证体系

以项目经理和总工程师为龙头,组织经理部各有关部门、工区领导、施工班组质检员、单项工程负责人及其他有关业务人员,担任体系的负责人,明确规定质量工程中的具体任务、责任和权利,做到事事有人管,上下有人抓,人人有专职,办事有标准,工作有检查的质量保证体系和管理体系。

5. 各级质量责任

1)项目经理

项目经理对总公司负责,代表总公司承担工程合同质量责任,确保工程质量优良。具体职责如下:

(1)选择和确定各职能部门负责人、主要骨干。

(2)选择和确定各工区负责人及主要骨干,进行现场施工的组织管理,承担施工工程合同责任。

(3)确保工程施工必需的机械设备和材料供应。

(4)教育职工提高质量意识,并用严格的经济手段(按合同或责任书兑现)对工程质量把关。

2)总工程师

总工程师负责合同段工程质量和技术管理工作,确保项目工程达到优良标准。

(1)主持制订加强质量管理的措施和办法,切实加强对各职能部门、各工区质量管理工作的检查和监督。

(2)定期和不定期组织工程质量检查及主持整改。

(3)对重大质量问题,及时提出处理意见,报请监理工程师审定后执行。

(4)主持内部的工程质量检查评定,参与监理工程师的检查评定。

(5)制订施工方案,主持技术交底,指导试验工作,处理合同段的重大技术问题。

(6)负责重大变更设计的申报,保证工程质量。

3)质检工程师

质检工程师在工程质量问题上对总工程师负责，具体负责按规范、规程、规定进行施工工艺巡查、监督，按质检标准进行工序和工程项目检查，评定把关，履行否决权，确保工程质量达标。

4)试验工程师

(1)负责对原材料、工程施工的各试验项目做到及时取样试验，试验频率符合要求，试验结果正确。

(2)完成监理或业主要求的抽检试验，提出试验报告。

(3)指导工地实验室的试验工作，参与处理有关工程质量问题。

5)材料工程师

(1)负责按设计要求的材料品种、规格、质量标准组织材料进场。进场材料的各种质检资料齐全，不合格的材料坚决不进场。

(2)材料的贮存和保管做到不受潮、不锈蚀、不变质，否则作废品处理，清除出场。

6)工区主任

工区主任承担建筑工程项目的责任，对项目经理负责，主要工作如下：

(1)对下属施工队(组)施工项目进行经常性的检查、督促，做到严格按规范标准、工艺要求、质量标准施工。

(2)严格按经济责任或有关奖罚规定，对施工队(组)进行奖励和处罚。

7)工区质检员

(1)按施工规范、工艺要求随施工队进行施工现场监督检查，履行否决权，及时纠正违规操作，确保工程施工质量。

(2)负责按工序进行自检评定，报送监理工程师复检签订。

(二)安全保证体系

1.组织体系

在项目经理部设立安保部，由经理部统一领导，制订各项措施，各工区设安保小组，并设专职安保员，组成施工安全保证体系的组织机构。

安全检查工作程序见图8-6。

2.安全生产措施

(1)认真贯彻“安全第一，预防为主”的方针，严格执行国家有关安全生产方面的法规、条例、规范、标准和本投标人有关的安全管理制度，保证职工在施工生产过程中的安全与健康。

(2)建立各级各类人员的安全生产责任制，形成完善的安全保证体系，建立健全各项安全管理制度，并经常对职工进行安全教育。

(3)严格执行安全操作规程，按照作业要求发放劳保用品，进入施工现场必须戴好安全帽，高空作业必须系好安全带，严禁违章指挥、冒险违章作业。

(4)加强施工现场的安全防护设施，保持良好、安全、文明的施工条件。

(5)单项工程的施工组织设计或施工方案附有安全技术措施，对特殊和危险性较大的工程单独编制安全技术措施，并且有依据、说明、审批。

(6)严格实行逐级安全技术交底制度，开工前技术负责人将工程概况、施工方法、安全技术措施等情况向项目负责人、工长详细交底，项目负责人或工长向班长进行书面安全技术交底，各级书面交底有交接人签字，并存档备查。

(7)施工过程中所使用的安全用品、工具和设施以及电气、机械设备等做到定期检查，建立严格的检查制度。如脚手架、井字架、安全网，工地使用的中小型机械、起重设备的安全装置、限位装置等。对临时电气工程做到符合国家用电规定，装设漏电保护装置。

(8)石方爆破作业施工严格执行国家和当地政府、公安部门的有关规定，制订单独的安全技术措施方案和管理制度。

(9)对特种作业人员加强培训考核，实行持证上岗制，严禁无证人员从事特种作业。

(10)加强安全生产检查，并和生产安排结合起来，加强日常的安全检查活动，发现安全隐患立即下达隐患通知书，限期改正，如有危及人身安全的紧急险情和重大隐患立即停止其作业。

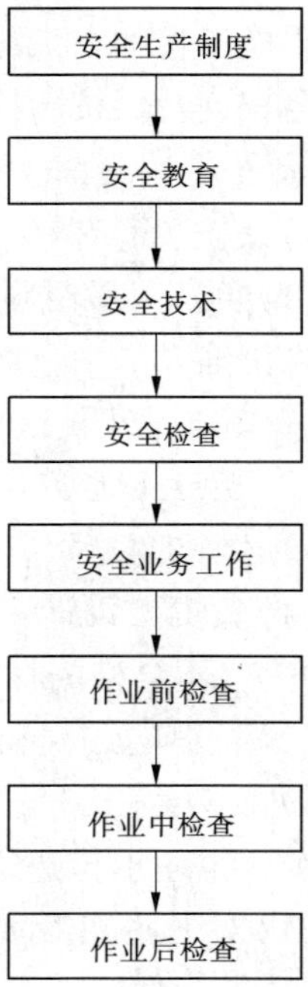

图 8-6　安全检查工作程序

3. 设备和物资保证

项目经理部和各工区配置适当的抢救设施与药品，施工工地配备足够的安全网、安全绳以及施工工人的保护用品，驻地配备消防和卫生设备，消除各环节的安全隐患。

十、其他事项

(一)环境保护措施

(1)生产及生活设施的设置应认真规划、设计，在规定设计中要符合环境保护要求，遵守环境保护法规，在征得当地政府有关部门同意后，报请工程师批准。

(2)钻孔桩设置泥浆池，经沉淀后再作处理。

(3)生活、生产废水经收集、处理后再排放。

(4)在邻近居民点施工时，采取严格的防污染和防噪声措施。

(5)在土石方施工作业中避免土石堵塞河流、农田灌溉水渠，保护树木，防止毁坏森林，防止造成水土流失。

(二)文明施工

文明施工是企业素质和管理水平的综合反映，应将文明施工作为一个重要工作内容来抓。

(1)建立以项目经理为文明施工第一责任人的组织体系，各部门分工明确。

(2)场地布置合理，设备材料停放有序，各种图表上墙，员工佩卡上岗。

(3)加强路容、路貌管理，各种标牌、标语立于各责任区，整个施工现场井然有序。

(4)认真做好临时排灌工作，施工不影响农业生产。

(5)认真搞好现有道路的维护工作,确保施工路段的道路畅通。

(6)加强与地方的协调工作,由专人负责与地方政府部门、乡村居民的协调关系,取得当地政府部门的大力支持,努力解决施工中出现的各种问题、各种矛盾。加强与群众的关系,紧密团结,关系融洽,相互帮助,为顺利完成工程项目创造条件。

(三)地下和地上三线保护措施

先行人员进场后,即组织对沿线地下光缆和电力线路等三线进行详细调查,并针对各种情况与有关部门取得联系,制订切实可行的保护措施,以确保线路安全。

(四)文物保护

文物是国家的财富,在进入施工现场前,对参加施工的所有人员进行有关教育。施工中,一经发现文物,立即报告有关部门,并做好现场保卫和防护工作,由经理部办公室负责具体业务工作。

第四节　公路养护大中修与旧桥加固“施工组织设计”示例

施工组织设计是公路养护大中修与旧桥加固设计文件中的重要组成内容,是指导公路养护大中修与旧桥加固施工生产的重要技术经济文件。

一、公路养护大中修“施工组织设计”示例

(一)说明

1.概述

××高速公路河北段大修一期工程,全长46.121 km,为南半幅,桩号为K332+000~K378+120.860。

1)大修工程内容

路面大修内容如下:

(1)补强罩面,适用的路段桩号为K332+000~K335+000,长度为3 km。

(2)翻修沥青面层,整修基层,适用的路段桩号为K335+000~K378+120.860(挖方潮湿段1.631 km除外),长度为41.49 km。

(3)新建沥青路面,适用于8处挖方路段,分布在桩号K335+000~K378+120.860之间,长度合计1.631 km。

桥梁大修内容如下:

(1)翻修桥面铺装。

(2)更换损坏的桥梁构件。

(3)更换桥梁支座、伸缩缝。

(4)维修墩台、基础、锥形护坡、调治构造物、护栏、八字墙等工程。

防护与排水内容如下:

(1)路堤、路堑边坡防护工程维修与新建。

(2)路基、路面排水工程的维修与新建。

2)工程规模

工程规模为:①挖除路基 8 760 m^3;②纵向排水工程 1 743.16 m;③石砌护坡 2 365.2 m^3;④勾缝、抹面 78 500 m^2;⑤喷射混凝土防护 11 274 m^2;⑥挖运旧路面 428 688 m^2;⑦贫水泥混凝土基层 14 192 m^2;⑧水泥稳定粒料基层 28 724.5 m^3;⑨沥青混凝土路面 427 540 m^2;⑩拦水带 408.01 m^3;⑪桥梁和涵洞的墩台、基础 160 m^3,锥坡与护坡 163 m^3,八字墙 200 m^3,承重构件 10.48 m^3,支座、伸缩缝 1 138 m,桥头搭板 137.25 m^3,护栏 1 168 m^2,桥面铺装 26 656.62 m^2,石拱桥 4 处,其他工程 110 m^3;⑫路面标线 21 420 m^2。

3)工程特点

工程特点为:

(1)本高速公路河北段沿线地形复杂,高差变化大,地形变化无规则,地质多变。

(2)本高速公路河北段是河北省大修的第一条山岭重丘区高等级公路,缺乏大修经验。

(3)这次大修工程中最复杂的部分是新建沥青路面部分,全部挖除旧路面,按挖方路基潮湿段重新进行施工,而且工程分布零散,在 43 km 的里程中分 8 处,合计 1.631 km。

(4)这次大修工程,工程量最大的部分是 K335 +000 ~ K378 +120.860 段,面层需要全部挖除,所以翻修沥青面层是这次大修工程的主体。

2.施工方案

1)施工组织

(1)交通控制:整个施工区段对外完全封闭交通,过往车辆可绕行 307 国道,应合理安排施工顺序及区段,保证施工车辆畅通无阻。

(2)总体安排:计划安排两家施工单位,同时施工平行作业。

第一家施工单位负责 K332 +000 ~ K360 +780 段,长度 28.78 km;

第二家施工单位负责 K360 +780 ~ K378 +120.860 段,长度 17.341 km。

(3)组建作业队。

第一家施工单位具体划分如下:

路基、路面工程:

①挖除旧路面面层,组织 5 个作业队,平行作业。

②挖除破损的基层、底基层,组织 1 个作业队。

③施工场地整理,组织 1 个作业队。

④盲沟施工,组织 1 个作业队。

⑤做新基层,组织 1 个作业队。

⑥做新沥青混合料面层,组织 1 个作业队。

桥梁涵洞与防护工程:

①瓦工作业 1 队:负责浆砌护坡、锥坡等。

②瓦工作业 2 队:负责墩台、基础、石拱桥维修。

③混凝土作业队 1 个:负责桥梁承重构件、护栏桥头搭板、混凝土防护工程。

④伸缩缝、支座作业队 1 个:负责伸缩缝、支座的更换。

第二家施工单位具体划分如下:

路基、路面工程：

①挖除旧路面面层，组织3个作业队，平行作业。

②挖除破损的基层、底基层，组织1个作业队。

③施工场地整理，组织1个作业队。

④盲沟施工，组织1个作业队。

⑤做新基层，组织1个作业队。

⑥做新沥青混合料面层，组织1个作业队。

桥梁涵洞与防护工程：

①瓦工作业1队：负责浆砌护坡、锥坡等。

②瓦工作业2队：负责墩台、基础、石拱桥维修。

③混凝土作业队1个：负责桥梁承亘构件、护栏桥头搭板、混凝土防护工程。

④伸缩缝、支座作业队1个：负责伸缩缝、支座的更换。

2）施工期限

施工期限为5个半月，即2003年5月25日至11月10日。

3）主要工程施工方法、工期

A. 路基路面施工

（1）施工方法为以机械化作业为主，人工辅助机械作业。

作业方法总体采用平行流水作业。相同的工序在不同的施工段上平行作业，不同的工序采用流水作业。具体施工方法如下：

①旧沥青路面采用大型铣刨机铣刨、拉毛。

②所有旧路面面层采用机械切缝，机械捣碎，推土机配合装载机装车，自卸汽车运输，并与其他废料分开堆放。

③需要挖除的路面基层、底基层，采用挖掘机挖装，机械无法作业处，采用人工作业，自卸汽车运输。

④做基层、底基层所用的水泥稳定碎石、级配碎石，在料场集中拌和，自卸汽车运输，机械摊铺、碾压。

⑤小面积基层破坏，挖除破损基层后，采用贫水泥混凝土填补找平。C15贫水泥混凝土采用分散拌和，手推车或小型拖拉机运输。

⑥沥青混合料在料场集中拌和，自卸汽车运输，机械摊铺、碾压。

（2）工期。路基路面施工工期为5个半月，即2003年5月25日至11月10日。

B. 桥涵及防护工程施工

（1）施工方法为机械配合人工作业。作业方法采用平行顺序作业法。各作业队可以采用平行作业，每一个作业队采用顺序作业。除桥面铺装采用机械化施工外，其他工程一律采用机械配合人工作业。

（2）工期。桥涵及防护工程施工工期为5个半月，即2003年5月25日至11月10日。

3. 劳动力计划与主要施工机具安排

劳动力计划：每道工序应保证有经验的专业技术人员最少一名，其他非技术人员可根据工程具体情况互相调用。

施工机具安排:施工机具应精良,以保证工程质量和工程进度。基层材料拌和站两处,沥青混合料拌和站两处。

4. 主要材料的采、运方案

SBS 改性沥青、AH-70#沥青招标购买,并运往工地。玄武岩由易县或张家口石料厂购买,安山岩从鹿泉石料厂购买。石灰岩碎石、水泥、钢筋等在鹿泉或井陉购买。全部材料采用汽车运输。

(二)工程进度

第一家施工单位各作业队施工时间计划见表 8-6。

第二家施工单位各作业队施工时间计划见表 8-7。

表 8-6　第一家施工单位各作业队施工时间计划

施工单位	工程项目或作业队		人数	进度安排(2003 年)		施工时间(d)
				开始	结束	
第一家施工单位	施工准备		50	5 月 25 日	6 月 10 日	12
	挖除旧路面面层	作业 1 队	30	6 月 1 日	9 月 1 日	80
		作业 2 队	30	6 月 1 日	9 月 1 日	80
		作业 3 队	30	6 月 1 日	9 月 1 日	80
		作业 4 队	30	6 月 1 日	9 月 1 日	80
		作业 5 队	30	6 月 1 日	9 月 1 日	80
	挖除破损的基层、底基层		25	6 月 10 日	9 月 10 日	70
	施工场地整理		20	6 月 10 日	9 月 30 日	90
	盲沟施工		30	6 月 1 日	7 月 10 日	40
	拌和场地建设		20	5 月 30 日	6 月 20 日	20
	材料采、运		20	5 月 25 日	7 月 30 日	60
	做新基层		30	6 月 20 日	10 月 5 日	80
	旧面层铣刨		20	6 月 20 日	10 月 1 日	40
	做新沥青混合料面层		80	6 月 30 日	10 月 20 日	100
	瓦工作业 1 队(砌护坡、锥坡)		30	6 月 1 日	10 月 1 日	100
	瓦工作业 2 队(维修墩台、基础、八字墙)		20	6 月 1 日	10 月 1 日	100
	混凝土作业队(喷射混凝土护坡、更换桥梁的承重构件等)		20	6 月 1 日	10 月 1 日	75
	更换支座、伸缩缝作业队		10	6 月 1 日	10 月 10 日	80
	路面标线		15	9 月 1 日	11 月 5 日	50

表 8-7 第二家施工单位各作业队施工时间计划

<table>
<tr><th rowspan="2">施工单位</th><th rowspan="2" colspan="2">工程项目或作业队</th><th rowspan="2">人数</th><th colspan="2">进度安排(2003 年)</th><th rowspan="2">施工时间(d)</th></tr>
<tr><th>开始</th><th>结束</th></tr>
<tr><td rowspan="17">第二家施工单位</td><td colspan="2">施工准备</td><td>50</td><td>5 月 25 日</td><td>6 月 10 日</td><td>12</td></tr>
<tr><td rowspan="3">挖除旧路面面层</td><td>作业 1 队</td><td>30</td><td>6 月 1 日</td><td>9 月 1 日</td><td>80</td></tr>
<tr><td>作业 2 队</td><td>30</td><td>6 月 1 日</td><td>9 月 1 日</td><td>80</td></tr>
<tr><td>作业 3 队</td><td>30</td><td>6 月 1 日</td><td>9 月 1 日</td><td>80</td></tr>
<tr><td colspan="2">挖除破损的基层、底基层</td><td>25</td><td>6 月 10 日</td><td>9 月 10 日</td><td>70</td></tr>
<tr><td colspan="2">施工场地整理</td><td>20</td><td>6 月 10 日</td><td>9 月 30 日</td><td>90</td></tr>
<tr><td colspan="2">盲沟施工</td><td>30</td><td>6 月 1 日</td><td>7 月 10 日</td><td>40</td></tr>
<tr><td colspan="2">拌和场地建设</td><td>20</td><td>5 月 30 日</td><td>6 月 20 日</td><td>20</td></tr>
<tr><td colspan="2">材料采、运</td><td>20</td><td>5 月 25 日</td><td>7 月 30 日</td><td>60</td></tr>
<tr><td colspan="2">做新基层</td><td>30</td><td>6 月 25 日</td><td>10 月 10 日</td><td>80</td></tr>
<tr><td colspan="2">旧面层铣刨</td><td>20</td><td>6 月 20 日</td><td>10 月 1 日</td><td>30</td></tr>
<tr><td colspan="2">做新沥青混合料面层</td><td>80</td><td>6 月 30 日</td><td>10 月 20 日</td><td>100</td></tr>
<tr><td colspan="2">瓦工作业 1 队(砌护坡、锥坡)</td><td>30</td><td>6 月 1 日</td><td>10 月 1 日</td><td>100</td></tr>
<tr><td colspan="2">瓦工作业 2 队(维修墩台、基础、八字墙)</td><td>20</td><td>6 月 1 日</td><td>10 月 1 日</td><td>100</td></tr>
<tr><td colspan="2">混凝土作业队(喷射混凝土护坡、更换桥梁的承重构件等)</td><td>20</td><td>6 月 1 日</td><td>10 月 1 日</td><td>75</td></tr>
<tr><td colspan="2">更换支座、伸缩缝作业队</td><td>10</td><td>6 月 1 日</td><td>10 月 10 日</td><td>80</td></tr>
<tr><td colspan="2">路面标线</td><td>15</td><td>9 月 1 日</td><td>11 月 5 日</td><td>50</td></tr>
</table>

(三)劳动力计划表

第一家施工单位劳动力计划见表 8-8。

第二家施工单位劳动力计划见表 8-9。

表 8-8 第一家施工单位劳动力计划

序号	高峰人数	每月需要人数(2003 年)						
		5 月	6 月	7 月	8 月	9 月	10 月	11 月
1	440	50	320	440	420	320	240	15

表 8-9 第二家施工单位劳动力计划

序号	高峰人数	每月需要人数(2003 年)						
		5 月	6 月	7 月	8 月	9 月	10 月	11 月
1	380	50	300	380	360	320	240	15

(四)主要材料计划表

第一家施工单位主要材料计划见表8-10。

第二家施工单位主要材料计划见表8-11。

表8-10　第一家施工单位主要材料计划

材料名称及规格	单位	数量	来源	月需要量(2003年)				
				6月	7月	8月	9月	10月
325#水泥	t	3 990	鹿泉水泥厂	270	980	980	960	800
改性沥青	t	5 540	国内招标	540	1 400	1 500	1 400	700
石油沥青	t	600	国内招标	90	100	160	150	100
片石	m^3	1 500	鹿泉石料厂	100	500	500	400	
重油	kg	862 440		141 220	200 000	200 000	180 000	141 220
汽油	kg	17 434		2 000	4 000	4 000	3 800	3 634
柴油	kg	410 800		80 000	84 000	85 000	84 000	77 800
碎石(路面)	m^3	19 773	易县或张家口	2 500	5 000	5 500	5 000	1 773
级配碎石	m^3	38 970	鹿泉石料厂	2 100	10 600	12 700	10 600	2 930
石屑	m^3	19 060	鹿泉石料厂	2 000	4 500	5 000	4 500	3 060

表8-11　第二家施工单位主要材料计划

材料名称及规格	单位	数量	来源	月需要量(2003年)				
				6月	7月	8月	9月	10月
325#水泥	t	2 673	鹿泉水泥厂	180	980	650	640	223
改性沥青	t	3 712	国内招标	400	940	1 200	1 000	172
石油沥青	t	402	国内招标	60	70	100	70	102
片石	m^3	1 005	鹿泉石料厂	70	330	330	260	15
重油	kg	577 840		94 620	134 000	134 000	120 600	94 620
汽油	kg	11 700		1 340	2 680	2 680	2 546	2 454
柴油	kg	276 000		53 600	56 280	56 950	56 280	52 890
碎石(路面)	m^3	13 248	易县或张家口	1 700	3 300	3 600	3 300	1 348
级配碎石	m^3	26 110	鹿泉石料厂	1 370	6 900	8 450	6 900	2 500
石屑	m^3	12 770	鹿泉石料厂	1 300	3 000	3 300	3 000	2 170

(五)主要机具计划表

第一家施工单位主要机具计划见表8-12。

第二家施工单位主要机具计划见表8-13。

表 8-12　第一家施工单位主要机具计划

序号	机具名称及规格	数量	单位	使用时间(2003 年)	
				开始	结束
1	路面切割机	10	台	5 月 25 日	9 月 1 日
2	135 kW 以内履带式推土机	5	台	5 月 25 日	10 月 10 日
3	2 m^3 以内轮胎式装载机	5	台	6 月 1 日	10 月 1 日
4	120 kW 以内自行式平地机	2	台	6 月 1 日	10 月 1 日
5	6 ~ 8 t 光轮压路机	3	台	6 月 20 日	10 月 20 日
6	12 ~ 15 t 光轮压路机	4	台	6 月 20 日	10 月 30 日
7	12 ~ 18 t 振动压路机	4	台	6 月 20 日	10 月 30 日
8	15 t 以上自卸汽车	20	辆	6 月 1 日	10 月 30 日
9	大型铣刨机	2	台	9 月 10 日	10 月 1 日
10	4 000 L 以内沥青洒布车	1	辆	6 月 10 日	10 月 20 日
11	基层粒料拌和设备	1	套	6 月 10 日	10 月 10 日
12	基层粒料摊铺机	1	台	6 月 10 日	10 月 10 日
13	240 t/h 以上沥青混合料拌和设备	1	套	6 月 20 日	10 月 30 日
14	沥青混合料摊铺机(摊铺宽度 12 m)	1	台	6 月 20 日	10 月 30 日
15	30 kVA 以内交流电焊机	8	台	6 月 1 日	10 月 1 日

表 8-13　第二家施工单位主要机具计划

序号	机具名称及规格	数量	单位	使用时间(2003 年)	
				开始	结束
1	路面切割机	6	台	5 月 25 日	9 月 1 日
2	135 kW 以内履带式推土机	3	台	5 月 25 日	10 月 10 日
3	2 m^3 以内轮胎式装载机	3	台	6 月 1 日	10 月 1 日
4	120 kW 以内自行式平地机	2	台	6 月 1 日	10 月 1 日
5	6 ~ 8 t 光轮压路机	2	台	6 月 20 日	10 月 20 日
6	12 ~ 15 t 光轮压路机	3	台	6 月 20 日	10 月 30 日
7	12 ~ 18 t 振动压路机	2	台	6 月 20 日	10 月 30 日
8	15 t 以上自卸汽车	15	辆	6 月 1 日	10 月 30 日
9	大型铣刨机	1	台	9 月 10 日	10 月 1 日
10	4 000 L 以内沥青洒布车	1	辆	6 月 10 日	10 月 20 日
11	基层粒料拌和设备	1	套	6 月 10 日	10 月 10 日
12	基层粒料摊铺机	1	台	6 月 10 日	10 月 10 日
13	240 t/h 以上沥青混合料拌和设备	1	套	6 月 20 日	10 月 30 日
14	沥青混合料摊铺机(摊铺宽度 12 m)	1	台	6 月 20 日	10 月 30 日
15	30 kVA 以内交流电焊机	6	台	6 月 1 日	10 月 1 日

（六）施工平面布置

（1）第一家施工单位施工区段为 K332 +000 ~ K360 +780。

①基层粒料拌和站和沥青混合料拌和站都设置在鹿泉立交桥附近 1 km，临时占地 6 万 m^2。

②施工人员可根据实际情况，在施工场地附近租借民房或搭临时建筑物。

③监理可居住在鹿泉或就近租借民房、搭临时建筑物。

（2）第二家施工单位，施工区段为 K360 +780 ~ K378 +120.860。

①基层粒料拌和站和沥青混合料拌和站都设置在秀林立交桥附近 1 km，临时占地 6 万 m^2。

②施工人员可根据实际情况，在施工场地附近租借民房或搭临时建筑物。

③监理驻地可居住在附近民房或搭临时建筑物。

二、旧桥加固“施工组织设计”示例

旧桥加固“施工组织设计”与新建桥梁施工组织设计不同。旧桥加固“施工组织设计”必须考虑不能中断交通和交通干扰问题，而新建桥梁施工组织设计不用考虑这些。以下示例是在考虑了不中断交通和交通干扰情况下，对一座桥采取分期加固维修，并保证一定的养护期。

（一）南幅桥维修加固施工组织计划

1. 说明

1）概述

309 国道东风渠桥南幅桥中心桩号为 K750 +631.5，5 孔、跨径 13 m 钢筋混凝土空心板简支梁桥，桥面连续。桥面净空为 11 m +2 ×0.5 m 防撞护栏，设计荷载标准为汽车 – 超 20 级、挂 –120 级。桥面铺装为 10 cm 30 号混凝土 +5 cm 沥青混凝土。该桥为晋煤外运的重要通道，超载车多，对桥梁的破坏十分严重。

A. 该桥主要病害位置

（1）桥面铺装：破损率超过 20%。

（2）上部构造：部分铰缝混凝土损坏严重。

B. 维修方案

（1）主板裂缝用环氧树脂砂浆填补并进行灌缝处理，铰缝重新浇筑混凝土。梁板底部粘贴碳纤维。

（2）全部凿除旧桥面铺装，重新铺筑早强水泥混凝土。

2）施工方案

A. 维修施工总体安排及施工顺序

（1）交通：施工期间不断交通，但浇筑混凝土及养生的 7 d 时间内必须隔断交通。

（2）采用半幅施工。全桥共 9 块板，先凿除 5 块板的旧桥面铺装层；修补裂缝和铰缝，同时进行凿毛，植筋，粘贴碳纤维；冲洗板面；铺设 5 块板的钢筋网；中断交通，浇筑 4 块板的铺装混凝土。养生 7 d,混凝土强度达到 80% 后,开放交通。

(3)剩余块板的桥面铺装施工。

B. 施工组织

(1)作业方法:为了缩短工期,采用平行流水作业法。

(2)施工方法:由于工程规模小,工程琐碎,所以以人工作业为主,机械辅助。

(3)组建作业队:①挖除旧桥面铺装层作业队。②修补作业队:修补裂缝和铰缝,粘贴碳纤维。③钢筋作业队:负责植钢筋、做钢筋网、铺设钢筋网。④混凝土作业队。

C. 施工期限

施工期限为 1 个月,即 2003 年 11 月 10 日至 12 月 10 日。

3)劳动力计划与主要施工机具安排

(1)劳动力计划:每道工序应保证有经验的专业技术人员最少一名。其他非技术人员可根据工程具体情况互相调用。

(2)施工机具安排:施工机具应精良,以保证工程质量和工程进度。

4)主要材料的采、运方案

由于工程规模小,工期短,在开工前,第一半幅所用的主要材料(钢筋、水泥、碎石、砂)应在工地备齐。第一半幅混凝土养生期间,采、运第二半幅所用的主要材料。全部材料应满足有关技术规范要求,采用汽车运输。

2. 工程进度图

工程进度图见图 8-7。

3. 施工平面布置

(1)可利用桥头两侧空地进行平面布置。

(2)施工人员可根据实际情况,在施工场地附近租借民房或搭临时建筑物。

(二)北幅桥维修加固施工组织计划

1. 说明

1)概述

309 国道东风渠桥北幅桥,8 孔、跨径 6.5 m 钢筋混凝土空心板简支梁桥,单板宽 1 m。桥面净空为 7 m + 2 × 0.5 m 防撞护栏,设计荷载标准为汽车 - 15 级、拖 - 60 级。桥面铺装为 6 cm 水泥混凝土 + 7 cm 沥青混凝土。该桥为晋煤外运的重要通道,超载车多,对桥梁的破坏十分严重。

(1)该桥主要病害为:①墩柱面积小;②盖梁尺寸小;③主板裂缝;④桥面铺装:破损率超过 20%;⑤支座、伸缩缝;⑥防撞护栏。

(2)维修方案:①对墩柱和盖梁进行加大截面改造。②全部凿除旧桥面铺装,重新铺筑早强水泥混凝土。③对该桥的支座和伸缩缝重新设置。④主板裂缝用环氧树脂砂浆填补并进行灌缝处理;铰缝重新浇筑混凝土。梁板底部粘贴碳纤维。⑤凿除旧护栏,设置新护栏。

顺序	工程项目	施工方法	每班人数	作业班制	施工天数
第一个半幅	施工准备		20	1	3
	挖除旧桥面作业队	机械为主，人工辅助	12	2	2
	修补作业队	人工	16	2	2
	钢筋作业队	人工	20	1	4
	混凝土作业队	机械为主，人工辅助	20	2	1
	混凝土养生	人工	2	1	7
第二个半幅	施工准备		10	1	4
	挖除旧桥面作业队	机械为主，人工辅助	12	2	2
	修补作业队	人工	14	2	2
	钢筋作业队	人工	20	1	4
	混凝土作业队	机械为主，人工辅助	20	2	1
	混凝土养生	人工	2	1	7

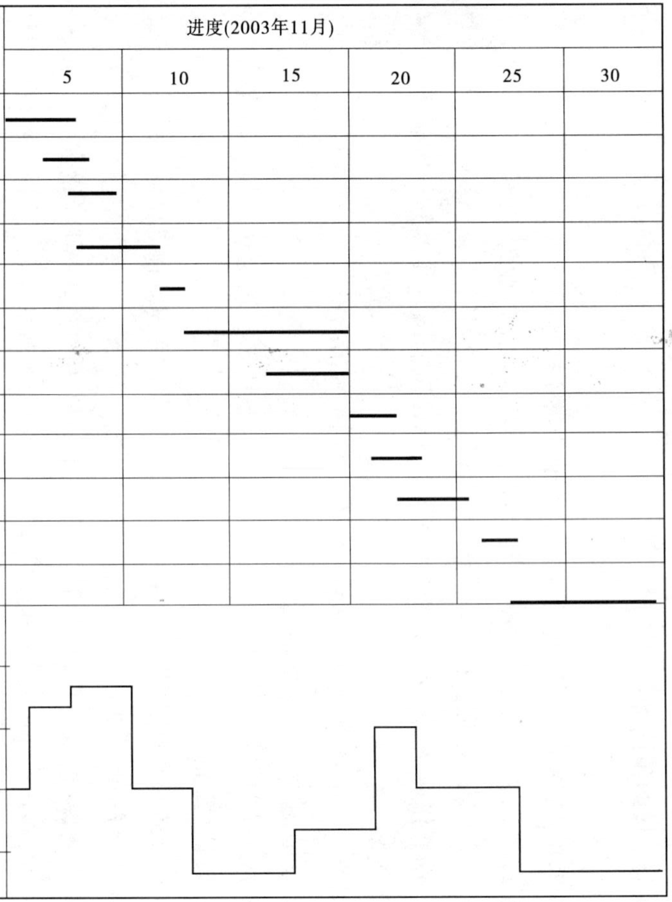

说明：1.非技术人员可以相互调用；

2.施工准备阶段由各专业队自行准备；

3.施工所用的零工可以就近临时雇用。

人数

图 8-7　南幅桥维修加固工程进度

2）施工方案

A. 维修施工总体安排及施工顺序

（1）交通：施工期间不隔断交通，但浇筑混凝土及养生的 7 d 时间内必须隔断交通。

（2）维修施工顺序：墩柱和盖梁加大截面→全部凿除旧桥面铺装→清理铰缝混凝土，切除实心板间连接→安装支座→主板裂缝用环氧树脂砂浆填补并进行灌缝处理，梁板底部粘贴碳纤维→铰缝重新浇筑混凝土，实心板植筋→铺设钢筋网，重新铺筑早强水泥混凝土桥面铺装→安装伸缩缝。

（3）采用半幅施工。

B. 施工组织

（1）作业方法：为了缩短工期，采用平行流水作业法。

（2）施工方法：由于工程规模小，工程琐碎，所以以人工作业为主，机械辅助。

（3）组建作业队。

①挖除旧桥面铺装层作业队：凿除旧桥面，清理铰缝混凝土，切除实心板间连接。

②修补作业队：首先对墩柱和盖梁进行加大截面改造，然后修补裂缝和铰缝，粘贴碳纤维。

③安装作业队：安装支座、伸缩缝。

④钢筋作业队：负责植钢筋、做钢筋网、铺设钢筋网。

⑤混凝土作业队。

C. 施工期限

施工期限为 40 天，即 2004 年 4 月 1 日至 5 月 10 日。

3）劳动力计划与主要施工机具安排

（1）劳动力计划：每道工序应保证有经验的专业技术人员最少一名。其他非技术人员可根据工程具体情况互相调用。

（2）施工机具安排：施工机具应精良，以保证工程质量和工程进度。

4）主要材料的采、运方案

由于工程规模小，工期短，在开工前，第一半幅所用的主要材料（钢筋、水泥、碎石、砂）应在工地备齐。第一半幅混凝土养生期间，采、运第二半幅所用的主要材料。全部材料应满足有关技术规范要求，并采用汽车运输。

2. 工程进度图

工程进度图见图 8-8。

3. 施工平面布置

（1）可利用桥头两侧空地进行平面布置。

（2）施工人员可根据实际情况，在施工场地附近租借民房或搭临时建筑物。

顺序	工程项目或作业队	施工方法	每班人数	作业班制	施工天数	进度(2004年4~5月)						
						5	10	15	20	25	30	36
第一个半幅	施工准备		20	1	3							
	桥梁下部	人工	16	1	2							
	挖除旧桥面	机械为主，人工辅助	12	2	2							
	安装支座	人工	10	1	2							
	灌注裂缝及铰缝	人工	16	2	2							
	钢筋作业队	人工	20	1	4							
	混凝土作业队	机械为主，人工辅助	20	2	1							
	混凝土养生	人工	2	1	7							
第二个半幅	施工准备		10	1	4							
	桥梁下部	人工	16	1	2							
	挖除旧桥面	机械为主，人工辅助	12	2	2							
	安装支座	人工	10	1	2							
	灌注裂缝及铰缝	人工	16	2	2							
	钢筋作业队	人工	20	1	4							
	混凝土作业队	机械为主，人工辅助	20	2	1							
	混凝土养生	人工	2	1	7							

图 8-8　北幅桥维修加固工程进度

第五节　实施性施工组织计划示例

实施性施工组织计划是指导公路工程施工生产的重要技术经济文件。

以国道107线河南省某县境内改建工程No.1标段为例,来说明在施工阶段编制实施性施工组织设计过程中应该考虑的主要问题。为适应教学特点,对原工程作了适当的简化。

一、工程概况

国道107线改建工程No.1标段(K558+224~K569+000)长10.776 km,其中新建段长3.346 km,其余7.43 km沿老路加宽,部分路段截弯取直,路线穿过地带基本为黄河古道冲积扇平原,地势起伏较小,属平原微丘区。海拔一般为98~101 m。所经地区属亚热带大陆气候区,气候干燥,四季分明,年平均气温13 ℃,平均降水量400 mm,年最大降水量为1 080mm,6~8月为雨季,占全年降水量的51%。根据施工图设计文件,通过现场核查,工程概况如下。

(一)公路技术等级

平原微丘区二级公路,计算行车速度80 km/h。

(二)路线

路段内共有5个转角点,平均0.046 4个/km。平曲线最小半径500 m,最大半径5 000 m。缓和曲线最小长度70 m,反向曲线间直线最小长度549.90 m,同向曲线间的最小直线长度547.04 m,平曲线最小长度221.96 m。平曲线的线型要素组合均为直线、回旋线、圆曲线、回旋线、直线顺序的基本形。

路段内共有12个变坡点,平均1.21个/km。最大纵坡0.6%,最小纵坡0.3%,最短坡长300 m。凸形竖曲线最大半径20 000 m,凹形竖曲线最小半径6 000 m,竖曲线最小长度120 m。

全段内平纵线型组合有4处,均符合规范设计要求。

(三)路基、路面

路基宽度17 m,路面宽度15.0 m,两侧硬路肩1.0 m。

路面结构:路面基层(自下而上)35 cm水泥石灰稳定土,0.6 cm乳化沥青稀浆封层,18 cm水泥稳定碎石。路面面层上面层为3 cm细粒式沥青混凝土,下面层为4 cm中粒式沥青碎石。

(四)主要工程量

本标段路基土方185 350 m^3,沥青路面161 640 m^2,水泥稳定碎石基层180 759 m^2,水泥石灰稳定土底基层17 012 m^2,预应力空心板钻孔灌注桩中桥3座,涵洞24道,平面交叉17处,其中公路与公路交叉3处,公路与大道交叉14处。

二、施工方案和施工方法

(一)组建工程队

本标段路线经过地区的地形、地貌属平原微丘区,基本是沿旧路改建加宽,个别截弯取直段需借方时,适当远运取土即可满足要求,为此施工主要采用机械化作业。个别地段,大型机械设备不能作业时,采用人工配合小型机械化施工。路基工程配备足够的挖运设备及碾压平整设备,分段进行流水作业施工;路面工程拟采用大型稳定土石厂拌设备拌和,机械摊铺。为确保各分项工程质量按期完成,组建 5 个工程队独立作业。各工程队施工任务如下:第一工程队施工路段为 K558 +224 ~ K564 +000,长 5.776 km;第二工程队施工路段为 K564 +000 ~ K569 +000,长 5.000 km;第三工程队施工全路段的路面及沿线设施;第四工程队负责全标段中桥施工;第五工程队负责全标段涵洞施工。各工程队的工程量划分见表 8-14、表 8-15。

表 8-14　主要工程数量划分

主要工程说明	单位	第一工程队	第二工程队	全路段合计	说明
起讫桩号	km	K558 +224 ~ K564 +000	K564 +000 ~ K569 +000	K558 +224 ~ K569 +000	
长度	km	5.776	5	10.776	
临时电力电信	m^2	3 500	3 000	6 500	
临时房屋	m^3	2 400	2 200	4 600	
路基沿线土方	m^3	82 174	78 171	160 345	
重点土方	m^3	25 005		25 005	
平面交叉	处	4	13	17	
中桥	座	3			第四工程队
涵洞	道	24			第五工程队
水泥稳定碎石	m^2	92 635	88 124	180 759	
稀浆封层	m^2	92 635	88 124	180 759	
水泥石灰稳定土	m^2	8 718	8 294	17 012	
沥青路面	m^2	161 640			第三工程队
沿线设施	km	10.776			第三工程队

表 8-15　中桥一览表

桥名	中心桩号	桥梁结构说明	桥长(m)	施工单位
金堤河桥	K560 +265	4 ~16 m 预应力空心板桥	69.04	第四工程队
枣村河桥	K561 +908	2 ~16 m 预应力空心板桥	37.04	第四工程队
留村沟桥	K566 +181	2 ~16 m 预应力空心板桥	37.04	第四工程队

(二)施工方案

(1)整个工程采用平行流水作业法组织施工,以缩短工期。

(2)各工程队分别组建施工队,依据工程特点和工程量的分布情况,采用流水作业法和平行流水作业法组织施工。

(3)施工展开方向的确定。

本合同段路线短，施工项目多，且作业面少，必须保证施工期间场内场外运输畅通，同时还应避免施工时各施工队之间的相互干扰。为此，应尽量利用原有公路作为物资运输通道，已施工完成的工程应在后续工程施工中发挥作用。根据现场条件，第一工程队的施工展开方向 K558+224~K564+000，第二工程队为 K564+000~K569+000，第三工程队为 K558+224~K569+000，第四工程队为 K560+265 金堤河桥、K561+908 枣村河桥、K566+181 留村沟桥按流水作业法施工，第五工程队按涵洞工程量大小流水作业法施工。

(三)施工方法

1. 土方工程

土方开挖及运输、碾压主要采用机械化施工，分 2 个作业面同时开工，实行平行流水作业。为能切实可行地完成计划指标，采取下列措施：

(1)遇到未开工的涵洞工程，直接填筑通过。如涵洞系灌溉渠道，宜铺设临时圆管通过。

(2)遇到未开工或正在施工的中桥，在该桥两端留出缺口，等主体工程完工后再行填筑。

(3)试验路段选定在 K562+000 处 100 延米，争取在开工后 10 d 内完成试验工作，取得试验结果，以指导土方施工顺利进行。

2. 桥梁涵洞工程

桥涵工程及浆砌片石工程由 1 个桥梁工程队和 1 个涵洞施工队及混凝土构件预制厂承担。钢筋混凝土板、圆管涵采用预制安装的施工方法。先行施工涵洞及行车道板的预制项目，施工队在各自的区域内按工序实行立体交叉平行流水作业。

3. 路面工程

(1)水泥石灰稳定土施工采用路拌法，机械施工，人工配合。

(2)乳化沥青封层施工采用沥青稀浆封层铺筑机施工。

(3)水泥稳定碎石施工采用稳定土拌和厂集中拌和，自卸汽车运输，平地机摊铺，振动压路机碾压施工。

(4)路面面层采用厂拌沥青混合料，现场机械摊铺。

4. 临时房屋、沿线设施

临时房屋、沿线设施等工程主要采用人工施工。

三、工程进度图

(一)划分施工项目

本例施工项目共 13 个，如表 8-16 所示，这 13 个项目由 5 个工程队按工程处的统一部署分别完成。

(二)计算劳动量

由工程量和相应的定额，计算得到本工程共需 96 888 个工日，表 8-16 为各专业施工队的劳动量安排情况。

(三)组织专业施工队，计算施工作业持续时间

为确保施工的有序进行，5 个工程队分别组织各自的专业施工队，共组织 13 个专业施工队先后投入工程施工。各专业队的人数在充分发挥施工机械效益的基础上按最佳劳动组合确定，再根据各专业队应完成的劳动量，计算施工作业持续时间。在表 8-16 中计划安排的劳动量为 96 919 工日，即增加 0.03%，符合要求。

表 8-16　各专业队作业期限表

工程队	专业施工队	人数	施工任务说明	劳动量(工日)		施工时间(年-月)	
				计算值	计划安排	开始	结束
第一工程队	临时工程	178	修建临时房屋、便道，人工施工	7 100	7 100	1999-09	1999-10
	路基队	87	集中土方 82 174 m^3，机械化	12 081	12 081	1999-09	2000-03
	基层队	51	基层施工 92 635 m^3，机械化	4 078	4 078	2000-03	2000-06
第二工程队	临时工程	84	修建临时房屋、便道，人工施工	6 700	6 720	1999-09	1999-10
	路基队	82	集中土方 78 171 m^3，机械化	11 492	11 480	1999-09	2000-03
	基层队	51	基层施工 88 124 m^3，机械化	3 879	3 920	2000-03	2000-06
第三工程队	准备队	225	全段临时电力线路及拌和场安装	4 500	4 500	1999-08	1999-08
	路面队	153	沥青混凝土 191 640 m^3	15 342	15 300	2000-06	2000-09
	沿线队	19	安装公路沿线设施，人工施工	1 500	1 520	2000-06	2000-09
第四工程队	预制厂队	104	预制桥梁上部、涵洞圆管、盖板	6 218	6 240	1999-09	1999-11
	桥梁一队	126	钻孔灌注桩	7 589	7 560	1999-09	1999-11
	桥梁二队	150	桥梁上部结构	8 972	9 000	1999-10	2000-06
第五工程队	涵洞队	53	全线 24 道涵洞	7 437	7 420	1999-09	2000-04

(四)确定施工作业期限

合同规定的施工期限为 1999 年 8 月 31 日开工，2000 年 10 月 1 日完工，共计 13 个月。

根据当地气象资料，平均年降雨日数 120 d，其中大雨和暴雨日数 19 d，气候干燥，因此该地区无雨日数全年只有 245 d，施工期间出现雨天和高温等天气是不可避免的。

国家规定的全年法定工作日 $365-52\times2-7=254(d)$。

综合考虑以上因素，每月的施工作业天数应按 20 d 安排。

为完成施工任务，在一年的施工期限内，每天每千米路段上的平均施工人数应为 $96\ 919\div1.08\div12\div20\div10.776=35$(人)，在宏观上是能保证完成施工任务的。表 8-16 中计划安排劳动量一栏就是按照每月 20 d 的工作计划的。

(五)安排工作进度

1. 正式开工时间

按合同规定，正式开工时间为 1999 年 8 月 31 日。

2. 重点工程施工进度安排

本工程的重点工程项目有中桥三桥、路基土方工程两项。

全段中桥 3 座，计划在 1999 年 8 月 31 日开工，到 2000 年 7 月 31 日全部完工，总工期 260 d。路基土方施工安排在 1999 年 8 月 31 日开工，2000 年 3 月 1 日完工，工期 120 d，日完工土方量 1 545 m^3。

3. 各项工程施工进度安排及具体指施

根据合同工期，经过仔细的计算及科学的比较，结合自己的实际情况，计划 1999 年 8 月 31 日开工，2000 年 10 月 1 日完工，总工期 204 d。

水泥石灰稳定土安排在 2000 年 3 月 1 日开工，5 月 31 日完工，工期 60 d，日完成 284 m^2。

水泥稳定碎石基层计划 4 月 25 日开工，6 月 25 日完工，工期 40 d，日完成 4 519 m^2。

沥青混凝土路面计划 6 月 1 日开工，10 月 1 日完工，工期 60 d，考虑到沥青混合料拌和场日产量 533 m^3，理论上可以提前一个月完工，但除去机械维修天数、雨季的天数和其他影响因素，10 月 1 日前完工是可行的。

涵洞与路基施工同时进行，计划 2000 年 4 月 30 日全部完工，暗涵必须在路基未成型之前竣工。

为了保证能够按照合同工期的要求，保证质量，按时如期完成，把路基工程、路面工程分成两个施工工程，平行作业，每个工程分部采取流水作业施工，并且在施工中做好天气预报记录与收听工作，对正在施工路段应提前采取预防措施或该道工序在下雨之前加班加点完工。对于路面工程，考虑到材料采购运输的影响，按照材料进度计划提前准备贮存，不因为材料缺少而引起工期拖延。

表 8-16 为各专业施工队的施工作业期限安排结果，表中的施工开始时间指当月 1 日，结束时间为当月 30 日（或 31 日）。

根据本工程的特点，在施工过程中还应考虑如下因素，及时调整各分项工程的施工计划：①遵循客观的施工规律，如在任一路段上都应按照桥涵、路基、路面这样的施工顺序施工，桥台完工后才能填筑引道和锥坡等；②多项工程需在同一地点施工时，除遵循客观施工规律外，还应紧凑安排，以缩短工期；③注意人力和各种资源需要量的均衡性，本例在安排时，为实现劳动力的均衡，对涵洞、沿线土方等项目的施工期限作了适当的调整；④遵守合同，应在 2000 年 10 月 1 日前完成全部项目的施工；⑤安排的进度应留有适当的余地，便于在施工进行过程中调整，如同一桩号上的构造物、土方、路面等大项目的施工衔接都留有 15 d 左右的间隔，而各项目内部的施工是紧凑的。

（六）关于工程进度图的说明

（1）图 8-9 为垂直坐标法工程进度图，它与进度安排基本上是一致的，表是按专业施工队编制的，图反映了各项工程的施工进度。由同一专业队施工的工程，在图中用水平方向上的点线连接。

（2）每一专业施工队内部，实际上分为若干小队或班组进行流水作业，图 8-9 主要表现各施工项目的空间和时间关系，未给出各班组进行流水作业的情况。

四、施工总平面图

图 8-10 为本例的施工总平面图，为管理和施工的方便，结合沿线的水文、地质和交通方便，靠近居民地、生活用房可以租用民房，以减少临时房屋工程数量的特点，项目总部和第五工程队设在西小琴村，第一工程队、第三工程队设在石佛村，第二工程队、第四工程队设在辛庄。

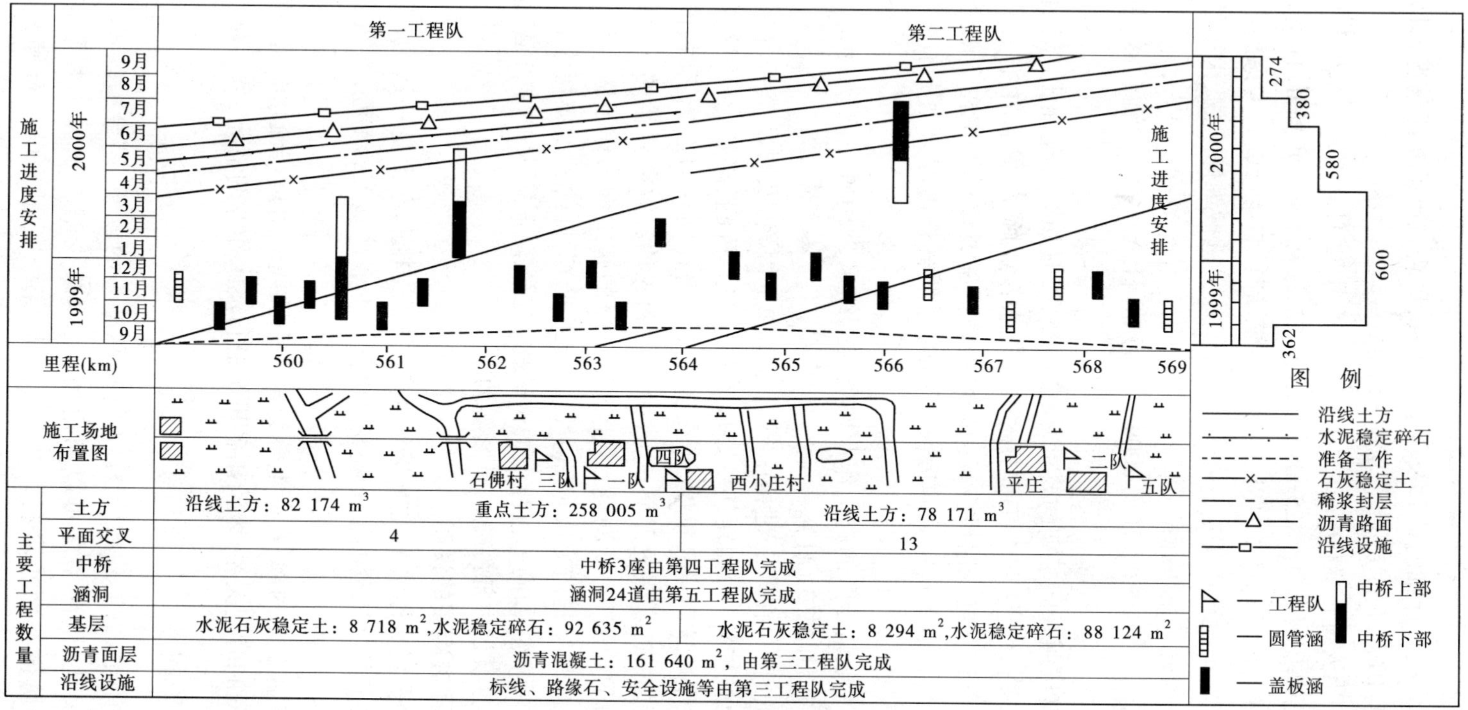
第一工程队
第二工程队
施工进度安排
2000年
1999年
9月
8月
7月
6月
5月
4月
3月
2月
1月
12月
11月
10月
9月
274
380
580
600
362
里程(km)
560
561
562
563
564
565
566
567
568
569
施工场地布置图
石佛村
三队
一队
四队
西小庄村
平庄
二队
五队
主要工程数量
土方
沿线土方：82 174 m³
重点土方：258 005 m³
沿线土方：78 171 m³
平面交叉
4
13
中桥
中桥3座由第四工程队完成
涵洞
涵洞24道由第五工程队完成
基层
水泥石灰稳定土：8 718 m²,水泥稳定碎石：92 635 m²
水泥石灰稳定土：8 294 m²,水泥稳定碎石：88 124 m²
沥青面层
沥青混凝土：161 640 m²，由第三工程队完成
沿线设施
标线、路缘石、安全设施等由第三工程队完成
图 例
沿线土方
水泥稳定碎石
准备工作
石灰稳定土
稀浆封层
沥青路面
沿线设施
工程队
圆管涵
盖板涵
中桥上部
中桥下部

图8-9　施工进度垂直图

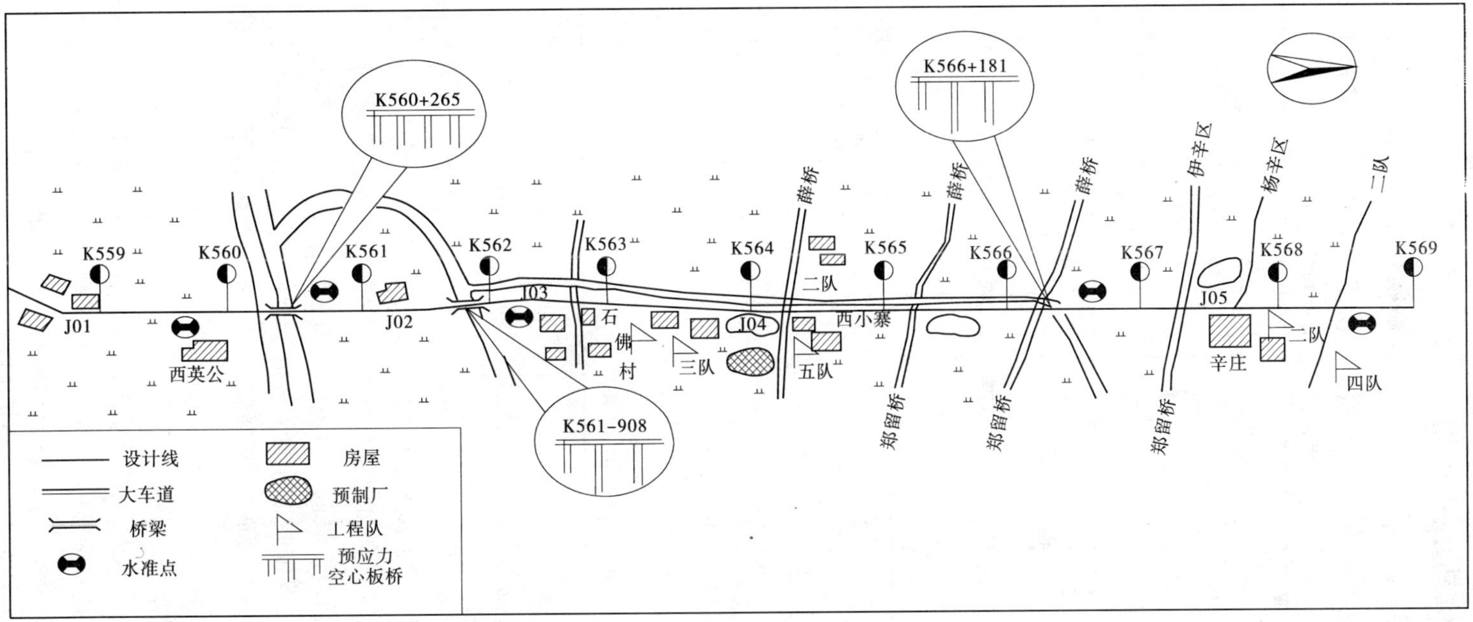
K559
K560
K561
K562
K563
K564
K565
K566
K567
K568
K569
J01
J02
J03
J04
J05
K560+265
K561-908
K566+181
西英公
石
佛
村
三队
二队
五队
西小寨
辛庄
二队
四队
薛桥
薛桥
薛桥
郑留桥
郑留桥
郑留桥
伊辛区
杨辛区
二队
设计线
大车道
桥梁
水准点
房屋
预制厂
工程队
预应力
空心板桥

图 8-10　施工总平面图

五、主要材料、机具、设备计划

根据工程进度图安排的施工进度，对施工需用的材料、机具、设备按时间顺序汇总，得到主要材料的计划表（见表 8-17）和主要施工机具、设备计划表（见表 8-18）。

表 8-17　主要材料的计划

名称	规格	单位	1999 年				2000 年									
			9 月	10 月	11 月	12 月	1 月	2 月	3 月	4 月	5 月	6 月	7 月	8 月	9 月	10 月
钢筋		t	70	100	100	90	70	60	28							
水泥	325	t							1 200	1 000	1 000					
水泥	425	t	350	350	299	50	60	70	100	100	100		30	30	20	12
石油沥青		t										400	400	400	400	416
乳化沥青		t								60	200					
汽油		t	1	2	4	4	3	4	2	3	3	4	3	3	2	1
柴油		t	20	40	50	50	40	30	40	50	50	75	60	60	50	30
生石灰		t							300	400	570					
土		m^3	20 000	20 000	20 000	15 000	10 000	10 000	20 000	10 000	10 000					
碎石		m^3	1 000	1 000	1 000	600	600	500	400		1 000	1 000	1 600	1 200	1 300	1 000
中粗砂		m^3	1 012	1 048	1 059	800	600	400	507	500	500	1 000	1 000	1 000	1 000	500
片石		m^3	501	700	1 200	400	300	300	300							

六、工程质量控制与施工组织保证措施

（1）为保证 107 国道改建工程第一标段工程质量达到优良，本合同段建立了完善的质量保证体系，实行工程质检制度，对工程施工的计划与进度、技术方案与工艺、工程质量、工程计量与支付、合同的履行全面地监督与管理，并制订各级监督与管理机构的职责和权力。

（2）实行全面质量管理，提高人员素质。为层层控制好工程质量，在开工之前对质检人员、技术人员、施工人员等围绕工程质量进行了全面的教育，使其认识到质量就是生命的重要性和严重性，并且从领导到职工都签订了质量责任状，实行了工程质量奖罚措施，促使其从主观上上新台阶。

（3）更新设备，确保质量。

工程质量的好坏与施工机械设备状况的好坏有着不可分割的联系，设备是保证施工工艺的基础，是达到工程技术标准的可靠保证，有了配套的设备，工程质量才有保障。为此，本合同段已投入大量的资金购置了新的机械设备，使推土机、挖掘机、压路机等全部配套，以此来满足工程施工的要求，确保工程质量达到优良。

（4）严格控制材料质量，材料质量的好坏是决定工程质量好坏的基本条件，为此采取先检查、后使用的原则，一旦发现不合格材料，马上清除出工地。选取大的生产厂家，不但要检

表 8-18　主要施工机具、设备计划

序号	机具名称及规格	数量		使用期限（年-月）		年度季度需要量																说明
						1999 年								2000 年								
						一季度		二季度		三季度		四季度		一季度		二季度		三季度		四季度		
		台班	台辆	开始时间	完成时间	台班	台辆	台班	台辆	台班	台辆	台班	台辆	台班	台辆	台班	台辆	台班	台辆	台班	台辆	
1	2	3	4	5	6	7	8	9	10	11	12	13	14	15	16	17	18	19	20	21	22	23
2	平地机	2		09-10	06-25					80	2	120	2	120	2	80	2					
3	洒水车	4		09-15	06-25					80	2	160	4	180	4	180	4	90	95	4		
4	三轮压路机	4		09-15	10-01					350	4	365	4	378	4	400	4					
5	振动压路机	4		09-15	06-25					80	4	120	4	120	4	100	4					
6	推土机	4		09-01	06-25					81	4	115	4	135	4	110	4					
7	装载机	4		09-01	10-01					80	2	120	4	120	4	80	2					
8	龙门架	2		09-01	05-31					60	2	60	2	50	2	50	2					
9	混凝土拌和机	2		09-01	07-31					100	2	100	2	100	2	100	2					
10	吊车	1		09-01	10-01					20	1	10	1	5	1	20	1	20	1	20	1	
11	翻斗	2		09-01	07-31					100	2	110	2	110	2	40	2					
12	自卸车	20		09-01	10-01					200	20	200	20	200	20	200	20	200	20	200	20	
13	反循环钻机	1		09-20	11-10					30	1	30	1									
14	挖掘机	2		09-01	05-31					60	2	60	2	60	2	60	2					
15	稳定土拌和机	1		03-11	05-31									60	1	60	1					
16	稳定土拌和楼	1		04-25	06-25											30	1					
17	黑料拌和楼	1		06-01	10-01											70	1	90	1	90	1	
18	平板车	1		08-20	10-01			10	1	10	1					10	1	10	1	10	1	

编制：　　　　　　　　　　　　　　　　　　　　　　复核：

查其质量检验证书，而且要亲手试验过之后再投入使用，还要分批分期不定时抽查，一经发现质量问题坚决退回。

(5)做好施工技术交底，完善质量检验制度，确保各项施工方案正确实施。每个方案实施之前，都要召集有关施工人员进行施工技术交底，使他们对所做的工作和所要达到的质量目标有明确的概念。本合同段将在施工中设立质量检测中心，下设质检部和实验室。质检部负责工程质量的检查和控制，依据设计文件、施工技术规范、质量标准及监理工程师的要求，在施工过程中，对每个分项工程、每道工序的质量进行及时检查和动态监控，确保每个分项工程、每道工序达到质量标准。实验室负责对原材料及半成品进行质量检测，及时给工程施工提供试验数据。通过建立完善的质量检测制度，就能及时发现质量隐患，防患于未然，避免更大的质量事故，使施工质量得到保证。

(6)严格施工规范，脚踏实地搞好每一项工作。

施工规范是施工中必须遵循的根本标准，按规范操作施工每一项工程，才能保证整体工程的质量。施工过程中，每道工序都应进行严格的质量控制，实行全面过程跟踪检查，每道工序施工经自检合格后报监理工程师检查认可进入下道工序施工，对于不合格的分项工程或上道工序必须全部返工，直到合格后才能继续进行下道工序的施工。

(7)安全生产。

制定施工安全规章制度，经常进行安全知识的宣传和预防，所有上岗人员必须经过安全技术教育和培训，熟悉和掌握本工种各项安全操作规程及有关规定，按规定穿戴劳保防护用品。施工场地布置合理并有足够的消防设备；生活区、机械停放区安全可靠；油库、机房等采取安全防护措施；输电线路、电器设备及主要机械关键部位经常检查是否漏电、漏油。施工的运输车辆要中速行驶，杜绝交通事故的发生。雨季施工要做好防洪排涝及防滑措施；夏季高温施工，做好职工防暑降温措施；夜间施工现场要配置符合要求的照明设备。做好工程附近群众和有关单位的协调工作，创造一个良好的内部和外部施工环境。

(8)文明施工，做好保通工作。

每个工程能否文明施工，直接体现一个施工队伍的整体素质，本合同段将在施工现场设置明显的施工标志，断行的路段将设置禁行牌、红灯，并派专人看守。不能断行的路段要设置明显的隔离桩，同时将设专门的保通组，每千米一名保通员负责指挥交通，疏通车辆慢行，包括自己的施工机械车辆也应慢行。文明行驶，保证道路畅通，尽最大努力不影响当地人民的正常生活。

(9)环境保护。

组织人员调查工地沿线环境卫生条件，以制订相应的环保措施，做到施工场地内外不乱挖、乱弃废物，施工场地废物及时清除，运到指定的地点废弃，施工场地各种材料堆放有序。对危害人体健康的、易燃易爆、化学等建筑材料，如水泥、石灰、沥青、油料等要严加控制，不准流漏、失散。噪声大的施工机械应远离居民区和职工生活区，能配消声器的要配消声器。生活污水要挖池存放，定期清除，不准排入河中，生活垃圾全部入池，定期运走。

为保护生态，防止水土流失，要进行植物种植，如播草籽、植草皮等，并加强管理，做到施工一处造福一方，为子孙后代创造美好的未来。

本例主要通过工程进度图的编制过程来说明公路施工组织设计的基本步骤，这是施工组织设计的核心内容。限于篇幅，对其他的问题（如临时设施、施工场地布置等）不再叙述。

参 考 文 献

[1] 中华人民共和国交通运输部. JTG/T F50—2011 公路桥涵施工技术规范[S]. 北京:人民交通出版社,2011.

[2] 中华人民共和国交通运输部. JTG F10—2006 公路路基施工技术规范[S]. 北京:人民交通出版社,2006.

[3] 陈晓明. 公路工程施工监理[M]. 郑州:黄河水利出版社,2008.

[4] 仇益梅. 公路施工监理基础[M]. 北京:高等教育出版社,2009.

[5] 涂平辉,赵挺生,周健,等. 公路工程建设安全管理[M]. 北京:中国建筑工业出版社,2010.

[6] 胡昌炳,庄勇. 公路跨海大桥工程监理实务[M]. 北京:人民交通出版社,2007.

[7] 中国交通建设监理协会. 交通建设工程安全监理[M]. 北京:人民交通出版社,2007.

[8] 郑大勇. 公路工程监理员一本通[M]. 武汉:华中科技大学出版社,2008.

[9] 廖品槐,刘武. 公路工程监理[M]. 北京:机械工业出版社,2005.

[10] 周传林. 桥梁上部施工技术[M]. 北京:人民交通出版社,2011.

[11] 张辉. 桥梁下部施工技术[M]. 北京:人民交通出版社,2011.

[12] 姚玉玲. 公路工程施工组织学[M]. 2 版. 北京:人民交通出版社,2008.

[13] 马敬坤,宁金成. 公路施工组织设计[M]. 2 版. 北京:人民交通出版社,2009.